rowohlt

ULRICH GREINER

SCHAM VERLUST

VOM WANDEL DER GEFÜHLSKULTUR

ROWOHLT

3. Auflage Februar 2017

Lektorat Barbara Hoffmeister
Bildnachweis siehe Seite 344
Satz aus der Adobe Garamond PostScript, InDesign
Gesamtherstellung CPI books GmbH, Leck, Germany
ISBN 978 3 498 02524 3

INHALT

KAPITEL I

GEMISCHTE GEFÜHLE

Bei den MTV Video Music Awards 2010 in Los Angeles trug die Sängerin Lady Gaga ein Kleid, das aus Rindfleischfetzen zusammengefügt war.

1. Der Verlust der Formen und ihre Wiederkehr

Im September 2010 erschien in der Online-Ausgabe der Boulevardzeitung *Express* ein Bericht über die MTV Video Music Awards in Los Angeles: «Wahnsinnige 13 Nominierungen hatte Popstar Lady Gaga erhalten, jetzt räumte sie acht Preise ab! Ihr ‹Bad Romance› wurde gar Video des Jahres. Fast mehr aber als der satte Preisregen sorgte eins der Gaga-Outfits (sie zog sich mehrfach um) für Aufsehen: Die 24-Jährige holte sich ihre Auszeichnung in einem irren Fleisch-Kleid von der Bühne ab! Sogar die High Heels waren in Fleisch gewickelt und wie vom Metzger verschnürt. Die Fans fragten sich: Kann das echt sein?» Die Antwort erhielt man etwas später bei RTL.de: Der Designer Franc Fernandez habe in der Zeitung *USA Today* erklärt, das Rindfleisch stamme von seinem Metzger, er habe es in zweitägiger Arbeit zu dem Kleid verarbeitet.

Die Strategie der Entblößung, die man in der Musik- und Medienindustrie beobachten kann, fand in diesem Auftritt ihren vorläufigen Höhepunkt. Lady Gaga war zur Gestalt aus schierem Fleisch geworden, sie hatte Nacktheit überboten. Schlichte Nacktheit nämlich, wie sie Robert Altman 1994 in seinem Film *Prêt-à-Porter* vorgeführt hat, in dem die Models den Laufsteg ohne jegliche Bekleidung betreten, ist bislang noch nicht üblich – vermutlich deshalb, weil den Regisseuren solcher Auftritte klar ist, dass damit ein relativ spannungsloses und nicht mehr zu steigerndes Finale erreicht wäre. Der Clou von Lady Gagas Auftritt bestand darin, dass sie die einfache durch eine doppelte Nacktheit übertraf. Indem sie ihr Fleisch mit dem Fleisch eines Rindviehs bedeckte, verbarg sie ihre Nacktheit und stellte sie dadurch demonstrativ heraus.

In dem preisgekrönten Video *Bad Romance* (2009) sieht man sie nur einmal und nur ganz kurz völlig nackt. Sie ist sehr schlank, um nicht zu sagen mager, und die Knochen ihres Rückgrats sind deutlich zu erkennen. Der Film verstärkt dieses Bild, indem er ein Tier-Embryo, unklar, welcher Art, dagegenschneidet. Er beginnt mit einer Gruppe von Frauen, die weißen Särgen entsteigen, darunter Lady Gaga. Die Frauen tragen weiße Latex-Anzüge, die Brüste und Schulter bedecken, aber mit ihrem hohen Beinausschnitt das Geschlecht betonen. Die Frauen flößen der Heldin gewaltsam ein Getränk ein und schleppen sie zu einer Gruppe von Männern, die ihr im Halbkreis gegenübersitzen – in der Mitte einer, der eine Art Gesichtspanzer trägt, sich arrogant in einen Sessel fläzt und sich dieses Getränk ebenfalls zuführt. Dass es sich um Gin oder Wodka handelt, dürfen wir annehmen. Zwischen diesem Mann und Lady Gaga entsteht nun ein Zweikampf, der damit endet, dass sie sich singend auf einem Grabhügel rekelt, auf dem die verbrannten Überreste des Mannes vor sich hin kokeln. Sie entzündet Wunderkerzen, vielleicht zu seinem Gedächtnis.

Eine Inhaltsangabe wird der virtuosen Machart des Films nicht gerecht. Er illustriert ja zunächst nur im schnellen Schnitt der Szenen die simple, aber rhythmisch eingängige Musik und die doppeldeutige Botschaft des Textes. Er spielt mit der Faszination des Hässlichen und des Bösen, mit Liebe und Tod, mit Exzess und Selbstzerstörung, mit Unterwerfung und Überwältigung. Das zentrale Wort ist die «Bad Romance», die sich die Heldin dringend wünscht, und in dem Wort «bad» ist die ganze Breite der Bedeutungen enthalten. Es meint sowohl «toll» oder «wild» als auch «böse» und «verrucht». Sie singt: «Ich will deine Hässlichkeit, ich will deine Krankheit», und dann: «Ich will deine Liebe, ich will deine Rache.»

Lady Gaga hat das Motiv des «Bad Girl» nicht erfunden, es bestimmt schon lange die Mythologie der amerikanischen Film- und Medienindustrie. Madonna fabrizierte 1992 den Song *Bad Girl*, und seit 2006 feiert die amerikanische Fernseh-Show «Bad Girls» Publikumserfolge. Wenn die Sängerin Beyoncé in dem gemeinsam mit Lady Gaga aufgenommenen Video *Telephone* (2010) zu dieser einmal begeistert sagt: «You are really a bad, bad girl!», so bezieht sie sich damit auf eine ganze Reihe von Vorbildern. Auch das Fleischkleid wurde von Lady Gaga nicht erfunden. Die Idee stammt von der kanadischen Künstlerin Jana Sterbak und ihrem «Flesh Dress» aus dem Jahr 1987.[1]

Es ist leicht zu erkennen, dass der Lobpreis des Verruchten und Bösen an jene schwarze Romantik anknüpft, die bei Dichtern wie Charles Baudelaire oder Edgar Allan Poe ihren Ursprung genommen hat. Lady Gaga überbietet und unterläuft dieses Programm. Sie überbietet es, indem sie es mit der opernhaften Gleichzeitigkeit von Text, Musik, Bild und Film ausmalt; sie unterläuft es, indem sie die erotische Vieldeutigkeit in grobe sexuelle Signale übersetzt. Lady Gaga wird im Verlauf des Minidramas immer forscher, aggressiver, und sie greift sich provokativ zwischen die Beine, wobei sie wie ein Geschenkpaket bloß mit roten Bändern bekleidet ist, die ihre Brüste kaum bedecken.

Diese Geste taucht in dem Video *Telephone* mehrmals wieder auf. Hier sieht man Lady Gaga, wie sie in ein Frauengefängnis eingeliefert und von Vollzugsbeamtinnen in eine Zelle gebracht wird. Die nahezu nackten Frauen strahlen eine unverhüllte sexuelle Aggressivität aus, und während sie Lady Gaga gewaltsam entkleiden, erkennt man deren rasierte Vulva. Später (wir müssen die Geschichte nicht detailliert erzählen) sieht man die beiden Frauen, wie sie auf einem Wüstenhighway davonbrausen, wie sie vor einem Diner stoppen und in der Küche das Essen vergiften. Während die Gäste reihenweise verröcheln, singen und tanzen die Damen.

Es ist klar, mit welchen Mitteln hier gearbeitet wird. Einerseits zeigt das Video einen aggressiven Feminismus, der das alte Männlichkeitsbild abermals in Schutt und Asche legt. Andererseits operiert es mit den ewigen Konstanten erotischer Anziehung. Dass die Initiative vom Mann ausgehe, war über viele Generationen hin eine Art von Gesetz. Hier ist es umgekehrt. Die Frau sendet provokative Signale aus, zieht den Mann in ihren Bann und vernichtet ihn. Während einst Schamhaftigkeit als weibliche Tugend galt, wird hier Schamlosigkeit als Ausdruck weiblicher Vitalität gefeiert.

Wir müssen der Frage nicht nachgehen, wer für diese Strategie verantwortlich ist: Stefani Joanne Angelina Germanotta, wie die 27-jährige Sängerin mit bürgerlichem Namen heißt, oder die Firma Lady Gaga. Man sollte aus ihrem Erfolg nicht schließen, demonstrative Schamlosigkeit sei zum vorherrschenden Muster geworden. Andererseits hätte die Firma Lady Gaga nicht einen Jahresgewinn von 80 Millionen Dollar erzielt (so schätzte ihn das amerikanische Wirtschaftsmagazin «Forbes» für 2013), wenn Videos wie die geschilderten nicht einem Bedürfnis nach Selbstdarstellung Ausdruck gäben. Es ist ja nicht zu übersehen, dass Verhaltensweisen, die man noch vor ein, zwei Generationen für undenkbar oder skandalös gehalten hätte, heute üblich sind. Zur Illustration dessen drei

Alltagsszenen, die vermutlich jeder auf die eine oder andere Weise wiedererkennt:

Erste Szene: Eine U-Bahn-Station an einem sommerlichen Werktag in Hamburg. Dort wartet eine Frau, vielleicht Mitte vierzig, mit wohlgebildeten Schultern und Brüsten, was insofern leicht zu erkennen ist, als sie ein schulterfreies Oberteil mit dünnsten Trägern anhat, darunter einen offenbar hautfarbenen BH, der ihre Brustwarzen zeigt. Im Übrigen steht sie in engen Jeans auf hochhackigen Schuhen. Diese Signale wirken auf der ziemlich leeren Station etwas verloren, andererseits scheint es so, als verfolge die Dame keine besondere Absicht damit, sondern habe sich wegen des heißen Tags einfach etwas luftiger gekleidet.

Zweite Szene: Vorstellung eines Marktforschungsprojekts für einen Verlag. Die etwa dreißigjährige Marktforscherin, mit der die Mitarbeiter von Vertrieb und Marketing ins Gespräch kommen sollen, erscheint in einer Aufmachung, wie man sie allenfalls bei einer abendlichen Party erwartet hätte, jedenfalls trägt sie ein leichtes, ihre hübsche Figur betonendes schwarzes Kleidchen mit einem tiefen Dekolleté. Man fragt sich, was sie damit sagen will, denn der Konferenzraum ist in keiner Weise der Ort, an dem dieses Signal etwas befördern könnte.

Dritte Szene: Ein heller, warmer Frühlingstag auf der Brühlschen Terrasse in Dresden. Ein junges Paar, gekleidet in Jeans und T-Shirts, sitzt auf der Parkbank, und zwar so, dass das Mädchen mit gespreizten Beinen auf dem Jungen reitet und ihr Geschlecht auf seinem hin und her bewegt. Sie umarmen und küssen sich dabei. Die Passanten, die daran vorbeigehen, ignorieren das Paar.

In der Soziologie spricht man von Entformalisierung, und damit ist gemeint, dass sich das ursprünglich strenge Reglement des Verhaltens weitgehend aufgelöst hat, und das heißt auch, dass dem Erscheinungsbild der Frau auf dem U-Bahnsteig oder der Abgesandten des Marktforschungsinstituts keine bestimmte Bedeutung zukommt. Man kann daraus nicht auf etwas Besonderes schließen, sondern nur auf das allgemeine Phänomen, dass sich heute ein jeder nach seinem Geschmack und seiner Laune zeigen und verhalten kann. Ein konservativ gestimmter Zeitgenosse würde die beschriebenen Szenen für schamlos erklären, und in mancher Hinsicht sind sie das auch. Aber die Frage, was schamlos sei oder auch nur peinlich, ist nicht mehr mit dem Blick in ein ungeschriebenes, aber geläufiges Handbuch des Benehmens zu klären. Die Antwort hängt von vielen Faktoren ab, und einige davon werden wir in diesem Buch näher betrachten.

Es gibt zu dem angedeuteten Prozess der Entformalisierung eine gegenläufige Bewegung, eine Reformalisierung: Viele der Rituale, die in den sechziger, siebziger Jahren unter allmählich abnehmender Empörung abgeschafft worden waren, sind stillschweigend zurückgekehrt. Die Abiturientenfeier, der Tanzschulball, die Begrüßung der Erstsemester, die Verlobung, der Polterabend, die feierliche Hochzeit, der Empfang mit Kleidungsvorschrift – all das gibt es wieder. Die heute jungen Erwachsenen sind, nachdem sich manche in der Pubertät den Anschein der Zügellosigkeit gegeben haben, wieder auf traditionelle Weise gekleidet und interessiert. Man sagt ihnen konservative Neigungen nach, etwa den Wunsch nach Ehestand, Familie und bürgerlicher Karriere. Wahrscheinlich trifft das zu – doch nur für die gebildete und begüterte Mittelschicht. In den niedriger stehenden Schichten finden Exzesse à la Lady Gaga größere Zustimmung, vielleicht deshalb, weil sie Luftschlösser einer für sie unerreichbaren Freiheit bedeuten.

2. Die Literatur als Archiv der Schamgeschichte

Das Gefühl der Scham oder der Peinlichkeit ist niemandem fremd. Vermutlich jeder wüsste aus eigener Erfahrung und Beobachtung davon zu erzählen, wenn die Situation danach wäre. Oftmals aber bleibt man mit diesem Gefühl allein. Es eignet sich auf Anhieb nicht für die beiläufige Mitteilung. Zunächst ist es ein nicht öffentliches, ein privates Gefühl höchst unangenehmen Charakters. Man möchte es schnell vergessen. Man schämt sich der Scham. Das Peinliche bleibt peinlich, solange man daran denkt.

Wer sich überhaupt nicht zu schämen vermag, ist kein Mensch im vollen Sinn – erst die Fähigkeit zur Scham macht ihn zum moralischen Subjekt. Aber damit ist nicht viel gesagt. Empfindungen der Scham sind in hohem Maß abhängig vom kulturellen Raum, von Prägungen der Religion und des Zeitalters, ihr Anlass trennt einzelne Menschen, ganze Epochen und Gesellschaften voneinander. Man kann die Geschichte der Menschheit als die Geschichte unterschiedlich verursachter Scham- und Peinlichkeitsempfindungen verstehen, und nichts macht den Ablauf der Zeit anschaulicher als der Wandel jener Übereinkunft hinsichtlich des Gebotenen oder Erlaubten, welche wir Kultur nennen. Dieser Wandel nährt den stets naheliegenden Verdacht, die jeweils eigene Epoche sei besonders schamlos. Träfe er wirklich zu, so wäre die Geschichte von fortwährender Enthemmung bestimmt. Dafür spricht wenig. Im Gegenteil lässt sich sagen, dass unsere Zeit in hohem Maß von Kontrollmechanismen bestimmt ist, sei es durch ein verinnerlichtes Leistungsdenken, sei es durch den vom Staat und von Internet-Konzernen überwachten Datenverkehr.

Der Vorwurf moralischer Verwahrlosung gehört zum Repertoire jeglicher Kulturkritik, und er hat damit zu tun, dass die Verletzung des ehemals gültigen Comments den Älteren, die mit ihm aufgewachsen sind, besonders übel aufstößt, während sie den Jüngeren als Chance der Befreiung erscheinen mag. Und es kann passieren, dass eine neue Generation die Übertretung eines Regelsystems gar nicht bemerkt, weil es ihr längst nicht mehr geläufig ist. Einen zufälligen Zeugen kann derlei beträchtlich verstören, so wie es in Virginia Woolfs Roman *Mrs Dalloway* einem gewissen Peter Walsh widerfährt, der eben aus dem indischen Kolonialdienst heimgekehrt ist, an einem warmen Junitag des Jahres 1923 durch die Straßen und Parks von London flaniert und irritiert bemerkt, dass sich in den fünf Jahren seiner Abwesenheit einiges verändert hat:

«Die Leute sahen anders aus. Die Zeitungen schienen anders zu sein. Jetzt, zum Beispiel, gab es da jemand, der ganz offen in einer der angesehenen Wochenzeitungen über Wasserklosetts schrieb. Das hätte man vor zehn Jahren nicht tun können – ganz offen in einer angesehenen Wochenzeitung über Wasserklosetts schreiben. Und dann dieses Hervorholen eines Lippenstifts, oder einer Puderquaste, und das Herrichten in aller Öffentlichkeit. Auf der Heimreise waren eine Menge junger Männer und Frauen an Bord gewesen – Betty und Bertie, an die erinnerte er sich vor allem –, die ganz offen miteinander schmusten; die alte Mutter mit ihrem Strickzeug, die dasaß und sie beobachtete, kalt wie eine Hundeschnauze. Das Mädchen blieb einfach stehen und puderte vor jedermann seine Nase. Und sie waren nicht verlobt; amüsierten sich bloß; keine gekränkten Gefühle, weder hier noch da. Hart wie Stahl war sie – Betty Dingskirchen –, aber ganz in Ordnung. Sie würde mit dreißig eine sehr gute Ehefrau abgeben – sie würde heiraten, wenn es ihr passte zu heiraten».[2]

Peter Walsh ist nicht empört, nur erstaunt. Er fühlt sich fremd im eigenen Land. Dieses Fremdheitsgefühl ereilt wahrscheinlich jeden, der seine Zeit und seine Zeitgenossen aus einem gewissen Abstand betrachtet. Allein dieser Abstand erlaubt es, Wandlungen der Gefühlskultur wahrzunehmen. Doch wie gewinnt man ihn? Auf sehr einfache, sehr unvermeidliche Weise: durchs Älterwerden. Immer war es das zweifelhafte Privileg der Älteren, den Verfall der Sitten wahrzunehmen. Die Entstehung neuer Sitten zu erkennen, ist weitaus schwieriger.

Die rapide Beschleunigung, die heutzutage alle Lebensverhältnisse erfasst, hat immerhin den Vorzug, dass Veränderungen der Gefühlskultur rascher sichtbar werden als in jenen Zeiten, da sich der Verhaltenskodex nur sehr allmählich wandelte, oft über Generationen hinweg. Das heißt leider nicht, dass damit die eigene Zeit schon begriffen wäre. Einer der seltsamsten Zweige unserer sogenannten Wissensgesellschaft ist ja die «Zukunftsforschung». Wohl kann man die Vergangenheit erforschen, vielleicht (mit ungewisser Annäherung) die Gegenwart, sicherlich jedoch nicht die Zukunft. Der Versuch dieses Buches also, die Gefühlskultur der eigenen Zeit zu betrachten, bleibt mit vielen Unwägbarkeiten behaftet.

Ein brauchbares Mittel, die notwendige Distanz zu vergrößern, ist der vergleichende Blick in die Vergangenheit, und hier wiederum auf die zahllosen Romane und Erzählungen, die uns von den Erfahrungen und Leiden jener Menschen berichten, die den Konventionen ihrer Zeit nicht angepasst waren, sei es aus Widerspruchslust oder ungewollter Abweichung. Diese literarischen Heroen, ob Hester Prynne (Hawthorne) oder Josef K. (Kafka) – und auf viele weitere werden wir zu sprechen kommen –, wurden Opfer ihrer Scham und Opfer ihrer Zeit. Mit anderen Worten: Die Literatur ist ein hervorragendes Archiv, das die Wandlungen der Gefühlskultur sammelt und aufbewahrt. Der Komplex aus Schuld und Scham und Peinlichkeit zählt zu den stärksten Antriebskräften, die Literatur entstehen lassen: als Ausdruck eines unlösbaren Konflikts, als rückwirkende Schambewältigung, als Erklärungsversuch des Unverstandenen, vielleicht gar Unerklärbaren.

Der amerikanische Schriftsteller Jonathan Franzen hat in einem Gespräch, das um seinen durch Suizid umgekommenen Freund David Foster Wallace und dessen Roman *Unendlicher Spaß* kreiste, gesagt: «Es ist sicherlich wahr, dass Dave jede Menge Scham empfand. Aber er war ein Schriftsteller. Und jeder gute Schriftsteller empfindet Scham.»[3] So ist es in der Tat. Im Schamgefühl begegne ich mir selbst, und Selbstbegegnung ist die Bedingung von Literatur. Dass diese Konfrontation mit sich selbst zuweilen unangenehm oder gar qualvoll ist, wird zum Anlass der Reflexion und des Schreibens. Beglückenden Selbstbegegnungen, die zu schöner oder auch eitler Zufriedenheit führen, fehlt jene Erfahrung eines Mangels, die durch die Niederschrift geheilt oder gemindert werden muss.

Sighard Neckel, der 1991 ein maßgebliches Buch über die Soziologie der Scham verfasste, hat sich in einem Aufsatz aus dem Jahr 2009 insofern korrigiert, als er ergänzend zugab, der Soziologe stehe, wenn er von Gefühlen spreche, vor einem Sprachproblem. Die wissenschaftliche Sprache erlaube es nicht, «den Bedeutungsgehalt der erlebten Wirklichkeit einer Person in Umfang und Tiefe nachzuempfinden». Und er fährt fort: «Die gelungensten Seiten der Literatur können uns manchmal Bilder anbieten, in denen wir Gefühle repräsentiert finden, die uns sprachlich schwer zugänglich sind.» Als Beispiele nennt er Autoren wie Dostojewski, Virginia Woolf, Stefan Zweig oder Franz Kafka, und er schließt mit dem Satz: «Wissenschaft ist hier nur ein armseliges Kondensat, das den vollen Inhalt des Erlebens in dürre Begriffe überführt und dabei weder die Genauigkeit der inneren Pein von Scham trifft noch die metaphysische Unabgeschlossenheit, die diesem Gefühl des augenblicklichen Weltverlusts eigen ist.»[4]

Auf Neckels Studie werden wir zurückkommen, stimmen aber seiner wissenschaftskritischen Anmerkung durchaus zu, wenngleich keineswegs aus einer übergeordneten Warte, sondern aus einer, die gewissermaßen von der Seite beobachtet. Dieses Buch nämlich, das muss gleich gesagt werden, verfolgt keinen wissenschaftlichen Zweck. Sein Ziel besteht in erster Linie darin, einem Phänomen auf die Spur zu kommen, das den Verfasser schon immer beschäftigt hat – und sicherlich nicht allein ihn. Das Phänomen verdichtet sich in jener Erfahrung, die uns in der Spruchweisheit begegnet: tempora mutantur nos et mutamur in illis (Die Zeiten ändern sich und wir uns mit ihnen). Was in unserem Fall heißt: Am Wandel der Gefühlskultur erkennen wir den Wandel der Zeit.

Wir werden also im Verlauf der Betrachtung literarische Beispiele heranziehen, die geeignet scheinen, das nicht selten dunkle Geheimnis der Scham zu erhellen. Es ist in erster Linie ein ästhetisches Phänomen: Im engeren Sinn, weil es mit Körperlichkeit und Wahrnehmung zu tun hat, mit einer Wahrnehmung von oftmals erschreckender Plötzlichkeit; und im übertragenen Sinn, weil das Peinliche, das Beschämende nicht «schön» ist, sondern unästhetisch, widrig, eklig, hässlich. Wir stoßen hier auf den verlorenen Zusammenhang von Ästhetik und Ethik. Insofern ist es nicht erstaunlich, dass die Literatur als ästhetische Kunstform der Ort ist, wo das ästhetische Problem der Scham seine Gestaltung, seine Bearbeitung findet. Dass unter allen Künsten die Literatur (Theater und Oper sind darin eingeschlossen) dazu taugt, ist leicht zu verstehen: Sie ist die Heimat der Erzählung. Und die Erfahrung von Schuld, Scham oder Peinlichkeit will erzählt werden, sie verläuft in der Zeit, sie hat Ursache, Zuspitzung und Resultat.

3. Über die Konzeption dieses Buches

Das Folgende entfaltet nicht eine Kulturgeschichte der Scham, sondern die Gestalt von Scham- und Peinlichkeitsgefühlen, wie sie uns im Alltag sowie in literarischen und wissenschaftlichen Texten begegnet. Es geht also um eine strukturelle Betrachtung. Ihre zentrale These lautet, dass an die Stelle der alten Schuldkultur und der noch älteren Schamkultur eine neue Kultur getreten ist: die Kultur der Peinlichkeit.

Was ist Scham? Versuchen wir eine erste Bestimmung. Im Augenblick der Scham sehe ich mich mit den Augen eines anderen, und dieser andere verkörpert eine von mir anerkannte Autorität (vielleicht Gott, den Vater, die Mutter) oder ein von mir angestrebtes Ideal des moralisch richtigen Handelns. Ich begreife, dass ich dieser Autorität oder diesem Ideal im kritischen Augenblick zuwidergehandelt habe, und deshalb schäme ich mich. Im Augenblick der Scham sehe ich mich selber als jemanden, der gefehlt hat, und das Bild, das sich mir plötzlich zeigt, verletzt das Bild, das ich von mir habe oder gerne von mir hätte. Für den Fehltritt und die Beschädigung meiner Selbstachtung bedarf es keiner Zeugen.

Scham hat also mit Reflexivität zu tun, mit der Fähigkeit, sich selbst als moralisches Subjekt wahrzunehmen. Scham entspringt jedoch keinem Willensakt, sie ist nicht das Ergebnis einer abwägenden vernunftgeleiteten Selbstkritik, sondern ein plötzliches und heftiges Ereignis, das sich meiner Herrschaft entzieht und tief in meine Seele dringt. Das äußert sich zum Beispiel im Erröten. Charles Darwin bemerkt dazu: «Das Erröthen ist die eigenthümlichste und menschlichste aller Ausdrucksformen», und auf die Frage nach der Ursache sagt er: «Wir können Lachen durch Kitzeln der Haut, Weinen oder Stirnrunzeln durch einen Schlag, Zittern durch Furcht oder

Schmerz verursachen u. s. w.; wir können aber […] ein Erröthen durch keine physikalischen Mittel –, d.h. durch keine Einwirkung auf den Körper verursachen. Es ist der Geist, welcher afficirt sein musz. Das Erröthen ist nicht blosz unwillkürlich; vielmehr erhöht schon der Wunsch es zu unterdrücken, dadurch, dasz er zur Aufmerksamkeit auf sich selbst führt, factisch die Neigung dazu.»[5]

Darwin behauptet hier die Scham als ein anthropologisches Faktum. Viele Philosophen und Wissenschaftler folgen ihm darin, wenn auch aus unterschiedlichen Gründen. Ich selbst bin davon überzeugt (und will es im Folgenden zeigen), dass Scham nicht eine anerzogene Unart ist, die man sich abgewöhnen sollte, sondern die Bedingung von Moral schlechterdings. Die Fähigkeit, Scham empfinden zu können, ist eine menschliche Tugend. Allerdings haben Schamgefühle vielfältige Ursachen, je nach Person und Situation. Die Schamattacke vergeht in der Regel so rasch wie das Erröten, sie kann jedoch so tief eingedrungen sein, dass jede Erinnerung daran sie aufs Neue hervorruft. Schließlich können mit Scham Schuldgefühle oder eine wirkliche Schuld verbunden sein, während umgekehrt ein Schuldgefühl nicht mit Scham verbunden sein muss.

Verglichen damit ist die Peinlichkeit das schwächere Gefühl, und ihr Anlass ist in der Regel geringfügiger. In jedem Fall setzt sie anwesende Zeugen meines Missgeschicks voraus. Ich bin unpassend gekleidet, habe das Rotweinglas umgestoßen oder eine Person versehentlich brüskiert. Peinlichkeit ist der Verstoß gegen eine Verhaltensregel, der in einem sozialen Zusammenhang passiert und beobachtet wird. Je komplexer das gesellschaftliche Gefüge wird, umso mehr wächst die Peinlichkeitsgefahr. Es kann zu einer sich selbst verstärkenden Häufung von Peinlichkeiten kommen, die mich an den Rand meiner Fassung bringt und dann wirkliche Scham erzeugt.

So weit ein erster Beschreibungsversuch. Er ist unvollständig, weil es für dieses große Feld misslicher Gefühle viele sprachliche Wendungen gibt, die Übergänge und Zwischenzonen bezeichnen. Mir kann das Verhalten eines anderen ebenso peinlich sein wie mein eigenes. Ich kann mich für mich selber schämen und auch für einen anderen. Zu der im sozialen Kontext angesiedelten Peinlichkeit gehören Begriffe wie Takt, Verlegenheit und Fremdscham. Die Scham hingegen ist unweigerlich die Ausprägung eines individuellen Charakters, zu ihr gehören Begriffe wie Demütigung, Beschämtsein und Reue. Der wichtigste Unterschied: Scham ist ohne ein Gewissen nicht denkbar (und das hat mit Schuldfähigkeit zu tun), während derjenige, der das Verhalten anderer oder sein eigenes als peinlich empfindet, nicht notwendigerweise ein Gewissen haben muss.

Wir werden diese vorläufigen Bestimmungen an literarischen Beispielen konkretisieren und sie mit soziologischen Beobachtungen unterfüttern. Alle Versuche jedoch, Begriffe wie Scham, Fremdscham oder Peinlichkeit ein für alle Mal zweifelsfrei zu definieren, müssen misslingen. Das Feld der Schamgefühle ist unendlich, es erweitert sich mit jeder Person, mit jedem Wandel der Zeit, und die Wörter, mit denen wir diese Gefühle benennen, ändern ihre Bedeutung von Fall zu Fall. Ebendeshalb ist die Literatur ein sehr genaues Erkenntnismittel. Sie beschreibt den Augenblick der Scham, sie erzählt uns, was dieses Gefühl hier und jetzt bedeutet und wie der betroffene Mensch damit umgeht.

Hier in groben Zügen der Verlauf der Überlegungen:

Kapitel II: Die Betrachtung beginnt mit der Schamvernichtungskampagne, einem nicht gänzlich gescheiterten Projekt der Achtundsechziger, das auf große Widerstände stieß.

Kapitel III: Die Betrachtung zeigt weiterhin, dass mit dem Schamverlust eine neue Peinlichkeitsfurcht entstand. Sie rührt daher, dass der Verhaltenskodex elastischer und zugleich unübersichtlicher geworden ist.

Kapitel IV: Um die Dimension von Schuld und Scham zu verstehen, wenden wir uns der Erzählung vom Sündenfall zu, blicken auf Kierkegaards Interpretation der Erbsünde und auf Kafkas Parabel von der Schuld.

Kapitel V: Schamgefühle entstehen durch Reflexivität: Das Subjekt betrachtet sich selbst. Die Art und Weise solcher Spiegelungen wird anhand von Beispielen näher beschrieben.

Kapitel VI: Scham kann dadurch entstehen, dass ein anderer mich beobachtet. Herodot, Friedrich Hebbel, Botho Strauß und Jean-Paul Sartre haben dieses Verhältnis erkundet, Erving Goffman hat es in der soziologischen Nahaufnahme analysiert.

Kapitel VII: Dostojewski schildert, wie das Schamerlebnis ein Individuum förmlich spaltet; Thomas Mann, wie es daran zugrunde geht.

Kapitel VIII: Das unheimliche Phänomen, dass die Scham nicht nur Furcht, sondern auch Lust und Faszination erregen kann, ist Thema von Rudolf Borchardt und Georges Bernanos.

Kapitel IX: Fragen der Scham sind auch Fragen der Macht: Darüber haben Dostojewski, Norbert Elias, Richard Sennett und Pierre Bourdieu nachgedacht.

Kapitel X: Scham, Fremdscham und Peinlichkeit sind einander verwandt. Ihr Ineinanderspiel begegnet uns bei Hermann Broch, Thomas Mann und Hugo von Hofmannsthal.

Kapitel XI: Schuldkultur und Schamkultur, Gewissenskultur

und Anpassungskultur – diese Begriffe sind Gegenstand der Kontroverse zwischen Norbert Elias und Hans Peter Duerr.

Kapitel XII: Wärme und Kälte des Verhaltens sind verantwortlich für die Intensität von Schamgefühlen. Wir verfolgen diesen Gedanken bei Ernst Jünger und Helmuth Plessner sowie im gegenwärtigen Umgang mit Prominenten aus Wirtschaft und Politik und schließen mit Leif Randts Peinlichkeitsutopie.

KAPITEL II

SCHAMVERLUST

Hüfthosen, Stringslip
und Tätowierungen
bestimmten eine Zeitlang das
Erscheinungsbild mancher
junger Frauen.

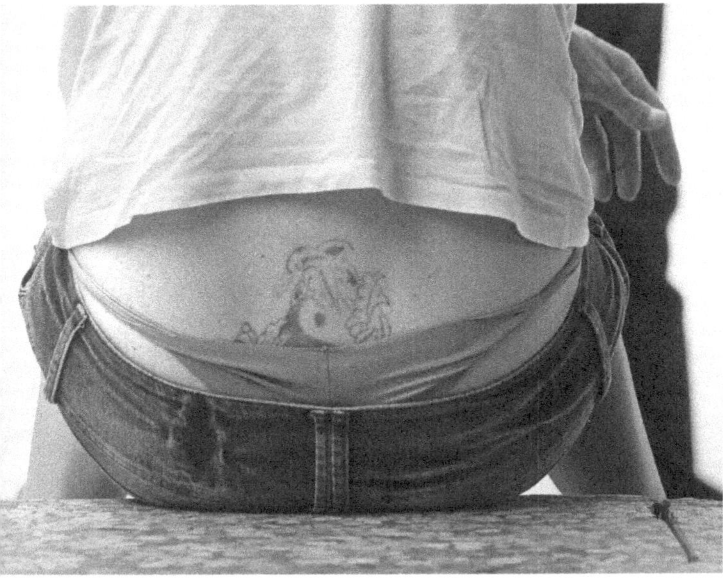

1. Das Busenattentat 1969 – Die Schamvernichtungskampagne der Achtundsechziger – Rückblick auf die alte Moral

Für den Wandel des Schamverhaltens in neuerer Zeit ist der 22. April 1969 ein bezeichnendes Datum. An diesem Tag, so berichten mehrere Zeugen, stürmten drei junge Frauen auf das Podium im Hörsaal VI der Frankfurter Universität, als sich der Philosoph Theodor W. Adorno eben anschickte, seine Vorlesung zu halten. Plötzlich sah er sich von den Studentinnen umringt, die ihre Jacken öffneten und ihn mit ihren nackten Brüsten bedrängten. Adorno wehrte sich mit erhobener Aktentasche und floh aus dem Saal. Nicht lange danach, im Sommer desselben Jahres, erlag er einem Infarkt. Obwohl zwischen seinem Tod und der Attacke gelegentlich ein Zusammenhang hergestellt wurde, sind sich die Biographen darin einig, dass das eine mit dem anderen im Wesentlichen nichts zu tun hatte.

Dem sogenannten Busenattentat waren politische Konflikte zwischen Adorno und den linken Studenten vorausgegangen, Konflikte, die auf einem grundlegenden Missverständnis beruhten. Es bestand in der Hauptsache darin, dass der Philosoph Adorno als Ideen- oder Stichwortgeber der eben aufgebrandeten studentischen Revolte galt, und zwar nicht nur in den Augen einer konservativen Öffentlichkeit, sondern auch der Studenten selber. Daran war richtig, dass einige seiner damals weithin gelesenen, wenn auch nicht immer vollständig begriffenen Texte (etwa die *Dialektik der Aufklärung*) den Verblendungszusammenhang des Spätkapitalismus zu ihrem zentralen Gegenstand hatten. Adornos berühmtes Diktum «Es gibt kein richtiges Leben im falschen»[6] geriet zur Parole eines fundamentalen Nichteinverstandenseins. Aber keine These Adornos, und diese erst recht nicht, wäre als Handlungsanleitung tauglich gewesen, und ihn als Neomarxisten zu bezeichnen, der einer neuen Linken programmatisch den Weg ebnete, war vollkommen irrig.

Infolgedessen war es wenige Monate vorher zur Besetzung des Frankfurter Instituts für Sozialforschung gekommen. Dessen Hausherr Adorno hatte die Polizei gerufen und die Studenten entfernen lassen. Jetzt, am 22. April, verteilte die «Basisgruppe Soziologie» Flugblätter, auf denen zu lesen stand: «Adorno als Institution ist tot!» Hans-Klaus Jungheinrich, Redakteur der *Frankfurter Rundschau*, schrieb dazu: «Das können die politischen Bewußtseinsveränderer Adorno nicht verzeihen: Er gab ihnen das kritische Vokabular zur dialektischen Gesellschaftsanalyse, ließ sie aber im – für sie – entscheidenden Augenblick allein: als es darum ging, Theorie in Praxis zu übersetzen.»[7] Dass die biographischen, die philosophischen Voraussetzungen, unter denen Adorno lebte und dachte, diesen Schritt unmöglich machten, erwähnte Jungheinrich zu Recht.

Das «Busenattentat» war also die Rache durch einen Akt öffentlicher Demütigung. Dass die «aggressive Entblößung der Brüste» schon immer eine weibliche und nicht selten wirkungsvolle Waffe gewesen ist, zeigt Hans Peter Duerr in seinem Buch über *Obszönität und Gewalt*.[8] Selbst heute noch, da öffentliche Nacktheit kaum mehr skandalös ist, erregen Oben-ohne-Aktionen die mediale Aufmerksamkeit, was sich die 2008 in Kiew gegründete feministische Gruppe Femen zunutze macht. Die jungen Frauen demonstrieren mit nackten Brüsten gegen Sextourismus und Zuhälterei sowie gegen Männer wie Silvio Berlusconi oder Dominique Strauss-Kahn, um deren Frauenbild bloßzustellen.

Um die besondere Provokation der Aktion von 1969 zu verstehen, muss man sich die Zeitumstände vor Augen halten. Dass Frauen Hosen trugen, nicht Kleider oder Röcke, war damals noch ungewöhnlich. Eine vorwiegend mittelständische junge Generation demonstrierte ihren Widerstand gegen die Generation der Älteren zunächst einfach dadurch, dass sie sich anders kleidete, andere Filme sah, andere Musik hörte, andere Bücher las. Man ignorierte Stefan Andres und Ernst Jünger zugunsten von Jean-Paul Sartre und Albert Camus, man verachtete Vivaldi, Beethoven oder Bach und verbrachte die Nächte in Jazzkneipen, man spottete über Heinz Rühmann und liebte Jean-Paul Belmondo, man ignorierte Dauerwelle und Bügelfalte, Kostüm und Hut, man trug lange Haare, Jeans und kurze Röcke. Die bürgerliche Öffentlichkeit, die es im alten Sinne noch gab, war aufs äußerste empört.

Sicherlich würde ein solches «Busenattentat» auch heute eine gewisse Aufmerksamkeit erregen, doch würde man es lustig finden und hätte ähnliche Bilder vor Augen: nackte Radfahrer, die für bessere Radwege demonstrieren; oder Wanderer, die es fortschrittlich finden, nackt zu wandern; oder Tausende, die sich zum Zweck einer künstlerischen Aktion öffentlich entkleiden – wie bei den massenhaften Arrangements des amerikanischen Fotografen Spencer Tunick. Folglich würde heute ein Professor, dem Studentinnen ihre Brüste zeigen, um beispielsweise gegen sein als sexistisch empfundenes Gebaren zu demonstrieren, amüsiert, vielleicht auch empört reagieren, aber er sähe sich nicht in derselben Weise gedemütigt wie damals Adorno.

Das ist der eine Unterschied. Und der andere: Studenten, die heute eine ähnliche Aktion planten, würden nicht versäumen, sie ordentlich publik zu machen, indem sie die Medien rechtzeitig informierten. Die Bilder oder Filme eines solchen Vorgangs, und wären sie nur per Phone aufgenommen und ins Netz gestellt, gäben ihren Forderungen überhaupt erst den nötigen Nachdruck.

Das «Busenattentat» vom 22. April 1969 war in der Hinsicht miserabel vorbereitet. Es gab keine öffentliche Ankündigung, Presseleute waren nicht eingeladen, Filmkameras nicht vorhanden, Mobiltelefone hatte man noch nicht. Der Berichterstatter der *Frankfurter Rundschau*, der offenbar aus eigenem Interesse der Vorlesung beiwohnte, erwähnt lediglich das Flugblatt und die Sprechchöre der Basisgruppe, die Attacke der Studentinnen hingegen nicht. Offenbar saß er zu weit hinten. Ich selber saß weiter vorne, sah das Getümmel auf dem Podium, nahm aber die Entblößung nur indirekt wahr, alles ging sehr schnell vonstatten, man könnte fast sagen: schamhaft. Im Übrigen bilde ich mir ein, es sei ausnahmsweise der Hörsaal V gewesen, in dem die Ereignisse stattfanden, doch meine Zeitzeugenschaft ist weitgehend unbrauchbar, weil sich Erlebtes und Gehörtes in meiner Erinnerung untrennbar vermischen.

Ein einziges Foto ist von dem Vorgang überliefert. Für die Journalistin Tanja Stelzer wurde es zum Anlass einer aufwendigen Recherche im Berliner *Tagesspiegel*.[9] Es gelang ihr, zwei der drei Studentinnen ausfindig zu machen und mit ihnen zu reden. Für unseren Zusammenhang ist interessant, dass die demonstrierte Schamlosigkeit offensichtlich von heftigen Schamgefühlen begleitet war. Einmal, weil an der Aktion ursprünglich mehrere Frauen teilnehmen wollten, von denen sich am Ende nur noch drei trauten. Zum andern, weil alle, die das Happening ins Werk setzten, hinterher Stillschweigen bewahrten: die Studentinnen, indem sie versuchten, anonym zu bleiben; die Initiatoren und Zeugen, indem sie sich weigerten, gegenüber Tanja Stelzer die Namen zu nennen; der Fotograf, indem er die Veröffentlichung des Fotos untersagte. Alle Beteiligten empfanden offenbar, dass sie mit der Aktion die Grenze des Erlaubten und Anständigen überschritten hatten.

Die frühere Studentin A sagt noch 2003, 34 Jahre danach, zur Journalistin Stelzer, sie wolle auf keinen Fall erkennbar sein, so sehr schäme sie sich noch heute. Sie finde, das Busenattentat beschmutze das Bild von Adorno. Ihre frühere Mitstreiterin Hannah Weitemeier gibt zwar relativierend zu bedenken, ein weiblicher Körper sei schließlich keine Waffe, fügt aber hinzu, bereut habe sie die Aktion sofort, «wir fanden uns danach gar nicht so toll». Sie gesteht, sie sei viel zu naiv gewesen. Über die Biographie Adornos (der als Jude vor den Nazis fliehen musste) habe sie nichts gewusst. Heute verstehe sie, «dass Angst etwas ganz anderes für ihn war, gerade wegen seiner Herkunft». Und am Ende des Gesprächs sagt sie: «Wäre ich tot und würde Adorno begegnen, ich würde ihn bitten, dass er mir vergibt.»[10]

Man erkennt an diesen späten Reuebekundungen, dass die damals inszenierte Schamlosigkeit auf erhebliche innere Widerstände stieß. Insofern und nur deshalb bezeichnet dieser 22. April 1969 einen symbolischen Augenblick. Sicherlich hat er den Verhaltenswandel, der später ubiquitär werden sollte, nicht ausgelöst. Aber er war Ausdruck dessen, was man als Schamvernichtungskampagne der Achtundsechziger beschreiben kann. Ihr Ziel bestand darin, alle Schamgefühle und Intimitätsbedürfnisse als Relikte einer bürgerlichen Kultur zu begreifen, die es zu überwinden galt. Mit ihrer verlogenen Doppelmoral, die Sexualität ganz allgemein tabuisierte, Homosexualität und voreheliche Beziehungen unter Strafe stellte, heimlich aber Seitensprung, Missbrauch und Vergewaltigung praktizierte, hatte diese bürgerliche Kultur, so glaubte man, das Recht verwirkt, die freie, natürliche Entfaltung der Individuen noch länger zu behindern: durch leere Rituale, strafbewehrte Verhaltensregeln, sinnlose Kleidungsvorschriften.

Scham (so die nunmehr herrschende Ansicht, im genauen Gegensatz zur bis dahin üblichen) war kein anthropologisches Faktum, war keineswegs angeboren, sondern anerzogen, Produkt einer repressiven Moral. Der Psychoanalytiker Wilhelm Reich hatte 1933 in seiner *Massenpsychologie des Faschismus* die These vertreten, das patriarchalisch-autoritäre Familienmodell führe zu gnadenloser Triebunterdrückung und erzeuge jenen Zwangscharakter, der sich in den mörderischen Exzessen des Nationalsozialismus Ausbruch verschafft habe.

Wilhelm Reichs Bücher, die in Vergessenheit geraten waren, wurden mit Beginn der 68er-Revolte in Raubdrucken verbreitet und stießen mit ihrer schlichten und eingängigen Grundthese auf große Resonanz. Wer eine von allen Zwängen befreite Sexualität lebe, so der Gedanke, der sei davor geschützt, ein autoritärer Charakter zu werden, und könne, vereint mit Gesinnungsgenossen, zum Sturz des Kapitalismus und zum Aufbau einer neuen Gesellschaft beitragen. Es gehe darum, sich der moralischen Fesseln zu entledigen und sich seiner ursprünglichen, natürlichen Bedürfnisse zu entsinnen.

Es war den Propagandisten der neuen Moral nicht bewusst, dass sie damit antimodernen Ideologien folgten, die Ende des 19. Jahrhunderts virulent geworden und in der von den Nazis später in den Dienst genommenen Jugendbewegung zum Ausbruch gekommen waren. Es war ihnen auch nicht bewusst, dass alle totalitären Ideologien die Schamvernichtung zu ihrem Programm erhoben hatten und einen gläsernen Sozialcharakter herstellen wollten. Scham nämlich ist eine der intimsten, subjektivsten Regungen, sie widersetzt sich kollektiven Maßgaben. Sie kann sogar eine im politischen Sinn subversive Rolle spielen, wenn sich das Subjekt infolge einer tief sitzenden Schamempfindung weigert, bestimmten Befehlen Folge zu leisten.

Im Resultat jedenfalls waren die Achtundsechziger entschlossen, Schamreaktionen als Relikte der alten Zeit abzutun, als Bodensatz jener verdorbenen bürgerlichen Eltern, von denen Gudrun Ensslin 1967 gesagt hatte: «Dies ist die Generation von Auschwitz – mit denen kann man nicht argumentieren!»[11] Es begann das Abdriften in den Terrorismus, begleitet von jenem oft geschilderten, ebenso begrüßten wie beklagten antiautoritären Umerziehungs- und Selbsterziehungsprogramm – von den Bürgerschreckskommunen mit Partnertausch und ausgehängten Klotüren bis hin zu den Kinderläden, in denen der Missbrauch Minderjähriger ideologisch kleingeredet wurde.

Dieses Programm dauerte nicht sehr lange und wäre für sich allein nicht erfolgreich gewesen, wenn es nicht Teil eines viel radikaleren Modernisierungsschubs geworden wäre. Der bis dahin vergleichsweise moderate Kapitalismus, den Ludwig Erhard «soziale Marktwirtschaft» getauft hatte, begann sich zu beschleunigen und zu internationalisieren. «Alte Zöpfe» mussten weg (so einst die Wahlparole der FDP), sesshafte Großfamilien mussten der arbeitstechnisch flexibleren Kleinfamilie weichen, Mobilität war das neue Gebot. Der Warenverkehr wurde schneller und weiträumiger, dank neuer Verkehrswege und Informationsmittel. All dem standen die vertrauten Traditionen entschieden im Weg. Auch die alte Moral, die auf bodenständiger Gemeinschaft beruhte, von ihr weitergegeben und kontrolliert wurde, taugte immer weniger für die erweiterten ökonomischen Chancen und Zwänge. Später dann hat die weltweite Vernetzung mit ihrem beschleunigten Datenaustausch diesen Prozess bekanntlich nochmals verstärkt. Und man muss es eine Ironie der Geschichte nennen, dass die antibürgerliche Revolte der Achtundsechziger, die sie selber als antikapitalistische verstanden, dazu beigetragen hat, einem neuen, global agierenden Kapitalismus freies Gelände zu verschaffen, unbehindert von traditionellen Förmlichkeiten.

Es sei mir an dieser Stelle erlaubt, diese heute weitgehend vergessenen Förmlichkeiten aus eigener Erinnerung vor Augen zu führen – ich rede hier von meiner Jugend in den fünfziger, sechziger Jahren. Ich komme aus einem bürgerlichen Elternhaus, das nicht übermäßig streng war, auf die Beachtung hergebrachter Sitten jedoch großen Wert legte. Für Kinder und Jugendliche gehörte es sich, zu schweigen, wenn die Erwachsenen redeten, und nur etwas zu sagen, wenn man gefragt wurde – dann allerdings laut und deutlich. Es galt als Zeichen schlechter Erziehung, sich eigener Erfolge und Leistungen zu rühmen. Man hatte bescheiden zu sein, vor allem leise. Im Restaurant, wo man ohnedies nur in Ausnahmefällen verkehrte, laut zu reden war ein Fauxpas. In der Öffentlichkeit zu essen oder zu trinken galt als stillos, es sei denn, man befand sich auf einem Jahrmarkt. Selbstverständlich war man gehalten, sich «anständig» zu kleiden, sobald man das Haus verließ; der Unterschied zwischen einem Gang in die Stadt oder über die Strandpromenade war jedermann geläufig. Niemals wären Mädchen mit knappem Rock und tiefem Dekolleté in der Schule geduldet worden. Selbstverständlich habe ich weder meine Eltern noch meine Schwestern jemals unbekleidet gesehen. Saunas waren nicht üblich, das Nacktbaden erst recht nicht.

Die Schwester eines Schulkameraden, die mir ihre Freundschaft antrug, war, wie offenbar die ganze Familie, Mitglied der Naturisten, der Vater gab die Vereinszeitschrift heraus. Sie machte ein Geheimnis daraus, als ginge es um etwas Verruchtes oder gar Strafwürdiges. In Wahrheit ging es lediglich um FKK-Fotos, was ich erst viel später begriff. Ich wusste damals überhaupt nichts, aber auf unklare Weise bekam ich mit, dass sich die Sitten allmählich lockerten. Ich erinnere mich daran, dass ich einmal beim Friseur die Illustrierten, die zu Hause verpönt waren, durchblätterte. Eine davon (es mag der *stern* oder die *Quick* gewesen sein) berichtete in Wort und Bild von einem Oberweitenwettbewerb. Die ungeheuerliche Tatsache, dass man Brüste vermessen und, wenngleich noch unter BHs verborgen, vergleichend zeigen durfte, versetzte mir einen Schock, von dem ich mich allerdings bald erholte.

Die Lockerung der Sitten betraf nicht allein das Erotische. Für eine Weile galt Diebstahl als Hauptbeweis einer fortschrittlichen, antikapitalistischen Gesinnung. Es gehörte sich zum Beispiel, dass man Bücher entwendete. Heute kommt mir diese Mutprobe, der ich mich freiwillig unterzog, schwachsinnig vor, aber Proudhons berühmter Satz «Eigentum ist Diebstahl», der 1840 eine politische Provokation bedeutet hatte, wurde von uns Studenten, die wir in den Texten der Anarchisten und Prämarxisten zutreffende Beschreibungen der Gegenwart erblickten, mehr als hundert Jahre später beim Wort genommen. Wenn ich die Theorie für richtig halten wollte, blieb mir gar keine andere Wahl, als ihr die Praxis folgen zu lassen.

Auf der Frankfurter Buchmesse strich ich nervös an den Regalen entlang. Die Stände der Publikumsverlage, an denen die wichtigen Neuerscheinungen ausgestellt waren, schienen mir zu belebt, und ich wechselte hinüber in die stilleren Hallen der Fachverlage. Es musste aber ein Buch sein, für das ich Verwendung hatte, andernfalls wäre der Diebstahl nur eine leere Geste gewesen. So kam ich zu einem Verlag für Maritimes, und da ich gerade begonnen hatte, Segeln zu lernen, blätterte ich scheinbar gleichgültig in dem bebilderten Lehrbuch *Segeln mit der Jolle* und ließ es, als niemand in der Nähe war, unter meinem Mantel verschwinden. Mir brach der Schweiß aus, und ich entfernte mich rasch. Heilfroh, diese Prüfung bestanden zu haben, schämte ich mich schrecklich.

Seitdem weiß ich, dass Schamgefühle nicht leicht abzulegen sind. Es bedarf dazu langer Übung. Und es geht leichter, wenn man sich von einem Kollektiv getragen weiß. Über die ausgehängten Klotüren in den ersten Kommunen hat man seinerzeit viel gelästert. Derlei habe ich nicht erlebt, wohl aber, dass es beim Studentensport üblich wurde, die nach Geschlechtern getrennten Räume zum Umkleiden und Duschen gemeinsam zu benutzen. Ich fand es aufregend, die Mädchen in völliger Nacktheit sehen zu können, fragte mich aber irgendwann, ob dieser Genuss auf Gegenseitigkeit beruhe. Jedenfalls bemerkte ich, dass die Frauen Schutz vor unseren Blicken suchten und bestimmte Areale besetzten, wo sie halbwegs unter sich sein konnten. Daraus folgte, dass wir Männer uns an den frei gelassenen Umkleidebänken zusammenfanden. Schon war die alte Trennung fast wiederhergestellt. Wenig später wurden die sanitären Anlagen so benutzt, wie es ursprünglich vorgesehen war. Eine Bekannte gestand mir, dass sie darüber erleichtert gewesen sei, der penetrante Schweißgeruch der Männer habe ihr aufs unangenehmste zugesetzt.

Damals hat man von «Verklemmtheit» gesprochen, ein hässliches Wort. Gleichwohl traf es die oft beschriebene Prüderie ziemlich genau. Als meine Freundin und ich unsere erste gemeinsame Reise unternahmen, wollten wir auf einem Campingplatz übernachten, und Freunde warnten uns vor dem damals noch existierenden Kuppelei-Paragraphen, der es dem Pächter bei Strafe untersagte, einem illegitimen Paar die Chance zum Beischlaf zu geben. Wir hatten Glück, niemand fragte uns nach Trauschein und Ausweis. Die neue Zeit war schon angebrochen.

2. Konservative Klagen und Niederlagen – Das Zeitalter der Schamlosigkeit – Richard Sennetts Kulturkritik

1984 erschien in der von Gerd-Klaus Kaltenbrunner herausgegebenen «Herderbücherei Initiative» ein Bändchen über *Das Zeitalter der Schamlosigkeit.* Die Taschenbuchreihe war der alles in allem vergebliche Versuch, dem libertären Trend der Zeit konservativ-christliche Werte entgegenzusetzen. In seiner Einleitung zitiert Kaltenbrunner zustimmend und warnend den Brief «eines humanistisch gebildeten Naturwissenschaftlers aus der Sowjetunion», in dem es heißt: «Ich habe seit frühester Jugend die deutsche Wissenschaft und Kultur bewundert. [...] Doch nach den in der Bundesrepublik gemachten Erfahrungen werde ich zögern, noch einmal dieses Land zu betreten. Was mir hier in Zeitschriften, Filmen, Theateraufführungen, im Verhalten der Öffentlichkeit und insbesondere in Prominentenkreisen an Schamlosigkeit, Zerrüttung, Verlust jeglicher Würde, ja bewußter Zersetzung begegnete, das wollte ich in meinem Lande wahrlich nicht haben. So vieles vereinigt sich in der Bundesrepublik, das zu tiefer Trostlosigkeit Anlaß geben könnte: Prostitution der Seelen, Pornographie als Kunst, Triumph des Exhibitionismus, Feigheit der berufenen Hüter von Anstand, Ehre und Sitte, Preisgabe der elementarsten Maßstäbe moralischer Zucht und Sauberkeit ...»[12]

Man kann nur hoffen, dass der gute Mann seinen Besuch in Deutschland nicht zehn oder zwanzig Jahre später wiederholt hat. Angenommen, er hätte ihn riskiert: Das schiere Entsetzen hätte ihm die Sprache verschlagen. Er hätte Fernsehserien gesehen, deren Sinn und Zweck einzig im Exhibitionismus der Darsteller und im Voyeurismus der Zuschauer bestand, Serien, die keine Entblößung scheuten, sei sie seelisch oder körperlich, und keine Demütigung, sei sie noch so niederträchtig. Er hätte wahrnehmen können, dass prominente Akteure der Gegenwartskunst auf die Idee verfielen, durch gezielte Publizität und selbstlosen Körpereinsatz simple Pornographie zu nobilitieren und für Kunstsammler marktgängig zu machen – wie etwa die Fotografin Natacha Merritt, die ihr Liebesleben in *Digital Diaries* gnadenlos dokumentierte; oder wie der Popkünstler Jeff Koons, der aus seinen hier vaginalen, dort analen Zusammenkünften mit einer früheren Prostituierten großformatige Bilder und Plastiken generierte, die darzubieten namhafte Galerien und Zeitschriften keine Schwierigkeiten sahen. Weshalb dann sogar ein Hamburger CDU-Senat sich beeilte, diesen Künstler um eine Neugestaltung der Reeperbahn zu bitten (aus der schließlich nichts wurde).

Unser altmodischer Russe hätte außerdem bemerken können, dass solche Exzesse sich weder auf den Tertiärbetrieb von Kunst und Medien beschränkten noch auf den Standort Deutschland. Er hätte im Bereich der Politik von einem beliebten italienischen Ministerpräsidenten hören können, der sich mit seiner Potenz brüstete und sich mit halbwüchsigen Schönheiten der Halbwelt demonstrativ umgab; er hätte Berichte über die Affäre eines amerikanischen Präsidenten mit einer Praktikantin gelesen, die zu einer Fellatio samt Spermaflecken führte und nahezu seine Amtsenthebung bewirkt hätte; er hätte das Scheitern eines für seine Affären bekannten Kandidaten für die französische Präsidentschaft erlebt, weil dem Mann die Vergewaltigung einer New Yorker Hotelangestellten nachgesagt wurde, was aber nicht zu beweisen war und die Weltöffentlichkeit lange beschäftigte.

Sogar aus dem scheinbar rationalen, effizienzversessenen Primärbereich der Ökonomie hätte unser Russe zu seinem Erstaunen hören müssen, dass private und auch halbstaatliche Konzerne den Brauch pflegten, verdiente Mitarbeiter durch sexuelle Orgien, die naturgemäß steuerlich abgesetzt wurden, bei Laune zu halten. Und wäre er schließlich an einem lauen Tag durch unsere Städte flaniert, so hätte er irrtümlich angenommen, von Prostituierten umgeben zu sein, während es sich in Wahrheit um harmlose junge Frauen handelte, die keineswegs zu solchen Diensten bereit gewesen wären.

Wir müssen uns die fiktiven Verwirrungen des Gewährsmannes von Gerd-Klaus Kaltenbrunner nicht weiter ausmalen, um zu erkennen, wie sehr sich der öffentliche Umgang mit dem, was einst als intim und privat galt, verändert hat. Der Wandel ereignete sich innerhalb kürzester Zeit. Ein Film wie Ingmar Bergmans *Schweigen* (1963), der eine masturbierende Frau (sehr deutlich) und ein kopulierendes Paar (eher undeutlich) zeigt, erregte größtes Aufsehen und entging allgemeiner Verdammnis nur deshalb, weil die mit größter Kälte aufgenommenen Szenen erkennbar in den Kontext einer verzweifelten religiösen Sinnsuche eingebettet waren. Die seinerzeit berühmten Filme Oswalt Kolles hingegen, etwa *Deine Frau, das unbekannte Wesen* (1969), legitimierten ihre relativ harmlosen Nacktszenen mit der sozialpflegerischen Absicht, dem Zuschauer die Wege zu einer ersprießlichen Sexualität zu ebnen. Die auf diesem Gebiet rasch folgenden Filme verzichteten auf solche Rechtfertigungen und dehnten die Grenze des Darstellbaren immer weiter aus. Erwähnt seien nur Bertoluccis *Letzter Tango in Paris* (1972) oder Oshimas *Reich der Sinne* (1976) – Filme, deren Sexszenen seinerzeit als Skandal empfunden wurden, die heute hingegen zu den Klassikern der Filmkunst zählen.

Die Festivals des jungen avantgardistischen Films, die in jenen Jahren eine große Bedeutung hatten, weil sie dem etablierten «Opa-Kino» den Kampf ansagten, beeilten sich, mit sexuellen Szenen zu provozieren, was ihnen zuverlässig gelang und hier nicht ausgebreitet werden muss. Die Provokationen hatten oft auch etwas durchaus Spielerisches. Andy Warhol zum Beispiel drehte mit *Blue Movie* (1969) eine Art Pornographieparodie, und Robert van Ackeren zeigte in *Deutschland privat* (1980) eine weitgehend komische Sammlung aus dem ungehobenen Schatz des pornographischen Heimkinos und demonstrierte, dass die Deutschen keineswegs so lustfeindlich waren, wie die antiautoritären Kritiker ihnen nachsagten.

Van Ackerens in vielen Kinos gezeigter Film war insofern bezeichnend, als er zum ersten Mal die Grenze zwischen Intimität und Öffentlichkeit absichtsvoll übertrat. Inzwischen ist sie nicht mehr erkennbar. Ungeprüften Angaben zufolge (die Zahlen stammen aus dem Jahr 2012) besitzen 372 Millionen Websites pornographische Inhalte, das wären zwölf Prozent aller Seiten im Netz. Ein gutes Viertel aller Suchanfragen im Netz betreffe, so die Schätzung, Pornographisches. Es mache etwa 35 Prozent des gesamten Datenverkehrs aus. Und den «content» liefern durchaus brave und zumeist junge Mitbürger, keineswegs nur die Darsteller der pornographischen Großindustrie.

Der international agierende Kunstverlag Taschen veröffentlichte 2011 den Bildband *La Petite Mort* des kanadischen Fotografen Will Santillo, der sechzig masturbierende Frauen fotografiert hatte. In seinem Katalog warb der Verlag dafür mit Zitaten der für das Projekt angeheuerten Frauen, darunter die 28-jährige Rechtsanwaltsgehilfin Mackenzi, die berichtet: «Ich hätte fast angerufen, um zu sagen, dass ich es doch nicht mache. Ich wurde plötzlich nervös. Aber dann sagte ich mir: ‹Los,

Mackenzi, mach es. Das ist Kunst, keine Pornographie. Und es sind Frauen aus allen Schichten – und in jedem Alter.› Wegen des Klickens der Kamera fand ich es schwierig, in Stimmung zu kommen. Ich war erleichtert, als es vorbei war. Ich dachte: ‹Ich hab's geschafft, die Bilder sind im Kasten, und ich kann es kaum erwarten, sie zu sehen.› Als ich die Fotos dann sah, gefiel es mir, mich so versunken und in Ekstase zu sehen.»

Schön an diesem Bekenntnis ist die Überzeugung, die hohe Kunst rangiere weit über der niederen Pornographie, und bemerkenswert daran ist, dass sogar fast fünfzig Jahre nach dem Erziehungsprogramm der Achtundsechziger der Glaube, Scham sei eine Angewohnheit, die man sich dringend abgewöhnen müsse, noch immer verbreitet ist. Oder haben sich die alten Schamgefühle sowieso schon längst in jener Gesamtprostitution aufgelöst, die der moderne Arbeitsmarkt allen Ehrgeizigen abverlangt?

Liest man heute das erwähnte Kaltenbrunner-Buch, so findet man in seinen Beiträgen jene rechtschaffene, etwas hilflose Klage über den sittlichen Verfall, die in solchen Fällen immer angestimmt wird (und in der Regel wirkungslos bleibt), aber kaum eine Anstrengung, die sozialen und ökonomischen Bedingungen des Verhaltenswandels zu durchdringen. Anders der amerikanische Soziologe Richard Sennett. In seinem etwa zur selben Zeit (1983) auf deutsch erschienenen Buch *Verfall und Ende des öffentlichen Lebens* schildert er anhand historischer Vergleiche den Gegensatz von «Öffentlichkeit» als jener Sphäre, in der die Gesellschaft ihre kulturellen Spielformen ausprägt, und «Intimität» als jenem Ort, an dem das Individuum sein Privatleben vor der kontrollierenden Wahrnehmung durch andere schützt.

Dieser für die bürgerliche Gesellschaft konstitutive Gegensatz, so Sennett, verschwinde mehr und mehr. Ein schrankenloser Narzissmus mache sich breit, der nichts anderes im Auge habe als die Selbstverwirklichung und die Kultivierung der eigenen Bedürfnisse. «Die Welt intimer Empfindungen verliert alle Grenzen; sie wird nicht mehr von einer öffentlichen Welt begrenzt, die eine Art Gegengewicht zur Intimität darstellen würde.»[13] Die Wahrnehmung des eigenen Gefühlslebens, die Frage «Was fühle ich?» werde zur Obsession.[14] Das Öffentliche – so sein Fazit – werde nur mehr in den Kategorien des Privaten wahrgenommen und diskutiert.

Wenn dieser Befund zutrifft, dann entfällt eine der notwendigen Bedingungen für das Schamgefühl. Die unbewusste Scheu, das Intime zu zeigen, sei es als körperliche Intimität (nicht zufällig spricht man von Schamteilen), sei es als seelische, scheint nicht mehr in derselben Weise verbreitet zu sein wie ehedem, während die Neigung, sich zu entblößen, in welcher Hinsicht auch immer, offensichtlich zugenommen hat. Insofern könnte man in der Tat von einem «Zeitalter der Schamlosigkeit» sprechen. Es zeigt sich auch in dem verbreiteten Bedürfnis, «authentisch» zu sein, sich selbst zu verwirklichen und sein wahres, sein eigentliches Ich zu entdecken und vorzuführen. Ein distanzloses Sprechen ersetzt die hergebracht höfliche, von sich selbst absehende Redeweise. Oder, wie Botho Strauß mit bösem Sarkasmus über das Internet und die Blogosphäre bemerkt: «Dies All ist erfüllt von jedermanns erbrochenem Alltag. Das Logbuch einer weltweiten Mitteilungsinkontinenz».[15]

Richard Sennett diagnostiziert einen Verlust an Zivilisiertheit: «Zivilisiertheit ist ein Verhalten, das die Menschen voreinander schützt und es ihnen zugleich ermöglicht, an der Gesellschaft anderer Gefallen zu finden. Eine Maske zu tragen gehört zum Wesen von Zivilisiertheit. Masken ermöglichen unverfälschte Geselligkeit, losgelöst von den ungleichen Lebensbedingungen und Gefühlslagen derer, die sie tragen. Zivilisiertheit zielt darauf, die anderen mit der Last des eigenen Selbst zu verschonen.»[16] Und sein Vorwurf lautet, dass diese Kunst des Maskenspiels verloren gegangen sei und dass wir (dieses «wir» meint die Bewohner der westlichen, vor allem nordamerikanischen Welt) dazu neigten, im Namen des Authentischen dem jeweils Nächsten mit unseren Gefühlen gewissermaßen ins Gesicht zu springen.

Diese Beobachtung trifft im Wesentlichen immer noch zu, und doch kann man heute nicht umhin, an Sennetts seinerzeit gefeiertem Buch gewisse Schwächen zu bemerken. Erstens ist es, wenn man streng wissenschaftliche Maßstäbe anlegt, eine Spur zu forciert. Der kulturkritische Zorn, der aus ihm spricht, wirkt sympathisch, er achtet aber zu wenig auf einschränkende oder gegenläufige Tendenzen. Und zweitens merkt man dem Buch an, dass es Mitte der siebziger Jahre verfasst wurde. Den Rückgang der urbanen Kultur illustriert Sennett beispielsweise am Typus des narzisstischen, vor seinem Fernsehgerät vereinsamenden Zuschauers. Inzwischen können wir beobachten, dass die klassischen audiovisuellen Medien (ein Begriff aus den Sechzigern, der sich allmählich verflüchtigt hat) ihre dominante Rolle eingebüßt haben. An ihre Stelle ist das Netz getreten und damit eine Kommunikationsform, deren Qualität und Bedeutung noch nicht zureichend beschrieben sind. Zweifellos wirkt hier die «Tyrannei der Intimität» (Sennett) besonders drastisch. Zugleich ist via Facebook und anderen Plattformen eine neue Form von Öffentlichkeit entstanden, die wirkungsmächtige politische Kräfte entfalten kann.

Parallel dazu lässt sich beobachten, dass sich die traditionelle Vorstellung vom Subjekt, von seiner Identität und seinem geistigen Eigentum, aufzulösen beginnt. Der Angriff auf das Urheberrecht, den die digitalen Konzerne mit aller Macht führen, findet den Beifall von Millionen zumeist junger Internet-Insassen. Auch der Begriff der Identität als einer zuallererst in meiner Zuständigkeit liegenden Bestimmung wird zunehmend in Zweifel gezogen. Das Gefühl einer virtuellen Existenz, die von den Freunden und Kombattanten im Netz ständig neu bestimmt wird, erzeugt die Vorstellung einer «fließenden» Identität, die Fragen der Verantwortlichkeit und damit auch der Scham auf forciert entspannte Weise ausspart.

Die uns vertraute Unterscheidung von «öffentlich» und «privat» beschreibt offenbar nur unzureichend den Wandel der Verhaltensformen, und das bedeutet auch, dass mit dem Verdikt «Zeitalter der Schamlosigkeit» das letzte Wort keineswegs gesprochen ist. Dies umso weniger, als der einerseits zu beobachtende Schamverlust mit andererseits wachsenden Peinlichkeitsgefühlen korreliert. Man neigt ja dazu, Fragen der Scham vor allem an Sexualität und Nacktheit festzumachen, und das ist nicht falsch, weil hier die normativen Regelungen und individuellen Empfindlichkeiten besonders augenfällig sind – übrigens in allen Kulturen.

Aber der Wunsch nach Intimität erstreckt sich auch auf andere körperliche Bedürfnisse, zum Beispiel auf alles, was mit Nahrungsaufnahme und Ausscheidung zu tun hat. Wörter wie Klosett, Abort oder das ältere Privé bezeichnen den abgeschlossenen, nicht öffentlichen Ort, an dem der Mensch unbeobachtet für sich sein kann. Wo es derlei nicht gibt, auf einer Wanderung etwa, verbirgt er sich vor den Augen anderer. In früherer Zeit galt dies auch für das Essen. Es gab dafür festgesetzte Zeiten und Lokalitäten, zum Beispiel das Mittagsmahl im Speisezimmer. Die heutige Angewohnheit, zu jeder beliebigen Zeit, auch im Beisein anderer, die nicht essen, etwas zu verzehren, im Büro, auf der Straße, in der U-Bahn, ist ein weiteres Zeichen der Entformalisierung.

Dieter Schwarz weist am Beispiel des seinerzeit berühmten Films von Marco Ferreri *Das große Fressen* (1973) auf die «Obszönität eines nicht-sexuellen Aktes» hin – eben des hemmungslosen Fressens – und erwähnt, dass die allererste Schamverletzung dadurch entstand, dass Adam und Eva den Apfel aßen. Der Therapeut Schwarz berichtet von einer Patientin, die fast unfähig war, im Beisein anderer zu essen, und die versuchte, sich bei der Nahrungsaufnahme zu verbergen.[17] Das erinnert an Luis Buñuels Film *Das Gespenst der Freiheit* (1974). Man sieht eine festlich gekleidete Gesellschaft, deren Teilnehmer um den Tisch herum auf Toiletten sitzen. Ab und an steht jemand auf, entschuldigt sich und verschwindet in ein stilles Örtchen, wo er heimlich und hastig sein Mahl verschlingt. Die Szene soll anschaulich machen, dass unsere Schamempfindungen schierer gesellschaftlicher Konvention unterliegen. Für die jeweiligen Ausprägungen trifft das wohl zu, nicht aber für den Kern des Schamgefühls.

Den Begriff «Zeitalter der Schamlosigkeit» findet man auch in Léon Wurmsers Standardwerk *Die Maske der Scham*, erschienen 1990, wo er, ähnlich wie Sennett, über unsere Kultur vermerkt: «Überall werden Gefühle und Körper ungehemmt zur Schau gestellt, werden Geheimnisse offen herumgezeigt, wird leichtfertig und rücksichtslos neugierig in so manche düsteren Winkel des privaten Lebens eingedrungen.» Und er steigert seine Kritik, indem er fortfährt: «Die Kultur der Schamlosigkeit ist auch die Kultur der Respektlosigkeit, der Ehrfurchtslosigkeit, des Verwerfens und Entwertens von Idealen.»[18] Wer die Welt der Fernsehprogramme und Boulevardmagazine näher besichtigt oder den enthemmten Stammtisch des Netzes kennengelernt hat, der wird dazu neigen, ihm zuzustimmen. Aber die Lage ist komplexer – wie zu zeigen sein wird.

3. Scham als ästhetisches Produktionsmittel – Der Erfolg der *Feuchtgebiete* – Trauer über den Schamverlust bei Houellebecq

Dass Scham auch ein ästhetisches Phänomen ist, spitzt Hans-Thies Lehmann auf die Bemerkung zu: «Scham ist der affektive Kern aller Ästhetisierung.»[19] Damit ist gemeint, dass nur dann, wenn nicht alles gezeigt und enthüllt werden darf, das ästhetische Spiel des «als ob» beginnen kann, das Spiel des Verbergens und des Entbergens, des Verrätselns und des Offenbarens, und dieses Spiel bildet den Ursprung aller Kunst – jedenfalls galt das bis in die jüngste Zeit. Wenn aber «Werte wie ungehemmte Selbstbehauptung und Triebbefriedigung»[20] das Feld bestimmen, dann ist Sublimation als Bedingung des Ästhetischen hinfällig. Dann benötigen wir den Umweg über das Ästhetische nicht, weil es kein Geheimnis mehr gibt – und auch keine Scham, die etwas verbergen möchte, etwa, um ein Privates vor dem Zugriff der Öffentlichkeit zu schützen. Dann benötigen wir auch die Maske nicht mehr, die es uns erlaubt, als wäre sie ein zweites Kleid, in ein Rollenspiel einzutreten, dessen Darsteller mit uns selber nicht vollkommen identisch ist.

Der Theaterwissenschaftler Lehmann beschreibt Scham als «Ausdrucks*hemmung*», die dazu führt, dass sich die Affekte nicht umstandslos zeigen müssen, sondern sich ästhetisch maskieren dürfen, und er befürchtet, dass mit dem Verlust der Scham die Bedingung und Grundlage aller Theaterkunst entfallen könnten – eine Sorge, die auch Richard Sennett teilt.[21] In der Tat führt die direkte Darstellung von Nacktheit und Obszönität auf der Bühne – und das Theater der letzten Dezennien bietet zahllose Beispiele dafür – zu einer ästhetischen Verarmung. Der im besten Fall erkenntnisfördernde Schock ist schnell aufgebraucht. Übrig bleiben nicht der Schauspieler und seine Kunst, sondern der Mensch und seine Nacktheit.

Ein jüngeres Beispiel aus dem Gebiet der Literatur sind die *Feuchtgebiete* von Charlotte Roche, die, als sie 2008 erschienen, überall, auch in seriösen Feuilletons, als Entdeckung gefeiert wurden. Die Heldin des Romans bekennt gleich im ersten Satz: «Solange ich denken kann, habe ich Hämorrhoiden.»[22] Sie nennt dieselben liebevoll «Blumenkohl» und sagt, sie habe «schon viele Jahre, von fünfzehn bis heute, mit achtzehn, trotz eines wuchernden Blumenkohls sehr erfolgreich Analverkehr. Sehr erfolgreich heißt für mich: kommen, obwohl der Schwanz nur in meinem Arsch steckt und sonst nix berührt wird. Ja, da bin ich stolz drauf. So teste ich übrigens am besten, ob es einer ernst mit mir meint: Ich fordere ihn schon bei einem der ersten Sexe zu meiner Lieblingsstellung auf: ich in Doggystellung, also auf allen vieren, Gesicht nach unten, er von hinten kommend Zunge in die Muschi, Nase in den Arsch ...»[23] Diese Heldin nun hat sich beim Rasieren ihres Analbereichs verletzt und muss ins Krankenhaus. Wir können die ekligen und sorgsam beschriebenen Details ihrer analen Befindlichkeit übergehen, ebenso die um Mitleid buhlende Selbstbeschreibung als Scheidungskind und erwähnen nur den Schluss: Sie verliebt sich in einen jungen Pfleger und zieht mit ihm von dannen.

Die Frage, weshalb das Buch zu einem Millionenerfolg wurde, ist nicht leicht zu beantworten. Er hat sicherlich damit zu tun, dass hier die Zurichtung des Körpers für sexuelle Zwecke satirisch zugespitzt wird; auch mit dem Angriff auf eines der letzten Tabus, dem des Ekels vor Schmutz, Entstellung, Krankheit, körperlichen Ausscheidungen; schließlich mit der sarkastisch rüden Reduktion menschlicher Beziehungen aufs Pornographische. Es handelt sich aber, gleichgültig, wie abstoßend oder erhellend man das Buch auch finden mag, um alles andere als um Literatur. Selbst herabgesetzten Ansprüchen an Sprache, Form und geistige Durchdringung einer Thematik kann es nicht genügen – und will es wohl auch nicht.

Bemerkenswert daran ist erstens der Erfolg (aber Erfolge dieser Dimension sind letztlich nie befriedigend zu erklären); zweitens die umfassende, zum Teil sogar literaturkritisch ambitionierte Rezeption in den Medien; drittens die Tatsache, dass die kalkulierte Schamlosigkeit des Buchs kaum irgendwo als Problem angesprochen, sondern in der Regel sogar als mutig empfunden wurde. Kulturkritische Einwände, wie sie Jahre zuvor etwa in den zitierten Büchern von Kaltenbrunner, Wurmser oder Sennett vorgebracht worden waren, schienen 2008 keine Rolle mehr zu spielen. Für die Beobachtung aber, dass ästhetisches Gelingen in den Künsten keinen Boden mehr hat, wenn der Schamverlust dominiert, ist das Buch von Charlotte Roche nur ein zufälliges und naheliegendes Beispiel. Andere Beispiele, auch aus der Bildenden Kunst, ließen sich leicht hinzufügen.

Sennett war in seinem Buch zu dem Schluss gekommen, durch die «Tyrannei der Intimität» werde nicht allein der Raum des Politischen beschädigt, sondern der Zerfall des öffentlichen Lebens deformiere auch die intimen Beziehungen. «Nirgendwo hat sich diese Deformation in den letzten hundert Jahren deutlicher gezeigt als im intimsten Erlebnisbereich überhaupt: bei der körperlichen Liebe.» Wir seien nicht mehr imstande, unsere Sexualität wie andere Gefühlsregungen zu kultivieren, ihr also eine Form zu geben, sondern wir lieferten uns ihr aus: «Heute lernen wir nichts von der Sexualität; stattdessen begeben wir uns auf eine endlose, enttäuschende Suche nach dem Selbst – vermittels der Genitalien.»[24]

Exakt dies ist Thema des erschütternden Romans *Elemen-*

tarteilchen von Michel Houellebecq. Er widerlegt den Verdacht, große Kunst sei im «Zeitalter der Schamlosigkeit» nicht mehr möglich, und er tut es auf doppelte Weise: einerseits, indem er die Folgen einer vom Zwang der Fortpflanzung befreiten Sexualität mitleidlos darlegt, und andererseits, indem er eine Sprache wählt, die vollkommen lakonisch ist, fast kalt wirkt und eher an die eines Forschungsberichts erinnert als an die einer belletristisch ambitionierten Erzählung. Houellebecq schreibt gewissermaßen eine Literatur nach der Literatur, der Darstellungsmodus verleiht seinen Fiktionen die Kraft der Nichtfiktion, der schieren Tatsächlichkeit.

Im Mittelpunkt der Geschichte stehen zwei Halbbrüder, ungewollte Sprösslinge einer Frau, die als Pionierin der sexuellen Befreiung eine hemmungslose Selbstverwirklichung betrieben und die Kinder jeweils den Großmüttern anvertraut hat. Der Molekularbiologe Michel zeigt an Sexualität wenig Interesse, und selbst der schönen Annabelle, die ihn von Jugend an liebt, gelingt es nicht, ihn aus seiner ebenso asketischen wie tristen Selbstgenügsamkeit herauszuführen. Der wenig attraktive Bruno hingegen, Lehrer von Beruf, ist vom weiblichen Geschlecht völlig besessen und findet den Sinn seines unglücklichen Daseins vor allem in einer entfesselten Sexualität. Ihm kommen die Swinger-Clubs und die für sexuelle Begegnungen eingerichteten Ferienlager, die in den achtziger Jahren Mode wurden, sehr entgegen.

Man sollte hier anfügen, dass die sexuelle Befreiung nicht allein zum Programm der deutschen Achtundsechziger gehört hat, sondern auch der ähnlichen, ihnen zumeist vorausgegangenen Bewegungen in den USA und vielen Ländern Westeuropas, vor allem Frankreichs, wo der literarisch-theoretisch begründete Exzess schon immer beheimatet war, von Sade bis Bataille, und der neuerdings bei Schriftstellerinnen und Regisseurinnen wie Virginie Despentes, Catherine Millet, Catherine Breillat oder Christine Angot seine zeitgemäße Fortsetzung findet.

Bruno jedenfalls lernt in einem dieser französischen Ferienclubs Christiane kennen, und beide finden Gefallen an einer unbeschränkten sexuellen Praxis. Es heißt: «Das sexuelle Begehren und die sexuelle Lust, die im Wesentlichen sekundäre kulturelle, anthropologische Phänomene sind, sagen letztlich so gut wie nichts über die Sexualität aus; sie sind keineswegs bestimmende, sondern im Gegenteil zutiefst soziologisch bestimmte Faktoren. In einem monogamen System, das auf Romantik und Liebe basiert, können sie nur durch die Vermittlung des geliebten Wesens und durch das Prinzip der Ausschließlichkeit erreicht werden. Das sexuelle Modell, das in der liberalen Gesellschaft, in der Bruno und Christiane lebten, durch die offizielle Kultur [...] propagiert wurde, war das Modell des *Abenteuers*: Innerhalb eines solchen Systems tauchen sexuelles Begehren und sexuelle Lust im Anschluß an einen Prozeß der *Verführung* auf, der den Akzent auf das Neue, die Leidenschaft und die individuelle Kreativität legt (also jene Eigenschaften, die im Übrigen auch von den Angestellten im Rahmen ihres Berufslebens verlangt werden). Die Entwertung geistiger und moralischer Verführungskriterien zugunsten rein körperlicher Kriterien führte dazu, dass die Stammgäste der Swinger-Clubs nach und nach zu einem leicht modifizierten System übergingen, das man als Phantasma der offiziellen Kultur betrachten konnte: das an *Sade* orientierte System. Innerhalb eines solchen Systems sind die Schwänze ausnahmslos steif und überdimensional, die Brüste mit Silikon aufgeblasen und die Mösen enthaart und nass. Die weiblichen Stammgäste der Swinger-Clubs [...] setzten sich für ihre Abende ein einfaches Ziel: sich von möglichst vielen langen Schwänzen rammeln zu lassen. Die nächste Etappe stellten für sie im Allgemeinen die SM-Clubs dar. Der Orgasmus ist eine Frage der Gewohnheit, hätte Pascal vermutlich gesagt, wenn er sich für solche Dinge interessiert hätte.»[25]

Michel und Annabelle andererseits begegnen sich nach vielen Jahren erneut und gestehen einander ihr Unglück. Sie habe, sagt Annabelle, der Liebe eine viel zu große Bedeutung beigemessen. «Die Männer gehen nicht mit einer Frau ins Bett, weil sie verliebt sind, sondern weil sie sexuell erregt sind.» Sex habe sie schließlich angewidert.[26] Sie berichtet ihm von mehreren Abtreibungen. Michel kann ihr nichts entgegenhalten. Einige Zeit zuvor hatte er zu Bruno gesagt, dass er keinen Sinn darin erblicke, Kinder zu zeugen, weil die Familie und die mit ihr verbundene Sinngebung nicht mehr existierten. «Wenn man die Ideologie des ständigen Wandels akzeptiert, akzeptiert man auch die Vorstellung, dass das Leben eines Menschen auf sein individuelles Dasein beschränkt ist und dass die früheren und zukünftigen Generationen in seinen Augen keinerlei Bedeutung haben. So leben wir jetzt, und ein Kind zu haben, hat für einen Mann heutzutage überhaupt keinen Sinn mehr.»[27] Am Ende wird er sich ganz seiner Wissenschaft widmen, und er wird versuchen, einen neuen Menschen zu klonen, der geschlechtslos ist, befreit vom Fluch der Sexualität.

Houellebecqs Roman ist von tiefer Trauer über die verlorene Scham erfüllt. Doch es sieht so aus, als habe sich die Szenerie aufs Neue verändert. An die Stelle der Scham ist die Peinlichkeit getreten.

KAPITEL III

PEINLICHKEITS-FURCHT

Angela Merkel 2005 in Bayreuth:
Das Foto des Schweißflecks ging durch die Medien und war Anlass für schadenfrohe Kommentare.

1. Der Auftritt von Monica Lierhaus – Stolz und Scham bei David Hume

Anders als Richard Sennett es befürchtet hat, ist die Grenze zwischen Intimität und Öffentlichkeit keineswegs völlig verschwunden. Sie ist durchlässiger geworden, sie hat sich verschoben, sie wird jedoch zuweilen an unerwarteter Stelle plötzlich wieder sichtbar. So zum Beispiel am 5. Februar 2011, an jenem Tag, als Monica Lierhaus den Ehrenpreis der Goldenen Kamera erhielt. Die langjährige Moderatorin der ARD-Sportschau hatte sich im Januar 2009 einer Hirnoperation unterziehen müssen, war erst vier Monate später aus dem Koma erwacht und kämpfte seitdem um die Wiedergewinnung ihrer Gesundheit. Dass sie außerdem darum kämpfte, an ihre Karriere anknüpfen und wieder ins Rampenlicht treten zu können, machte ihr Auftritt jetzt deutlich.

An diesem Ehrentag hielt der Fußballveteran Günter Netzer die Laudatio. Der medienversierte Mann war so nervös, dass er stotterte und sich mehrmals versprach. Er nannte die Preisträgerin das «Kronjuwel der ARD», fand sie «unglaublich attraktiv» und rekapitulierte die weithin bekannte Leidensgeschichte: «Ein Schicksalsschlag, der uns alle erschüttert hat, ganz Deutschland fühlt seither mit.» Und er schloss mit den

Worten: «Noch nie in meinem Leben habe ich einen Satz lieber gesagt, einen Satz, der uns alle, glaube ich, sehr glücklich macht: Willkommen zurück, Monica Lierhaus!»

Und jetzt erschien sie auf der Bühne, umrauscht vom Beifall, gekleidet in eine silbrig blaue, tief ausgeschnittene Abendrobe. Der Beifall erstarb, als sie nach vorne trat. Sie ging wie ein Roboter, mit gespenstisch abgehackten Bewegungen, sie sprach mit einer seltsam leiernden Intonation, und sie wirkte wie die geisterhafte Erscheinung aus einer jenseitigen Welt, gerade noch ins Leben zurückgekehrt. Nach ihren Dankesworten bat sie den Lebensgefährten Rolf Hellgardt zu sich. Sie habe noch etwas auf dem Herzen, sagte sie, und sie würde, wenn sie es könnte, vor ihm auf die Knie gehen: «Ich möchte dich fragen, ob du mich heiraten willst.»

Die Kamera, die unterdessen ins Publikum blickte, zeigte äußerst betroffene Reaktionen. Entgeisterung, Mitleid, peinliches Berührtsein spiegelten sich in den Mienen der Zuschauer. Einige hatten Tränen in den Augen, andere schlugen sich entsetzt die Hände vors Gesicht. Niemanden, der die Sendung oder ihre Kopie auf YouTube gesehen hat, wird sie gleichgültig gelassen haben. Grob geschätzt müssen es ein paar Millionen Zuschauer gewesen sein. Wohl niemals zuvor ist Peinlichkeit derart zu einem kollektiven Medienereignis geworden. Worin bestand sie? Wir reagieren im Allgemeinen empfindlich auf den Würdeverlust unseres Gegenübers, besonders dann, wenn wir uns mit der Person identifizieren, etwa, weil sie (wie Monica Lierhaus) bekannt und beliebt ist. Und hier kam das Ohnmachtsgefühl hinzu, als Zuschauer in eine ausweglose Situation gebracht worden zu sein. Man wurde unwillentlich Zeuge eines Schicksals, wie es auch andere Menschen trifft und treffen könnte, und dieses Schicksal wurde aus der privaten Sphäre in die öffentliche übertragen.

Bemerkenswert an der beschriebenen Reaktion der Zuschauer ist jedoch, dass die Grenzüberschreitung offenbar als peinlich empfunden wurde. Denn die Vermischung des Öffentlichen mit dem Privaten ist kein neues Phänomen. Der Heiratsantrag und der vor den Kameras vollzogene Verlobungskuss haben es abermals sichtbar gemacht. Bücher über das Sterben der Mutter, über die eigene Krebserkrankung oder den überstandenen seelischen Zusammenbruch erfreuen sich seit Jahren großen Zuspruchs. Man empfindet sie als mutig und sieht in der bekennerischen, man könnte auch sagen exhibitionistischen Geste einen Fortschritt: Öffentlich erzähltes Leid ist halbes Leid. Früher hätte man sich geschämt, persönliches Leid auf den Markt zu tragen. Ein heroisches Erziehungsideal hätte einen dazu verpflichtet, das eigene Unglück stillschweigend hinzunehmen und Haltung zu bewahren – Contenance, wie Thomas Buddenbrook zu sagen pflegt, dessen verkommener Bruder Christian die Tischgesellschaft gerne mit seinen körperlichen Befindlichkeiten belästigt.[28]

Man kann es begrüßen, dass uns der Heroismus der Contenance abhandengekommen ist. Nicht selten verursachte er seelische Beschädigungen, die am falschen Ort wieder auftauchten, in aggressivem oder autoritärem Gebaren. Contenance aber hat auch ihre Vorzüge. Wer sie besitzt, kennt sich aus in Fragen des Stils und des Takts, er legt Wert auf den Unterschied zwischen Intimität und Öffentlichkeit, er kennt die zumeist ungeschriebenen Gesetze, deren Befolgung Peinliches oder Beschämendes ersparen kann. Diese Gesetze sind allerdings diffus geworden. Wir leben in einer weitgehend entformalisierten Gesellschaft, der die alten Verhaltensregeln nicht mehr viel sagen. An ihre Stelle aber ist eine schwer überschaubare Vielzahl neuer Regeln getreten, deren Verletzung nicht minder Peinlichkeitsgefühle verursachen kann.

Fragen wir nochmals: Wie entsteht Peinlichkeit? Dass jemand vor Scham, wie die Redewendung lautet, im Erdboden versinken möchte oder sich gar, weil ihn die Scham tödlich trifft, das Leben nimmt, würde im Fall bloßer Peinlichkeit nicht passieren. Christine Pernlochner-Kügler findet es bemerkenswert, «dass Peinlichkeit und Verlegenheit ohne Scham auftreten können, Scham aber nie ohne das Gefühl der Peinlichkeit und Verlegenheit».[29] Die aus der Innenperspektive kommende Scham bildet das eigentliche Kontrollorgan (ich schäme mich, bin daher peinlich berührt), während die aus der Außenperspektive kommenden Peinlichkeitsgefühle zwar extrem stark sein können, mein Inneres aber nicht unbedingt berühren (ein Vorgang ist mir äußerst peinlich, aber ich schäme mich deshalb nicht). Jens Jensen bestimmt Peinlichkeit so: «Scham setzt die Verletzung ethisch-sittlicher Normen, mit denen das Ich sich identifiziert, voraus, Peinlichkeit nur die Abweichung von sozialen Konventionen schlechthin. Das heißt, im Falle der Peinlichkeit steht die unterstellte Fremdbewertung im Mittelpunkt, bei der Scham hingegen die Selbstbewertung.»[30] Das trifft zu – mit einer gewissen Einschränkung. Zwar kann ich Scham auch ohne unmittelbar Anwesende empfinden, gleichwohl kann ich sie nur empfinden, wenn ich mich einem normativen Ideal verbunden fühle, dessen Bild mein Bild von mir wesentlich mitbestimmt. «Fremdbewertung» und «Selbstbewertung» lassen sich nicht säuberlich voneinander trennen.

Der schottische Philosoph David Hume (1711 bis 1776) war der Ansicht, alle Menschen strebten von Natur aus nach sozialer Anerkennung. Der Gewinn solcher Anerkennung führe zu Stolz (*pride*), der Verlust zu Scham (*humility*). Verantwortlich für diese Empfindungen sei eine Art Ursprungsgefühl, eine Emotion, die überhaupt erst die Bedingung dafür schaffe, dass ich Stolz oder Scham empfinden könne, und Hume beschreibt sie mit den Begriffen *humanity*, *fellow-feeling* und *sympathy*.[31] Ein Mensch, der kaum mit anderen etwas zu tun hat, sei es, weil er abgelegen wohnt, sei es, weil er kontaktscheu ist, hat demnach zu Stolz und Scham seltener Anlass als der Stadtbürger, dessen neue gesellschaftliche Bedeutung David Hume vor Augen steht.

Rudolf Lüthe fasst in einem Essay über Stolz und Scham bei David Hume dessen Gedanken so zusammen: «Mit diesen Affekten realisieren die Menschen im Wesentlichen ihre sozialen Verankerungen und Positionen. Stolz und Scham sind Gradmesser der Sozialität von Menschen. Je sozialer ein Mensch ist, umso entscheidender wird sein Selbst- und Welterleben von Stolz und Scham bestimmt.» Vor diesem Hintergrund kann Lüthe auch das seltsame Phänomen der Fremdscham genauer beschreiben: «Zwar schämen wir uns im Fremdschämen vordergründig für einen anderen; jedoch träte dieser Affekt nicht auf, wenn der andere mit uns in gar keiner Weise verbunden wäre. Ist er aber mit uns über irgendeine unserer sozialen Rollen verbunden, so ist er, gemäß dem von Hume verwendeten weiten Begriff von Selbst, ein Teil dieses Selbst und als solcher mögliches Objekt unserer Scham. Je enger die Verbindung ist, umso heftiger wird auch die Scham ausfallen.»[32]

So lassen sich auch die Reaktionen auf den Fall Monica Lierhaus erklären: Die Fremdscham der Zuschauer resultierte aus einer Identifikation mit der beliebten Moderatorin, und das gilt natürlich auch für ähnliche Situationen, wo ein Teil unseres sozialen Selbst vom peinlichen Auftritt eines Zeitgenossen affiziert wird. Der Affekt bliebe aus, wenn uns die betreffende Person völlig fremd wäre, wie ja auch die Fotografien nackter Eingeborener, die von den ersten Ethnologen mitgebracht und in Ausstellungen gezeigt wurden, vom Publikum nicht als anstößig empfunden wurden.

2. David Riesman und der außengeleitete Charakter – Die Freiheit bringt Zwänge hervor – Die Peinlichkeitsfurcht der jungen Generation

Nun haben sich seit David Hume unsere Verhaltensnormen zweifellos verändert, sie sind, um das Mindeste zu sagen, unübersichtlicher geworden. Hilge Landweer bemerkt dazu: «Für moderne Verhältnisse ist die Vervielfältigung kultureller Verhaltens-Normen januskopfig: Sie ermöglicht eine Relativierung der jeweiligen Normen – erst jetzt können Normen in größerem Umfang überhaupt als Konventionen aufgefaßt werden, nämlich als in das eigene Belieben gestellt – und führt gleichzeitig zu einer größeren Verhaltens-Unsicherheit.»[33] Aus dieser Unsicherheit folge nun, dass die allermeisten Personen Strategien zur Schamvermeidung nicht nur für sich selbst, sondern auch für andere praktizierten – so Landweer.

Wie aber kommt es, dass Normen als eine Konvention verstanden werden können, die ins eigene Belieben gestellt ist? Es lohnt sich, hier einen Klassiker der Soziologie zu Rate zu ziehen: David Riesmans 1950 veröffentlichtes Buch *Die einsame Masse*. In seinem Vorwort zu der 1958 erschienenen deutschen Taschenbuchausgabe spricht der Soziologe Helmut Schelsky von der «methodischen Unbekümmertheit» Riesmans, der den nicht völlig exakten Begriff des sozialen Charakters ins Spiel gebracht habe. Und doch rühmt Schelsky zu Recht Riesmans neuen und erhellenden Blick auf die veränderten Determinanten unseres Verhaltens.

Riesman arbeitet drei verschiedene «Charaktere» heraus: den traditionsgeleiteten, den innengeleiteten und den außengeleiteten Typus. In einer traditionsgeleiteten Gesellschaft verhält sich das Individuum nach Regeln, die in stabilen überlieferten Formen festgelegt sind, im Brauchtum, im Zeremoniell, im Ritual. Solche Gesellschaften sind zumeist nach Ständen oder Klassen gegliedert, es gibt hergebrachte Autoritäten und Machtstrukturen, die der Diskussion und Kritik weitgehend entzogen sind. Auch wenn wir längst nicht mehr in einer solchen Gesellschaft leben, so sind traditionsgeleitete Verhaltensregeln keineswegs gänzlich verschwunden – nehmen wir nur als Beispiel die Konfirmation, die bis heute in vielen protestantisch-bürgerlichen Kreisen fortlebt, obwohl die religiöse Überzeugung, auf die sie sich bezieht, schwächer oder gegenstandslos geworden ist.

Die innengeleitete Gesellschaft «bestimmt die Individuen durch persönliche, verinnerlichte Werthaltungen prinzipieller Art, die dem dynamischen Wechsel der sozialen Situationen gegenüber durch ihre Abstraktheit anwendbar bleiben», so Schelskys Zusammenfassung.[34] Auch diese Gesellschaft, die sich auf das Gewissen und die Moral ihrer Mitglieder verlassen kann, gibt es noch. Um ein Beispiel zu nennen: Ich halte mich an das Gebot, den Rasen nicht zu betreten, obwohl die Übertretung von niemandem bemerkt und auch keinen Schaden anrichten würde. Unsere Gesellschaft könnte ohne diese Gewissenskultur schwerlich gedeihen, aber sie ist, wie oft beklagt wird, brüchig geworden, weil der außengeleitete Typus (drittens) an Boden gewinnt:

«In einer ‹außen-geleiteten› Gesellschaft wird die Anerkennung der ‹anderen›, das Sich-Richten nach der öffentlichen Meinung und ihren ‹Signalen› [...] nach Kollegen, Alters- und Standesgenossen usw. zum entscheidenden Maßstab, mit dem die Einzelnen ihre Handlungen messen und bewerten», so wiederum Schelsky.[35] (Die entsprechenden englischen Termini lauten *tradition-directed*, *inner-directed* und *other-directed*.) Wir können das Resümee dieses Exkurses in die Soziologie vorwegnehmen: Der außengeleitete Mensch ist extrem peinlichkeitsanfällig. Riesman selber bringt dessen Verhaltensmuster auf den Punkt: «Die Anerkennung an sich, unabhängig von dem, was anerkannt wird, ist die einzig eindeutige Erfolgsnorm.»[36]

Das heißt: Gewissensentscheidungen, die mit dem Missfallen der Mitmenschen rechnen müssten, weichen zugunsten einer Konformität, die sich aus der sorgfältigen Beobachtung dessen speist, was mehrheitlich für richtig gehalten und vorgelebt wird. «Mehrheitlich» bedeutet, dass das Verhalten des sozialen Umfelds, in dem man sich befindet oder in das man hineinstrebt, als maßgebend betrachtet wird. Was zugleich bedeutet, dass überlieferte Muster und Kriterien ihre Geltung verlieren, und das betrifft, wie Riesman sagt, auch die Rolle der Eltern. Da sie «nicht mehr in der Lage sind, ihren Kindern scharf umrissene Vorstellungsinhalte vom selbstbewußten Ich und der Gesellschaft zu vermitteln, können sie in unserer Epoche ihr Kind nur noch dazu anhalten, ‹möglichst anständig zu sein›, was immer auch darunter verstanden wird. Es liegt nicht mehr in ihrer Macht zu bestimmen, was Anständigkeit eigentlich sein soll; dies wird der Schule und den Zeitgenossen (*peer-group*) überlassen [...]. Aber selbst diese Autoritäten drücken sich nur undeutlich aus; die klaren Auswahlprinzipien, an denen sich die Menschen innen-geleiteter Charakterstruktur einst orientierten, sind nicht mehr anwendbar.»[37] Es ist wahrhaft erstaunlich, dass Riesman schon 1950 einen Prozess beobachtet hat, dessen Ausmaß uns erst in den vergangenen zwanzig, dreißig Jahren wirklich bewusst geworden ist.

Man muss der Vollständigkeit wegen hinzufügen, dass Riesman die drei idealtypischen Charakterstrukturen in einer historischen Abfolge betrachtet, die er mit demographischen Entwicklungen gekoppelt sieht. Eine Gesellschaft mit hohem «Bevölkerungsumsatz», das heißt mit relativ hoher Geburtenrate und geringer Lebenserwartung, findet ihre Stabilität in der «Langlebigkeit der Sitten und der sozialen Struktur».[38] Eine Gesellschaft hingegen mit großem Wachstum und hoher Lebenserwartung sieht sich mit einem starken sozialen Wandel und dem Bedeutungsschwund der Tradition konfrontiert.

Wie nun gewinnt sie «Verhaltenskonformität»? Riesman: «Die Kraft, die das Verhalten des Individuums steuert, wird verinnerlicht, d. h. sie wird frühzeitig durch die Eltern in das Kind eingepflanzt und auf prinzipiellere [...] Ziele gerichtet.»[39] Eine Gesellschaft aber mit rückläufiger Population, so Riesman (und hier hat er vor allem die USA im Blick), sei gekennzeichnet durch das allmähliche Verschwinden der körperlichen Arbeit und die Zunahme der Dienstleistungen sowie durch wechselseitige Abhängigkeiten. Sein Fazit: «Beharrlichkeit und Unternehmungsgeist, wie sie der innen-geleitete Mensch besaß, sind unter diesen neuen Gegebenheiten in geringerem Maße erforderlich, dagegen wächst der Umfang, in dem anstelle der materiellen Bedingungen nun *die anderen Menschen* zum Problem werden.»[40]

Riesmans Theorie bietet eine gute Begründung unterschiedlicher Scham- und Peinlichkeitsempfindungen. Der traditionsgeleitete Mensch, so Riesman, verhalte sich konform aus Furcht vor Schande, der innengeleitete aus Furcht vor Schuld, den außengeleiteten plage eine diffuse Angst des Ungenügens.[41] Diese Typologie allerdings beschreibt nicht historisch aufeinander folgende Verhaltensweisen. Sicherlich gab es auch schon im Mittelalter das Gewissen, mithin so etwas wie innengeleitetes Verhalten, und noch heute gibt es das. Es ist jedoch nicht zu übersehen, dass der außengeleitete Mensch zum beherrschenden und beherrschten Typus geworden ist. Dass er Scham oder Schuld empfinden kann, steht außer Frage; was ihn aber in der Hauptsache quält, ist die Angst, peinlich zu sein.

Unter anderem davon handelt das Buch *Wir haben keine Angst.* Die Autorin Nina Pauer, Jahrgang 1982, schildert das Leben ihrer in komfortablen Umständen lebenden Generation. Umgeben von einem Meer der Optionen, begleitet von verständnisvollen Eltern und Lehrern, könnte sie selbstbewusst und sorgenfrei ihren Weg ins Erwachsenenleben antreten, wäre da nicht eine Menge diffuser Ängste: die Angst, dem Markt der Anforderungen nicht gewachsen zu sein, die Angst, «sang- und klanglos einfach zu verschwinden, weil wir plötzlich einfach nicht mehr gefallen. Und deshalb schlagartig abrutschen, hinabschliddern, uns an nichts und niemanden mehr halten können».[42] Dann die Angst vor einer festen Bindung, vor Familie und Verantwortung, obwohl, so heißt es: «Wir alle träumen von kleinen, süßen Kindern. Denen wir Bioäpfelchen aufschneiden können.»[43] Dann die Angst, Position zu beziehen, eine entschiedene Meinung zu äußern, und diese Angst resultiert aus der Hauptangst, peinlich zu sein, weil man für eine gehalten wird, die «Latte Macchiati» sagt; die auf Facebook postet, was sie zu Mittag gegessen hat; die ihr Handy in einer Babysocke mit Diddl-Maus-Anhänger trägt; bei der ein Freund nahtlos den vorherigen ablöst – und die Liste der Peinlichkeiten geht noch eine gute Weile weiter.[44] Eine probate Methode, solchen Peinlichkeiten zu entgehen, besteht darin, sie zur Tugend zu erklären, also absichtsvoll und auf ironische Weise peinlich zu sein, und die Autorin schildert gemeinsame Fernsehabende, wo man sich über die peinlichsten Sendungen amüsiert, oder bestimmte Partys, zu denen man möglichst geschmacklos, möglichst peinlich gekleidet erscheint.

Nina Pauer beklagt diese habituell gewordene Ironie, die sich andauernd im Uneigentlichen, Unernsten bewegt. Sie kommt aus der Angst, dem rasch sich ändernden Kodex des jeweils Angesagten und Modischen nicht gewachsen zu sein.

Und dahinter steckt eine noch tiefere Angst, die Angst, sich zu entblößen und «Intimes» preiszugeben: «Mit ‹richtig intim› meinen wir nicht solche Dinge wie unseren Kontostand oder unsere Vorlieben beim Sex. Wir meinen damit Dinge wie unsere Angst. Wir meinen damit die Momente, in denen sie so richtig hochkommt. In denen wir uns so richtig klein fühlen. In denen uns alles zu viel wird und wir kurzzeitig so richtig verzweifelt sind. [...] Wir meinen Informationen, die als Schwächen auslegbar sind. Geschichten, die uns bloßstellen könnten. Tatsachen, für die wir uns schämen würden, wenn man sie über uns wüsste. [...] Wir meinen Dinge, die man nicht jedem, sondern nur seinen besten Freunden weitererzählen darf. Weil sie einfach nur furchtbar, furchtbar peinlich sind.»[45]

Die Angst vor Peinlichkeit kann sich in einer Reaktion äußern, die Léon Wurmser «contraphobisch» nennt, ein Verhalten also, das die Furcht, in eine beschämende Situation zu geraten, durch eine offensive Geste überbietet, etwa durch ein Lachen oder durch eine absichtsvolle Steigerung des Fehlverhaltens, wie man es, so Wurmser, bei Narren und Clowns beobachten könne, die sich damit zu beweisen suchten: «Schau, du brauchst keine Angst mehr zu haben.»[46] Denselben Vorgang beschreibt Nina Pauer, wenn sie davon erzählt, wie man die Peinlichkeitsgefahr durch Ironie unterläuft. Und möglicherweise liegt darin überhaupt eine der Wurzeln von Ironie. Oder, wie Otto Friedrich Bollnow sagt: «Auf dem Grunde der Scham entstehen hier die Formen der Ironie ...»[47]

Eines der peinlichsten Probleme, die dem jungen Anton Reiser das Leben schwer machen (in dem 1786 erschienenen Roman von Karl Philipp Moritz), ist seine abgetragene, nicht standesgemäße Kleidung, die es ihm verwehrt, bei feierlichen Anlässen zugegen zu sein. Spätestens seit der Vereidigung

Joschka Fischers in Jeans und Turnschuhen[48] ist die deutsche Kleiderordnung unübersichtlich geworden. Allenfalls bei der Verleihung der Goldenen Kamera, bei den Salzburger Festspielen und ähnlichen Veranstaltungen würde man im lässigen Alltagsgewand noch auffallen, in der Regel aber toleriert. Nur in Spielcasinos, in Nachtclubs und Vorstandsetagen herrscht anhaltend der Schlipszwang. Überall sonst aber, in den allermeisten Büros, in Verlagen, Behörden, Schulen und Universitäten, erscheint ein jeder ganz nach Belieben. Dieses Belieben aber täuscht. Es ist keineswegs so frei, wie es scheint, denn Regeln gibt es durchaus noch. Sie richten sich nach der Mode, sie ändern sich schnell, und man muss auf der Hut sein, sie rechtzeitig zu bemerken. Eine Schülerin, die noch Hüfthosen trägt, während die anderen schon Empire-Hemdchen mit Leggins tragen, wird unter Umständen keine geringere Verlegenheit empfinden als seinerzeit Anton Reiser.

Reiser jedoch war eingesperrt in den ständischen Kodex seiner Zeit, während heute ein jeder des eigenen Glückes Schmied ist. Das klingt nach Freiheit. Ihre Kehrseite besteht darin, dass es nicht mehr genügt, sich allseits verbindlichen Normen zu fügen, sondern dass man den wechselnden Geboten der beruflichen Laufbahn, der sozialen Umgebung, des je aktuellen Erscheinungsbildes zu folgen hat. Die Welt des außengeleiteten Menschen ist von extremer Unsicherheit bestimmt.

Schon Riesman hatte festgestellt, dass sich unterhalb der alten Ansehensmerkmale wie Status und Reichtum neue Wertmaßstäbe etablierten, solche des Geschmacks, der Kennerschaft[49] und, so können wir hinzufügen, der Mode. Riesman hatte auch bemerkt, dass die Bedeutung der Ratgeber wächst: «Solche Anleitungen sind erforderlich in einer Situation, in der so gut wie gar keine traditionsbestimmten Verhaltensmuster mehr bestehen.»[50] Unterdessen ist die Zahl dieser Anleitungen ins Unermessliche gewachsen. Jeder Bereich des menschlichen Lebens, vom ersten bis zum letzten Atemzug, vom Gehen, Essen und Trinken bis zum Lieben, Schlafen und Sterben, wird von Ratgebern reichlich umsorgt. Die Verletzung all dieser Handreichungen führt nicht mehr, wie in den heroischen Zeiten der Schuldkultur, in die Katastrophe, sie führt lediglich zu einem Gefühl des persönlichen Versagens. Es geht nicht mehr um schwere Begriffe wie Schuld oder Scham, es geht nur noch um Peinlichkeit.

3. Der Puritanismus kehrt wieder – Neue Quellen der Peinlichkeit – Schmutz, Scham und Ekel

Dass die Mechanik der Peinlichkeitskultur nicht mehr tragisch ist, sondern komisch, dafür ist eines der erfolgreichsten Bücher der letzten Jahrzehnte bezeichnend: Susanne Fröhlichs Verschlankungsdrama *Moppel-Ich* (Auflage laut Verlag mehr als eine Million Exemplare). Es geht, wie leicht zu erraten ist, um den Fluch der Korpulenz, die man zu anderen Zeiten «stattlich» genannt hätte. Dass Schlankheit für Frauen oberstes Gebot ist, erklärt Susanne Fröhlich nicht mit dem Geschmack der Männer. Im Gegenteil legt sie Wert auf die Feststellung, dass sie in jenen Tagen, als sie noch Übergewicht hatte, keinerlei Minderung ihrer Attraktivität bemerken konnte. Warum also abnehmen? Sie erklärt das mit der Klamottenfrage. Und die Klamottenfrage, glauben wir ihrem Buch, entscheidet über Sieg oder Niederlage im Konkurrenzkampf der Frauen untereinander. Frau Fröhlich musste schlank werden, damit sie modisch mit anderen Frauen gleichziehen konnte.

Zu den Höhepunkten ihrer durchaus komischen Erzählung gehört die Schilderung einer Szene in der Umkleidekabine, als der Reißverschluss klemmte. Man wird, was sie in diesem Augenblick empfand, tiefe Scham nennen müssen. Und peinlich wurde das Ganze in dem Augenblick, als die Verkäuferin fragte: «Und, passt die Hose?»[51] Der Schlankheitswahn ist offenbar ein Problem jüngeren Datums. «Guckt man sich heute 16-Jährige an», so Susanne Fröhlich im Jahr 2004, «sind viele davon erstaunlich dünn. Dünner, als wir damals waren. In den Siebzigern waren manche dünn, ein breites Mittelfeld normal gebaut und manche dick. Es gab andere Themen als körpereigene Problemzonen. Dicke Schenkel allein haben uns nicht in große Seinskrisen gestürzt. Das hat sich fatalerweise sehr geändert.»[52]

Geändert hat sich noch mehr. Im Gegenzug zur allgemeinen Sexualisierung oder «Pornographisierung»[53], für die es zahllose Beispiele gibt, hat sich ein neuer Puritanismus eingeschlichen, der alles, was die Leistungsfähigkeit einschränken könnte, unter die Strafe der Peinlichkeit oder gar des schuldhaften Versagens stellt. Gesundheit ist die neue Religion des Zeitalters, und wer sich ihrem Diktat verweigert, indem er dem Genuss des Rauchens, Trinkens oder Essens bedenkenlos frönt, macht eine peinliche Figur und sich selber unmöglich – es sei denn, er zählt zu jener neuen Unterschicht, der Peinlichkeit nichts mehr bedeutet, weil ihr jeder Stolz ohnehin abhandengekommen ist.

Der Keuschheitsgedanke ist ausgewandert in jene Selbstkasteiung, die sich in der Magersucht und im Body-Shaping des Fitness-Kults Ausdruck verschafft. Die Askese ist zurückgekehrt, in utilitaristisch verkürzter Form. Heute steht alles, was schmeckt und Spaß macht, unter Verdacht: das schnelle Auto ebenso wie die Zigarette, der Schweinsbraten ebenso wie das Glas Schnaps. Nichts scheint verwerflicher zu sein als das sorglose Leben. Die Sucht lauert an allen Ecken und Enden. Die

Magazine der Krankenkassen, die sich nunmehr Gesundheitskassen nennen, die Apothekenzeitschriften und die Sonntagsblätter sind zum Katechismus des richtigen Lebens geworden. Der Zölibat erntet Hohn und Spott. Aber die Idee, sich einer großen Sache so entschlossen zu widmen, dass daneben kein Raum für Sinnlichkeit und Muße mehr bleibt, hat in anderen Sphären srikte Anhänger gefunden. Politiker, die kein Privatleben mehr kennen, Börsenmakler und Wirtschaftsbosse, die eine 70-Stunden-Woche absolvieren, leben eine moderne Variante des Versprechens der Enthaltsamkeit. Der Gott des Geldes verlangt von seinen Dienern zuweilen mehr als der Gott der Christen.

Obwohl der neue Puritanismus alles, was Leistung ermöglicht und fördert, auf seine Fahnen schreibt und jede Form der Selbstertüchtigung preist, geißelt er zugleich die Spuren körperlicher Arbeit: den Schweiß (man erinnere sich an das Foto der Schweißflecke Angela Merkels unter den Achseln ihres pfirsichfarbenen Kostüms bei Gelegenheit eines Bayreuth-Besuches, das durch die Medien ging); den Geruch, dessen Bekämpfung meterlange Regale in den Drogeriemärkten versprechen; das Verschwitzte und Fettige, den Schmutz überhaupt.

Was ist Schmutz? «… was gärt fault säuert schimmelt ranzt stockt oder verwest, es fügt sich an was schmatzt würgt quetscht pupst spuckt und alle Ergebnisse solcher Tätigkeit. Schön. Nun folgen die Aufschwemmungen von Schlamm Lehm Sumpf Matsch Schlick und Morast, und dann alles, was wimmelt krabbelt sich windet krümmt und ineinanderschlingt, was ausschlüpft hervorquillt aus Löchern kriecht oder keimt schwillt sich bläht Blasen wirft und platzt. Es sind aufzuzählen die Auswüchse Einwüchse Geschwüre Schwären Pusteln Beulen Höcker Buckel Stümpfe mit ihrer Verwandtschaft, und in großer Fülle Veränderungen des Leibs wie Verfleischung Verfilzung Verzopfung Verlaubung Verschuppung Verhaarung Verkropfung Verseifung Verhornung Verkalkung Verfettung Vertalgung Verhautung Verkäsung. Wucherung und Gekröse. Was schlottert wackelt und plumpst. Was ribbelt rubbelt und nudelt. Was erschlafft weich wird und runzelt.»[54] So beschreibt es Christian Enzensberger in seinem Erzählessay *Größerer Versuch über den Schmutz.*

Aurel Kolnai (in seiner Abhandlung *Ekel, Hochmut, Haß*) betrachtet den Schmutz in Verbindung zu Kot, Fett und Schweiß. Der Schmutz trete an Orten auf, wo er nicht hingehöre und störend, entstellend wirke. «Diese Orte aber sind Körperoberflächen oder Gebrauchsgegenstände, die den Körper eng berühren sollen. Und da zeigt sich doch eine unverkennbare intentionale Beziehung zu dem Leben, seiner Kumulierung und seinem Niedergang. Durch manuelle Tätigkeit werden die Hände, durch Tragen wird die Leibwäsche schmutzig. Im Zustandekommen des Schmutzes spielt vielfach der Schweiß die agglutinierende Rolle. Schmutz ist zum Teil einfach das Vorhandensein, die Nichtverwischtheit von Lebensspuren.»[55]

Wer diese Lebensspuren zeigt, ist peinlich. Hygiene, einst Vehikel des medizinischen Fortschritts, dient nunmehr dazu, alle Hinweise auf das Animalische zu tilgen. Ein Blick in die Fernsehwerbung genügt, um das allseits akzeptierte Programm der Peinlichkeitsvernichtung zu erkennen. Deodorante, die den Schweißgeruch für Stunden oder gar Tage zu beseitigen versprechen; Spülmittel, die jeden Rest des eben noch behaglich Verspeisten geruchlos entfernen; kalorienreduzierte Nahrung, die Genuss ohne Reue verheißt und Reue ohne Genuss liefert; Arzneimittel, die Wohlbefinden und Leistungsfähigkeit steigern sollen – all dies zeigt den Willen zur Selbstertüchtigung. Wer hier versagt, der muss befürchten, aus dem gehobenen sozialen Kontext herauszufallen und dort zu landen, wo er herkam oder niemals hinwollte.

Die Kultur der Peinlichkeit paart den rüden Durchsetzungswillen am Markt der Chancen mit einem empfindlichen Sensorium für die mit der Rolle und dem Augenblick permanent wechselnden Erfordernisse. Heroismus heute besteht darin, den Kuchen nicht zu essen, und Tragik darin, die Strickleiter des Aufstiegs zu verfehlen. Man kann das einen Fortschritt nennen. Dem König Ödipus, der unwissentlich mit seiner Mutter schlief, wird der Fehltritt nicht peinlich gewesen sein. Er empfand eine Scham, die mit unverzeihlicher Schuld und mit dem Todesurteil identisch war. Von einer solch existenziellen Moral wissen wir wenig.

KAPITEL IV

URSPRÜNGE VON SCHULD UND SCHAM

«Der Sündenfall» von Hendrik Goltzius 1616: Wer hier wen verführt, ist offensichtlich.

1. Kafka: Die Scham überlebt den Beschämten – Der religiöse Gedanke einer Urschuld

Der Schauplatz der Hinrichtung des Josef K. befindet sich am Rand einer ungenannten Stadt: «Ein kleiner Steinbruch, verlassen und öde, lag in der Nähe eines noch ganz städtischen Hauses.»[56] Es gibt also für das, was nun folgt (in Kafkas Roman *Der Proceß*), keine Zeugen, außer den beiden Herren: «In Gehröcken, bleich und fett, mit scheinbar unverrückbaren Cylinderhüten.»[57] Oder vielleicht doch? «Seine Blicke fielen auf das letzte Stockwerk des an den Steinbruch angrenzenden Hauses. Wie ein Licht aufzuckt, so fuhren die Fensterflügel eines Fensters dort auseinander, ein Mensch schwach und dünn in der Ferne und Höhe beugte sich mit einem Ruck weit vor und streckte die Arme noch weiter aus. Wer war es? Ein Freund? Ein guter Mensch? Einer der teilnahm? Einer der helfen wollte? War es ein einzelner? Waren es alle? War noch Hilfe? Gab es Einwände, die man vergessen hatte? Gewiß gab es solche. Die Logik ist zwar unerschütterlich, aber einem Menschen der leben will, widersteht sie nicht. Wo war der Richter den er nie gesehen hatte? Wo war das hohe Gericht bis zu dem er nie gekommen war? Er hob die Hände und spreizte alle Finger.»[58] Die Geste signalisiert völlige Unterwerfung, zugleich Furcht,

Erschrecken, Entsetzen. Die letzten Sätze lauten: «Aber an K.'s Gurgel legten sich die Hände des einen Herrn, während der andere das Messer ihm ins Herz stieß und zweimal dort drehte. Mit brechenden Augen sah noch K. wie nahe vor seinem Gesicht die Herren Wange an Wange aneinandergelehnt die Entscheidung beobachteten. ‹Wie ein Hund!› sagte er, es war, als sollte die Scham ihn überleben.»

Dieser wahrlich berühmte Satz ist, wenn man ihn genau betrachtet, merkwürdig. Dass mich eine Schuld überleben kann, die sich unter Umständen auf meine Nachkommen überträgt, ist leicht zu begreifen. Es kann sich dabei um materielle Verbindlichkeiten handeln oder aber um ein Verbrechen, dessen Folgen durch meinen Tod nicht getilgt sind. Aber Scham? Ist Scham nicht ein tief sitzendes inneres Gefühl, das plötzlich hervorbricht? Scham in diesem Sinn würde den hingerichteten Josef K. nicht überleben können, sein Schamgefühl würde mit ihm sterben müssen. Wichtig aber ist der vorangegangene Ausruf: «Wie ein Hund!» Er benennt die Demütigungen, denen K. in seinem langwierigen, schikanösen Prozess ausgesetzt war und die nun ihren bitteren Höhepunkt erreichen. Die Scham, die hier gemeint ist, ist jene Scham, die durch eine Entwürdigung, durch das Beschämtwerden verursacht wird. Josef K. ist im Augenblick seiner Hinrichtung kein Subjekt mehr, sondern nur noch das Objekt schierer Willkür.

Nun muss man bei Kafka auf jedes einzelne Wort achten. Er sagt ja nicht, die Scham habe ihn, Josef K., überlebt, sondern, «es war, als sollte die Scham ihn überleben». Wer spricht hier? Offenbar nicht K., sondern der Erzähler, den es aber im *Proceß* nicht eigentlich gibt. Das Besondere an diesem Roman (es gilt für die meisten längeren Prosatexte Kafkas) besteht darin, dass hier nicht ein allwissender, womöglich sich ironisch einmischender Erzähler am Werk ist, sondern dass sich die

Geschichte mit der Objektivität eines unentrinnbaren Fatums von selbst erzählt. Und doch: Wenn wir dieses einschränkende «es war, als sollte ...» in Rechnung stellen, bleibt immer noch die nicht ohne weiteres verständliche Behauptung, eine Scham könnte den Beschämten überleben.

In ihrem Buch *Scham und Macht* schreibt Hilge Landweer, «daß faktisch viele Personen, die sich gedemütigt fühlen, zusätzlich Scham darüber empfinden, *daß* sie in herabsetzender und schikanöser Weise behandelt worden sind. Dies ist allerdings nur möglich, wenn sie sich irgendeine noch so vage Verantwortung dafür zuschreiben, Objekt von Demütigung geworden zu sein. Das inzwischen bekannte Beispiel dafür sind die Schamgefühle, die Mädchen und Frauen haben, die vergewaltigt worden sind.»[59] Der Gedanke, dass Scham nur empfunden werden kann, wenn sich das Subjekt in irgendeiner näher zu bestimmenden Weise involviert fühlt, ist triftig. In seinem Essay *Über Scham und Schamgefühl* äußert Max Scheler einen ähnlichen Gedanken, wenn er auf die Unterschiede zwischen Ekel, Aversion und Schamgefühl zu sprechen kommt: «Während aber der Ekel ein pures Widerstreben, und zwar in Form eines starken (passiven) ‹Abgestoßenwerdens› von der ekelerregenden Sache ist, verbunden mit einem Vorgefühl der Schädlichkeit jener Sache und einem leisen Brechreiz, hat das Widerstreben der Scham stets eine starke Unterströmung von *Anziehung* an die Sache, gegen die in ihr widerstrebt wird, zur Voraussetzung.»[60]

Es gibt offenbar einen dunklen Zusammenhang zwischen demjenigen, der sich schämt, und demjenigen, der ihn in die beschämende Situation bringt oder gebracht hat, es gibt einen unfreiwilligen, gewaltförmigen Konnex zwischen dem Sich-Schämenden und dem Schamverursacher. Doch warum sollte ich mich schämen, wenn der Vorgang mein Innerstes gar nicht berührt? Wir wissen von christlichen Märtyrern, dass sie stolz, also unbeschämt in den Tod gegangen sind, und sicherlich trifft das ebenso zu für die Helden des Widerstands gegen Hitler oder gegen andere Gewaltherrscher. Ihr Tod war eine Schande nicht für sie selber, sondern für die, denen sie zum Opfer fielen.

Hätte Kafka geschrieben «Es war, als sollte ihn die Schande überleben», so könnten wir «Schande» auf das Gericht beziehen und auf seine Knechte, die beiden bleichen und fetten Herren, und der Satz wäre leichter zu verstehen. Es steht nun aber «Scham» da, wobei daran zu erinnern ist, dass «Scham» und «Schande» etymologisch verwandt sind. Kluges *Etymologisches Wörterbuch* vermerkt als ursprünglichen Stamm von «schämen» das germanische «skam-», was «bedecken, verhüllen» bedeutet. Darauf geht «Hemd» zurück. Das althochdeutsche «skama» meint, ebenso wie das mittelhochdeutsche «scheme», soviel wie «Schamgefühl, Beschämung, Schande». Aber dieser gemeinsame Ursprung hilft nicht weiter, weil die Begriffe Verschiedenes bedeuten.

Warum also schämt sich Josef K.? Leni, die Gehilfin des Advokaten, die K.s Geliebte wird, sagt zu ihm, «seien Sie nicht mehr so unnachgiebig, gegen dieses Gericht kann man sich ja nicht wehren, man muß das Geständnis machen. Machen Sie doch bei nächster Gelegenheit das Geständnis. Erst dann ist die Möglichkeit zu entschlüpfen gegeben, erst dann.»[61] Was aber soll er gestehen? Dass bisher keine Anklage erhoben worden ist, gegen die man sich verteidigen oder der man mit einem Geständnis entgegenkommen könnte, macht die Sache nicht leichter. Es kommt hinzu: «Das Verfahren ist nämlich im Allgemeinen nicht nur vor der Öffentlichkeit geheim, sondern auch vor dem Angeklagten. […] Auch der Angeklagte hat nämlich keinen Einblick in die Gerichtsschriften.»[62] Und außerdem: «Die abschließenden Entscheidungen des Gerichtes werden nicht veröffentlicht.»[63]

Dieses Zwangssystem erinnert an Kafkas Erzählung *In der Strafkolonie*, wo ein «Forschungsreisender» Zeuge einer Exekution wird. Der leitende Offizier will ihm den Mechanismus der Hinrichtungsmaschine erklären, aber der Reisende fragt, ob der Verurteilte sein Urteil kenne? Nein, entgegnet der Offizier. Der Reisende setzt nach: «‹Aber daß er überhaupt verurteilt wurde, das weiß er doch?› ‹Auch nicht›, sagte der Offizier und lächelte den Reisenden an, als erwarte er nun von ihm noch einige sonderbare Eröffnungen. ‹Nein›, sagte der Reisende und strich sich über die Stirn hin, ‹dann weiß also der Mann auch jetzt noch nicht, wie seine Verteidigung aufgenommen wurde?› ‹Er hat keine Gelegenheit gehabt, sich zu verteidigen›, sagte der Offizier und sah abseits, als rede er zu sich selbst.»[64] Er sieht sich aber nun veranlasst, dem Fremden die allgemeinen Verfahrensweisen der Strafkolonie näher darzulegen, und deren oberstes Prinzip lautet: «Die Schuld ist immer zweifellos.»

Nehmen wir für einen Augenblick an, dieser Satz träfe zu, dann bestünde die Schuld Josef K.s darin, seine Schuld nicht anzuerkennen, obwohl er von dieser Schuld weiß oder wissen müsste. Und ebendieses Wissen oder Wissenmüssen ist Grund seiner Scham. Und es ist gleichfalls Grund seines Beschämtwerdens. Dass er «wie ein Hund» abgestochen wird, ist ihm deshalb nicht gleichgültig, weil es zwischen dem Gericht und ihm selbst einen Zusammenhang gibt. Er hatte mit diesem Gericht immer schon zu tun, und das wahrhaft grandiose neunte Kapitel im *Proceß*-Roman, wo Josef K. im Dom ein langes Gespräch mit dem Gefängniskaplan führt, zeigt diesen Zusammenhang.

Die Szene beginnt damit, dass K. im Begriff ist, den Dom zu verlassen, als der Geistliche ihn ruft: «Josef K.!» Es heißt dann:

«K. stockte und sah vor sich auf den Boden. Vorläufig war er noch frei, er konnte noch weitergehn und durch eine der drei kleinen dunklen Holztüren, die nicht weit vor ihm waren, sich davon machen. Es würde eben bedeuten, daß er nicht verstanden hatte oder daß er zwar verstanden hatte, sich aber darum nicht kümmern wollte.»[65] Aber K. hat durchaus verstanden, er weiß, dass niemand anderes gemeint ist als er selbst, dass es um ihn und seinen Prozess geht. Also wendet er sich um, kehrt zurück und spricht mit dem Kaplan, der auf einer Kanzel steht und ihn heranwinkt. Sein Prozess stehe schlecht, sagt ihm der Geistliche, man halte, «wenigstens vorläufig», seine Schuld für erwiesen. Darauf K.: «Ich bin aber nicht schuldig. Es ist ein Irrtum.» Und er fährt fort: «Wie kann denn ein Mensch überhaupt schuldig sein. Wir sind hier doch alle Menschen, einer wie der andere.» – «Das ist richtig», entgegnet der Geistliche, «aber so pflegen die Schuldigen zu reden.»[66] Und er fragt K., was er zu tun gedenke. K. erzählt von seinen Versuchen, mit Hilfe anderer Menschen weiterzukommen, vor allem der Hilfe von Frauen, denn: «Die Frauen haben eine große Macht.» Der Geistliche scheint von K.s Bemühungen nicht sehr überzeugt zu sein, jedenfalls antwortet er auf die folgenden Fragen nicht mehr. Er schweigt. Und nun heißt es plötzlich: «Da schrie der Geistliche zu K. hinunter: ‹Siehst Du denn nicht zwei Schritte weit?› Es war im Zorn geschrien, aber gleichzeitig wie von einem, der jemanden fallen sieht und weil er selbst erschrocken ist, unvorsichtig, ohne Willen schreit.»[67]

Wollten wir annehmen, K. sei in der Tat vollkommen unschuldig und habe ein reines Gewissen, so würde er sich auf diese Diskussion gar nicht erst einlassen (und hätte schon vorher die demütigenden, letztendlich erbärmlichen Besuche beim Advokaten und bei seiner Geliebten gar nicht erst unternommen). Warum also tut er es dennoch? Wir könnten, wie es oftmals geschehen ist, den Roman als eine Vorwegnahme der totalitären Terrorsysteme des 20. Jahrhunderts interpretieren, und das wäre insofern nicht falsch, als es bei Kafka die eine und einzig richtige Lesart nicht gibt. Die erwähnte Lesart hatte ihre Konjunktur, als man begann, sich mit diesen Systemen literarisch und intellektuell auseinanderzusetzen. In der Tat wirken manche Texte Kafkas, vor allem natürlich die *Strafkolonie*, wie eine Prophezeiung dessen, was wenige Dezennien später furchtbare Realität wurde. Ich halte es allerdings für problematisch, Dichtern hellseherische Gaben zu unterstellen, und neige zu einer anderen, zu einer religiösen Interpretation. Damit soll nicht gesagt sein, Kafkas Werk sei eine in die Moderne gewendete Illustration jüdischer Tradition. Dass er sich auf sie bezieht, sich mit zentralen biblischen Texten auf zweifelnde, mit ihnen hadernde Weise auseinandersetzt, scheint mir jedoch unabweisbar.

In der Debatte zwischen K. und dem Geistlichen kommt die Rolle des Türhüters zur Sprache, der am Tor des Gesetzes steht und dem Mann, der Einlass begehrt, den Zutritt verwehrt – obwohl doch, wie es am Ende der Parabel heißt, dieser Eingang für niemand anderen reserviert gewesen sei. K. hält den Türhüter für unverantwortlich, aber der Geistliche entgegnet: «Wie er uns auch erscheinen mag, so ist er doch ein Diener des Gesetzes, also zum Gesetz gehörig, also dem menschlichen Urteil entrückt.»[68] Über das «Gesetz» also können wir Menschen nichts Bestimmtes sagen, es entzieht sich unserer Kompetenz, so wie JHWH in der Genesis, dessen Name bedeutet: Ich bin, der ich bin. Die Tautologie kehrt bei Kafka wieder: Das Gesetz ist das Gesetz, gleichviel, ob Josef K. es begreift und anerkennt oder nicht.

Zugleich kann man den *Proceß* als einen Kommentar zum Buch Hiob lesen. So wie Gott seinem treuen Knecht Hiob den Prozess macht, aus einer Wettlaune heraus, um zu sehen, wie er sich bewährt, sieht sich auch Josef K. einem Verfahren unterworfen, dessen Logik ihm dunkel einleuchtet, dem er sich aber, anders als Hiob, mit all seinen schwachen Kräften widersetzt, wenngleich vergeblich. Das Buch Hiob, das Kafka natürlich bekannt war, ist eines der größten, unheimlichsten Bücher des Alten Testaments. Es erzählt von der Erfahrung, dass diejenigen, die an Gott glauben, mit ihm auf menschliche Weise nicht rechnen dürfen. Sie können auf keine Gewissheit bauen, sondern nur das Unglaublichste tun, nämlich lediglich glauben, und je mehr sie glauben, umso eher gelangen sie zum Heil. Aber das ist kein Vertrag, der einklagbar wäre. Glauben heißt nichts anderes, als sich anheimzugeben.

Das ist eine wahrhaft utopische Forderung, ein unbegreifliches Gesetz. Josef K., der nicht zufällig Jurist ist (wie auch Kafka es war), erkennt es nicht an. Es widerspricht allem, was er in seiner beruflichen Praxis gelernt hat und was er als Staatsbürger erwarten darf. Zugleich aber weiß er, dass dieses Gesetz geschrieben steht. Und in diesem Widerspruch verheddert er sich. Denn er sagt: «Wie kann denn ein Mensch überhaupt schuldig sein» – eine geradezu kindlich ratlose Bemerkung. Und aus der Hinzufügung: «Wir sind hier doch alle Menschen, einer wie der andere», spricht die Blindheit des glaubenslos Verzweifelten. Deshalb schreit der Geistliche ihn an. Wenn wir nämlich alle Menschen sind und wenn Menschen nicht schuldig sein können, dann sind wir alle unschuldig. Diese unhaltbare These deutet geradezu auf ihr Gegenteil hin, nämlich darauf, dass wir alle schuldig sind. Der Gedanke begegnet uns in der Erzählung vom Sündenfall. Sie behauptet eine Urschuld des Menschen, und aus dieser Schuld erklärt sie die Scham.

2. Kierkegaards Überlegungen zu Wahrheit und Sünde – Die biblische Erzählung vom Sündenfall – Das Drama der Freiheit

Der Evangelist Johannes berichtet (18,37), Jesus habe beim Verhör durch Pontius Pilatus gesagt: «Ich bin dazu geboren und in die Welt gekommen, dass ich für die Wahrheit zeugen soll. Wer aus der Wahrheit ist, der höret meine Stimme.» Pilatus: «Was ist Wahrheit?» Das nun ist die Frage aller Fragen, und Pilatus war wahrlich nicht der Erste, der sie gestellt hat. Für Platon war sie zentral, und er beantwortet sie in der Gestalt seines Sokrates, der über die Frage nachdenkt, ob man die Wahrheit lehren könne. Sören Kierkegaard hat das Problem wie folgt beschrieben:

«Insofern Wahrheit gelernt werden soll, muß ja ihr Nichtsein vorausgesetzt werden, mithin indem sie gelehrt werden soll, wird sie gesucht. Hier begegnet nun die Schwierigkeit, [...] daß ein Mensch unmöglich suchen kann was er weiß, und ebenso unmöglich suchen kann was er nicht weiß; denn was er weiß, kann er nicht suchen, da er es weiß, und was er nicht weiß, kann er nicht suchen, denn er weiß ja auch nicht, was er suchen soll. Die Schwierigkeit denkt Sokrates durch vermittelst dessen, daß alles Lernen und Suchen nur ein Erinnern ist, so daß der Unwissende bloß erinnert zu werden braucht, um aus sich selbst sich auf das zu besinnen, was er weiß. Die Wahrheit wird solchermaßen nicht in ihn hineingebracht, sondern ist in ihm gewesen.»[69] Für Platon nun ist dies ein Beweis für die Präexistenz der Seele. Kierkegaard wendet den Gedanken ins Christliche und sagt: «Der Lehrer ist denn also der Gott selbst, welcher, als Veranlassung wirkend, veranlaßt, daß der Lernende daran erinnert wird, er sei die Unwahrheit, und sei es durch eigene Schuld. Aber diesen Zustand, die Unwahrheit sein und es sein durch eigne Schuld, wie können wir ihn wohl nennen? Laßt uns ihn *Sünde* nennen.»[70]

Weshalb kommt Kierkegaard, Platon verlassend und übersteigend, zu der Behauptung, der Mensch lebe in der Unwahrheit durch eigene Schuld? Wir begegnen hier dem schwierigsten und weithin unverständlich gewordenen Teil der Sündenlehre, der Erbsünde. Sie geht zurück auf die Geschichte vom Sündenfall. Die Genesis erzählt von Adam und Eva im Garten Eden. Dort steht der «Baum der Erkenntnis des Guten und Bösen», dessen Früchte Gott den Menschen verboten hat. Adam und Eva essen davon.

In seinem Buch über *Das Böse* versteht Rüdiger Safranski die Geschichte so: «In der Sündenfallgeschichte werden wir Zeugen der Geburt des Neins, des Geistes der Verneinung. Gottes Verbot war das erste Nein in der Geschichte der Welt. Die Geburt des Neins und die der Freiheit gehören zusammen. Mit dem ersten göttlichen Nein, als Kompliment an die Freiheit des Menschen, tritt etwas verhängnisvoll Neues in die Welt. Denn nun kann auch der Mensch ‹nein› sagen. Er sagt ‹nein› zum Verbot, er setzt sich darüber hinweg. Die Folge davon wird sein, dass er nun auch zu sich selbst ‹nein› sagen kann. Nachdem Adam und Eva vom Baum gegessen haben, heißt es: ‹Da wurden ihrer beiden Augen aufgetan, und sie wurden gewahr, dass sie nackt waren; und flochten Feigenblätter und machten sich Schürzen…› Plötzlich sieht sich der Mensch von außen, er ist nicht mehr in seinem Leib geborgen, er ist sich selbst auffällig geworden. Er sieht sich, er reflektiert und entdeckt nun, dass auch er gesehen wird.»[71]

Die Geschichte vom Sündenfall also erzählt von der Geburt der Freiheit. Kierkegaard nun wendet ein, dass Adam das Verbot, vom Baum der Erkenntnis zu essen, gar nicht verstehen konnte, da er ja noch im Stand der Unschuld und Unwissenheit war. Das Verbot habe nicht die Begierde nach Erkenntnis in ihm erweckt, sondern die Angst vor ihr: «Das Verbot ängstigt ihn, weil das Verbot die Möglichkeit der Freiheit in ihm weckt.»[72] Wichtig ist hier der Begriff der Möglichkeit. Sie eröffnet einen zunächst leeren Raum (Kierkegaard bezeichnet ihn als «Nichts»), und daher kommt die Angst. In ihr liegt der Ursprung des Sündenfalls, denn Adam ergreift diese Möglichkeit und wird schuldig. Er ist aber, um mit Kierkegaard zu sprechen, zugleich unschuldig, da er ja unwissend war. – Wir kommen auf Kierkegaards Überlegungen zu Angst und Scham zurück.

Die Geburt der Freiheit bedeutet zugleich die Geburt der Scham. Beides hängt zusammen. Indem Gott ein Verbot in die Welt setzt, schafft er zugleich die Möglichkeit der Übertretung. Da Gott den Menschen als frei geschaffen hat, ist er auch frei, diese Möglichkeit zu wählen. Safranski versteht die Erzählung so, als wäre dem Menschen gar nichts anderes übrig geblieben, als vom Baum zu essen. Der Philosoph Robert Spaemann hingegen sagt, es sei ein irriger Gedanke, dass der Mensch nur durch die Übertretung des Gebotes sich als Freiheitswesen erfahre: «Die *Befolgung* des Gebotes erst wäre im eigentlichen und vollen Sinne ein Akt sich vollendender Freiheit gewesen.»[73]

Der Gedanke ist triftig, führt jedoch zu der unbeantwortbaren Frage, was gewesen wäre, wenn Adam und Eva das Gebot beachtet hätten. Jedenfalls gäbe es die Geschichte nicht, wie wir sie kennen, die Geschichte der Freiheit und der immer von neuem sich wiederholenden Entscheidung für das Böse. Aus der Entscheidung für das Böse entsteht Schuld, aus Schuld kommen Scham und Schande.

Es wäre ein Missverständnis, die Genesis als getreulichen Bericht eines historischen Ablaufs zu verstehen. Man muss sie in beiden Richtungen lesen: in dem einen Sinn als Erzählung vom allerersten Anfang bis zur Entstehung der Menschheit und im gegenläufigen Sinn als den Versuch, die Entstehung der Gewalt zu erklären. Die Gewalt geht zurück auf die Möglichkeit, zwischen Gut und Böse zu wählen. Diese Wahl kann nur treffen, wer frei ist. Frei ist aber nur ein Wesen, das zwischen sich selber und der Welt unterscheiden kann. Unterscheiden kann es nur, wenn es sich mit den Augen eines anderen zu sehen vermag. Genau das ist die «Erkenntnis», und deshalb bemerken Adam und Eva ihre Nacktheit. Davor aber muss es die Unschuld gegeben haben. Die Unschuld nun ist nur als das Nichtgespaltene, Ungeteilte denkbar. Das Ungeteilte ist der erste Mensch. Den gibt es, weil Gott ihn schuf, indem er sich selber teilte, in Gott und die Welt. Warum hat er das gemacht? Auf diese letzte Kinderfrage, Menschheitsfrage kann der biblische Text nicht mehr antworten, weil sie im Wortsinne abstrakt ist und zu nichts führt.

Denn wir sind ja da, und mit uns ist die Gewalt da. Die Bibel erzählt vom Gründungsmord des Menschengeschlechts: Kain erschlägt Abel. Die Mythen vieler Kulturen und ihre Kosmogonien sind von nichts anderem geprägt als von der Unfassbarkeit des Bösen. Was uns die antike Mythologie über die Entstehung der Welt und den Kampf der Götter berichtet, ist eine Orgie aus Mord und Inzest. Der Anthropologe René Girard[74] empfiehlt uns, diese Erzählungen nicht als Ausgeburt schwarzer Phantasien zu lesen, sondern als den Versuch, tatsächlichen Vorgängen einen Sinn abzugewinnen, indem man sie erzählbar macht. Aber damit sind sie noch nicht erklärt. Die Genesis erklärt sie als Rebellion gegen Gott.

Das ist die Ursünde. Sie ist nicht revidierbar. Kierkegaard zitiert in diesem Zusammenhang Aristoteles: «Der Lasterhafte und der Tugendhafte haben wohl keine Macht über ihr sittliches Verhalten, aber sie hatten ehedem die Macht entweder das eine zu werden oder das andere: ebenso wie der, welcher einen Stein wirft, Macht über ihn hat ehedenn er ihn geworfen, aber nicht wenn er ihn geworfen.»[75] Für Kierkegaard entsteht daraus die Spannung zwischen dem verlorenen Paradies (er nennt es «ewige Seligkeit») und einer unaufhebbaren Schuld: «Das Schuldbewußtsein ist der entscheidende Ausdruck für das existenzielle Pathos in Bezug auf eine ewige Seligkeit.»[76]

Dietrich Bonhoeffer fasst diesen theologischen Gedanken noch genauer, indem er sagt: «Scham ist die nicht zu beseitigende Erinnerung [des Menschen] an seine Entzweiung mit dem Ursprung, sie ist Schmerz über diese Entzweiung und das ohnmächtige Verlangen, sie rückgängig zu machen. Der Mensch schämt sich, weil ihm etwas verloren gegangen ist, das zu seinem ursprünglichen Wesen, zu seiner Ganzheit gehört.»[77] Ähnlich Robert Spaemann: Die «Schuldverstrickung besteht nicht darin, dass die Menschheit sozusagen eine solidarische Schuldgemeinschaft ist, sondern umgekehrt darin, dass sie aufgrund einer anfänglichen Schuld aufgehört hat, eine solidarische Gemeinschaft zu sein.» Und: «Die Erbsünde ist ja nicht eine positive Qualität, die jeder Mensch von seinen Voreltern erbt, sondern sie ist das Fehlen einer Qualität, die er hätte erben sollen.»[78]

In dieser «anfänglichen Schuld» hat die Scham ihren Ursprung. Die Vertreibung aus dem Paradies ist die Vertreibung aus dem Reich des Nicht-Widersprüchlichen, des Einfach-Einfältigen. Denn nun erlangt der Mensch die Fähigkeit, sich selber zu sehen. Es ist die Fähigkeit zur Reflexivität, also zum Denken. Doch diese Fähigkeit ist auch ein Fluch, denn von nun an regiert das Gebrochene und Zwiespältige, das Gespiegelte und Gefaltete. Die Freiheit, die daraus resultiert, zeigt uns immer auch ihre Kehrseite in der Gestalt von Schuld,

Scham, Peinlichkeit. Das ist der Grund, weshalb wir die ganz Kleinen bewundern, weshalb sie uns zuweilen als Engel, als Wesen aus einer anderen Welt erscheinen. Noch leben die Kinder in unschuldiger, einfältiger Naivität, und Scham ist ihnen unbekannt. Aber wir wissen, das dies ein zwangsläufig, ein notwendig vorübergehender Zustand ist. Den Erwachsenen, der in ihm verharrt, nennen wir einen Idioten.

3. Max Scheler: Die Rückwendung und der Verlust der Unschuld – Kleists *Marionettentheater* – Jacques Rivettes *Schöne Querulantin*

Die biblische Erzählung ist nur eine der möglichen Erklärungen über den Grund von Schuld und Scham, wenn auch wohl die großartigste. Reflexiv zu sein bedeutet im Wortsinn, sich zurückzuwenden, und in dieser «Zurückwendung» sieht Max Scheler die «Sphäre», in der das Schamgefühl gleichsam «zu Hause» sei.[79] Zur Erläuterung dessen schildert er einen Maler, der in seinem Schaffensprozess völlig aufgeht. Zwischen ihm selbst als geistiger und als leiblicher Person, zwischen dem Hier und Jetzt einerseits und seinen sozialen Bindungen und Abhängigkeiten andererseits gibt es keine fühlbare Diskrepanz, er ist «in seine Tätigkeit verloren». Und jetzt, so nimmt Scheler an, wird ihm die Gefangenheit in all diesen Kontingenzen plötzlich bewusst. Er ist abgelenkt, gehemmt, und nun entsteht ein Raum, in dem Scham oder verwandte Gefühle überhaupt erst entstehen können.

Schelers Schilderung erinnert an Kleists berühmten Essay *Über das Marionettentheater*, wo es heißt: «Ich badete mich, erzählte ich, vor etwa drei Jahren, mit einem jungen Mann, über dessen Bildung damals eine wunderbare Anmut verbreitet war.

Er mochte ohngefähr in seinem sechszehnten Jahre stehn, und nur ganz von fern ließen sich, von der Gunst der Frauen herbeigerufen, die ersten Spuren von Eitelkeit erblicken. Es traf sich, daß wir grade kurz zuvor in Paris den Jüngling gesehen hatten, der sich einen Splitter aus dem Fuße zieht; der Abguß der Statue ist bekannt und befindet sich in den meisten deutschen Sammlungen. Ein Blick, den er in dem Augenblick, da er den Fuß auf den Schemel setzte, um ihn abzutrocknen, in einen großen Spiegel warf, erinnerte ihn daran; er lächelte und sagte mir, welch eine Entdeckung er gemacht habe. In der Tat hatte ich, in eben diesem Augenblick, dieselbe gemacht; doch sei es, um die Sicherheit der Grazie, die ihm beiwohnte, zu prüfen, sei es, um seiner Eitelkeit ein wenig heilsam zu begegnen: ich lachte und erwiderte – er sähe wohl Geister! Er errötete, und hob den Fuß zum zweitenmal, um es mir zu zeigen; doch der Versuch, wie sich leicht hätte voraussehn lassen, mißglückte. Er hob verwirrt den Fuß zum dritten und vierten, er hob ihn wohl noch zehnmal: umsonst! er war außerstand, dieselbe Bewegung wieder hervorzubringen – was sag ich? die Bewegungen, die er machte, hatten ein so komisches Element, daß ich Mühe hatte, das Gelächter zurückzuhalten: – Von diesem Tage, gleichsam von diesem Augenblick an, ging eine unbegreifliche Veränderung mit dem jungen Menschen vor. Er fing an, tagelang vor dem Spiegel zu stehen; und immer ein Reiz nach dem anderen verließ ihn. Eine unsichtbare und unbegreifliche Gewalt schien sich, wie ein eisernes Netz, um das freie Spiel seiner Gebärden zu legen, und als ein Jahr verflossen war, war keine Spur mehr von der Lieblichkeit in ihm zu entdecken, die die Augen der Menschen sonst, die ihn umringten, ergötzt hatte.»[80]

Man fragt sich, weshalb Scheler auf Kleist nicht zu sprechen kommt. Mag sein, dass er ihm einfach nicht eingefallen ist.

Die geschilderte Szene nämlich enthält exakt die von Scheler gemeinte Rückwendung, vor allem im Bild der Reflexion durch das Spiegelbild. Indem ich mich bewusst sehe (so wie das Kind, das im Spiegel ein anderes sieht und darin plötzlich und zum ersten Mal sich selbst erkennt, noch ohne zu wissen, was dieses «selbst» bedeutet), bin ich nicht mehr naiv, nicht mehr einfältig, sondern herausgerissen aus meinem arglosen, meinem dem unmittelbaren Jetzt hingegebenen Tun, und ebendies, so sagt Scheler mit Recht, ist die Anfangsbedingung des Schamgefühls, das bei Kleist direkt angesprochen wird, wenn es heißt, der Erzähler habe Mühe gehabt, «das Gelächter zurückzuhalten», ein Gelächter, das die ohnedies wachsende Scham seines Freundes wohl unendlich vermehrt hätte.

Scheler schreibt: «Sieht man von allen besonderen Inhalten, ‹über› die wir uns schämen oder welche ‹die Scham erregen› können, und von allen Beziehungen, die zu einem Schamerlebnis gehören, wie das Sichschämen ‹vor jemand›, ab, so scheint die Hülle, der ‹Hof› gleichsam des Schameindruckes an dem eigenartigen Erleben zu haften, das stets vorhanden ist, wenn irgendeine der [...] geistigen Intentionen, die, lebendig vollzogen, in irgendwelche rein sachliche und überbiologische Inhalte oder Ziele verloren ist, gelegentlich einer plötzlichen *Zurückwendung* der Beachtung auf den stets dunkel mitgegebenen *Leib* sich an eine räumlich und zeitlich eng begrenzte, tierartige Existenz in der ganzen Menge ihrer Bedürftigkeiten gekettet findet.»[81]

Man kann sich, was Scheler hier meint, leicht vor Augen führen, wenn man sich an Traumsituationen erinnert, wo man, eben noch voller Hochgefühl in einer bestimmten Handlung begriffen, plötzlich merkt, dass man nackt ist. Und vermutlich jeder Mann wird sich an jugendliche Tage erinnern, wenn er im Freibad eine peinliche Erektion zu verbergen suchte. Der «dunkel mitgegebene Leib», wie Scheler etwas pathetisch sagt, tritt unerwünscht und plötzlich in Erscheinung und verursacht Scham.

Scheler sieht in der Genesis und ihrer Erzählung vom Sündenfall «in dunkler und bildhafter Weise» vorgebildet, was er mit eigenen Worten über die Scham genauer ausführt: «Etwas wie eine *Disharmonie des Menschen* zwischen dem Sinn und dem Anspruch seiner geistigen Person und seiner leiblichen Bedürftigkeit gehört also zur Grundbedingung des Ursprungs dieses Gefühls. Nur weil zum Wesen des Menschen ein Leib gehört, kann er in die Lage kommen, sich schämen zu *müssen*; und nur weil er sein geistiges Personsein als wesensunabhängig von einem solchen ‹Leibe› erlebt und von allem, was aus dem Leibe zu kommen vermag, ist es möglich, dass er in die Lage kommt, sich schämen zu *können*.»[82] Und später fügt er verstärkend hinzu: «Kein Gott und kein Tier vermag sich zu schämen. Aber der Mensch muß es.»[83]

Was Scheler Rückwendung nennt, kann auch durch einen Perspektivenwechsel ausgelöst werden. Als Beispiel nennt er den Maler und sein Modell. Die Frau, die sich ihm nackt präsentiert, empfindet keine Scham, weil sie sich in dieser Situation nicht als Individuum fühlt, sondern «als ein Schauplatz ästhetischer Phänomene». Die sachliche Beziehung kippt dann um, wenn der Maler «in seiner geistigen Intention auf das Individuum abirren» wird[84], wie Scheler sagt, wenn er also in der Frau nicht mehr das seinem Handwerk objektiv Gegebene erblickt, sondern die konkrete begehrenswerte Person. Sozusagen in diesem Augenblick erst wird die Frau ihrer Nacktheit gewahr, und sie wird sich schämen, es sei denn, sie vollzieht ebenfalls einen Perspektivenwechsel, indem sie im Maler nicht mehr den Künstler erblickt, sondern das gleichfalls begehrenswerte Individuum.

Eine eindrucksvolle Illustration des Gemeinten finden wir in dem Film *Die schöne Querulantin* (*La belle noiseuse*) von Jacques Rivette aus dem Jahr 1991, der seinerseits auf Balzac und seinen Roman *Das unbekannte Meisterwerk* zurückgeht. Der berühmte, doch schon seit zehn Jahren künstlerisch unfruchtbare Maler Frenhofer erhält eines Tages Besuch von einem jüngeren, ihn bewundernden Maler und dessen Freundin. Sie erklärt sich bereit, Frenhofer Modell zu stehen. Und nun folgt eine der vermutlich längsten Nacktszenen der Filmgeschichte. Die meiste Zeit des vier Stunden dauernden Films sehen wir die vollkommen entblößte Emmanuelle Béart im Kampf mit ihrem Widerpart, dem alternden Michel Piccoli.

In gewisser Weise ist die schöne junge Frau gar nicht nackt. Scheinbar emotionslos, ganz auf sich bezogen, umgibt sie sich mit einem Panzer der Unnahbarkeit. Ihre Blicke sind leer, verraten nichts von den Gefühlen, die sie vielleicht hat. Gelegentlich allerdings reagiert sie mit einer Art Trotz, denn der Maler zwingt sie ziemlich grob zu immer neuen Posen. Er sucht in diesem nackten Körper offenbar so etwas wie eine Wahrheit. Das einzige Geräusch in diesem nahezu stummen Film ist das Kratzen der störrischen Feder auf dem Papier.

Es gibt nun einen zunehmend gereizten Kampf zwischen dem vom Scheitern bedrohten Maler und seinem Modell, und dieser Kampf hat erotischen Charakter. Er besteht nicht darin, dass der Maler das Mädchen auf simple Weise sexuell begehrt, sondern darin, dass er ihr Innerstes, ihr Wesen ergründen will, um endlich sein Bild vollenden zu können. Aus der anfangs sachlichen, geradezu kalten Beziehung der beiden zueinander wird nach und nach eine persönliche. Dem Mädchen wird das Gelingen des Bildes allmählich wichtig (vielleicht auch deshalb, um endlich davonzukommen). Jedenfalls nimmt sie Anteil an diesem verzweifelt um seine Kunst ringenden Mann.

Beide vollziehen unmerklich einen Perspektivenwechsel. Er geschieht nicht völlig synchron, sodass Augenblicke eines Widerstreits oder einer Disharmonie entstehen, in die Empfindungen wie Scham, Peinlichkeit oder gar Lüsternheit einströmen.

Diese äußerst kurzen Augenblicke nimmt der Zuschauer durchaus wahr. Entscheidend aber ist, dass sie in der Hauptsache gar nicht wirksam werden. Die trotz der latenten erotischen Verheißung dominante Keuschheit des Films verdankt sich einerseits dem Kunstverstand seines nicht umsonst berühmten Regisseurs, andererseits dem schauspielerischen Können von Emmanuelle Béart. Sie ist in dieser Rolle insofern ohne Scham, als sie keinen Anlass hat, sich zu schämen. Und als Darstellerin dieser Rolle besitzt sie die Gabe, so selbstverständlich nackt zu erscheinen, dass sie unberührbar wirkt.

Max Scheler bemerkt zu dieser Konstellation: «Jene ‹Rückwendung› auf das Selbst, in deren Dynamik die Scham beginnt, stellt sich weder ein, wenn man sich als Allgemeines, noch wenn man sich als Individuum ‹gegeben› weiß, sondern wenn die fühlbare Intention des anderen zwischen einem individualisierenden und generalisierenden Meinen *schwankt* und wenn die eigene Intention und die erlebte Gegenintention hinsichtlich dieses Unterschiedes nicht gleiche, sondern entgegengesetzte Richtung haben.»[85]

Die «generalisierende Intention», um bei Rivette zu bleiben, können wir am Beginn der Sitzungen des Malers und seines Modells erkennen, wenn es sich noch um ein rein sachliches Arbeitsverhältnis handelt; das Hinüberwechseln in die «individualisierende Intention» geschieht dann allmählich und fast gleichzeitig, sodass die «Dynamik der Scham» nicht in Gang kommen kann. Es kann also auch keine Peinlichkeit entstehen, aber da typische äußere Bedingungen gegeben sind – die nackte Frau, der sie studierende Maler und Mann, schließlich der Zuschauer im Kino –, könnte sie jederzeit entstehen, und daraus gewinnt der Film seine Spannung.

KAPITEL V

SPIEGELUNGEN

Voyeurismus im Spiegel:
Egon Schiele zeichnet
einen Akt und sieht
sich beim Zeichnen
und zeichnet sich beim
Sehen (1910).

1. Pirandellos Experiment: Kann ich sehen, wie die anderen mich sehen? – Robert Spaemanns «innere Differenz»

Zu den Grundbedingungen von Scham und Peinlichkeit gehört das von Max Scheler «Rückwendung» genannte Moment der Reflexivität: Ich sehe mich selbst. Das klingt einfacher, als es ist. Wer ist dieses Ich, das mich sieht? Zunächst ist es ein Ich, das mich (sich) mit den Augen der anderen erblickt. Ich beobachte mich in einer bestimmten Situation so, als würden mich andere beobachten. Jetzt erst erkenne ich meine Nacktheit, und das bedeutet, schutzlos ausgeliefert zu sein. Diese Nacktheit kann bedeuten, dass ich unpassend angezogen bin, «overdressed» oder «underdressed», was mir je nach Lage und Stimmung peinlich ist. Die Nacktheit kann aber auch eine geistig-moralische sein. Ich erblicke meine spontanen Triebe und Begierden plötzlich mit dem Auge des Über-Ichs, wie Freud gesagt hätte, also in der Perspektive jener Werte und Verhaltensnormen, die mir anerzogen wurden und denen ich mich vielleicht aus wirklicher Überzeugung verpflichtet fühle, und dieser Perspektivenwechsel kann Schamgefühle in mir wecken, weil er mir den Abgrund zwischen meinem Sein und meinem Sollen vor Augen führt, und zwar ganz unabhängig davon, ob es in diesem Augenblick leiblich anwesende Zeugen meiner unerlaubten Wunschregungen gibt.

Diese Spiegelung setzt zwei verschiedene Akteure voraus: das Ich, das sieht, und das Ich, das gesehen wird. Der sizilianische Schriftsteller Luigi Pirandello hat daraus einen philosophisch-experimentellen Roman gemacht: *Einer, Keiner, Hunderttausend*, erschienen 1926. Der Erzähler, 28 Jahre alt, betrachtet sich eines Tages im Spiegel, als seine Frau ihn fragt, was er da mache. «‹Nichts›, antwortete ich, ‹ich schau' mir in die Nase, in dieses Nasenloch. Wenn ich darauf drücke, verspüre ich einen leichten Schmerz.› Meine Frau lächelte und sagte: ‹Ich dachte, du guckst dir an, nach welcher Seite sie sich dreht.› Ich fuhr herum wie ein Hund, den man auf den Schwanz getreten hat. ‹Dreht? Die Nase? Meine Nase?› Meine Frau erwiderte ungerührt: ‹Gewiß, Liebster. Schau sie dir nur gut an: sie dreht sich nach rechts.›»[86]

Der Erzähler betrachtet seine Nase genauer und kann nicht leugnen, dass sie ein bisschen schief ist. Es gelingt ihm nicht, über diese Kleinigkeit hinwegzugehen: «Vielmehr setzte sich in mir der Gedanke fest, daß ich für die anderen nicht derjenige war, der zu sein ich mir, in meinem Innern, bisher vorgestellt hatte.»[87] Tage später geht er mit einem Freund plaudernd über die Straße, als er plötzlich in einem Schaufenster jemanden gespiegelt sieht, den er augenblicksweise für einen Fremden hält, in dem er dann aber sich selbst erkennt. Er fragt sich: «War das wirklich mein Bild, das ich blitzartig gesehen hatte? Bin das wirklich ich, von außen betrachtet, wenn ich – während ich lebe – nicht an mich denke? Für die anderen bin ich also dieser Fremde, den ich im Spiegel überrascht habe: dieser dort, und nicht der, als den ich mich kenne: jener dort, den ich, als ich ihn erblickte, zuerst gar nicht erkannte. Ich bin dieser fremde Mensch, den ich nicht leben sehen kann, außer in einem unbedachten Augenblick, wie eben. Ein fremder Mensch, den nur die anderen sehen und kennen, nur ich nicht.»[88]

Und nun beginnt ein absurdes, ein wahnsinniges Experiment. Moscarda (so heißt er) will sich selber sehen, wie die anderen ihn sehen. Das heißt: Er will sich sehen, als wäre er nicht er, sondern ein anderer. Dazu allerdings muss er allein sein, wobei sich das folgende Problem stellt: «Mit sich können Sie niemals allein sein, sondern immer nur ohne sich. Alleinsein ist nur möglich, wenn ein Fremdes um Sie ist: eine Örtlichkeit oder eine Person, die von Ihnen überhaupt keine Kenntnis hat oder die Sie überhaupt nicht kennen, so daß Ihr Wille und Ihr Gefühl in angstvoller Ungewißheit schweben, und wenn mit dem Verlust Ihrer Daseinsbestätigung auch all das schwindet, was Ihrem Bewußtsein vertraut ist. Wirklich allein sind Sie nur an einem Ort, der für sich selber existiert und weder Spuren noch Stimme für Sie hat, wo also Sie der Fremde sind.» Aus dieser Hypothese schließt er: «Solcherart wollte ich allein sein. Ohne mich. Das heißt, ohne das Ich, das ich bereits kannte oder zu kennen glaubte.»[89]

Als seine Frau für einige Zeit das Haus verlassen hat, tritt er vor den Spiegel und überlegt: «Solange ich die Augen geschlossen halte, sind wir je einer: hier bin ich, und dort, im Spiegel, ist er. Ich muß, wenn ich die Augen öffne, verhindern, daß er ich wird und ich er werde. Ich muß ihn sehen, ohne selbst gesehen zu werden. Ist dies möglich? Sobald ich ihn sehe, wird er mich sehen, und wir werden uns erkennen. Besten Dank! Nicht mich will ich erkennen; ihn will ich kennenlernen, ihn, außerhalb meiner. Ist dies möglich? Meine Hauptanstrengung muß darin bestehen: nicht mich in mir zu sehen, sondern *von mir* gesehen zu werden, mit meinen eigenen Augen, doch so, als wäre ich ein anderer: jener andere, den alle sehen, ich aber nicht.»[90] Die Antwort auf die zweimalige Frage «Ist dies möglich?» lautet realistischerweise: Nein, es ist nicht möglich, und der Roman zeigt, warum das so sein muss.

Die Unmöglichkeit, dass ich mich so sehe, wie andere mich sehen, kann zu einer Quelle der Verunsicherung und des Selbstzweifels werden und dies wiederum zum Einfallstor externer Manipulation und Verführung, wie es Shakespeare in der folgenden Passage seines *Julius Cäsar* (erster Aufzug, zweite Szene) vorführt. Die Regieanweisung lautet «Ein öffentlicher Platz – In einem feierlichen Aufzug kommen Cäsar, Antonius, Calpurnia, Portia, Decius, Cicero, Brutus, Cassius...» Cassius nimmt Brutus beiseite und fragt ihn, weshalb er ihm so «störrisch und fremd» begegne (hier und im Folgenden die Übersetzung August Wilhelm Schlegels), er finde in seinem Blick die gewohnte Freundlichkeit nicht mehr. Brutus gibt zu, dass er bedrückt sei: «Seit kurzem quälen / Mich Regungen von streitender Natur, / Die Schatten wohl auf mein Betragen werfen. / Doch laßt dies meine Freunde nicht betrüben.» Darauf fragt Cassius: «Sagt, Brutus, könnt Ihr Euer Antlitz sehn?» Brutus antwortet: «Nein, Cassius, denn das Auge sieht sich nicht / Als nur im Widerschein durch andre Dinge.» Cassius: «So ist's; / Und man beklagt sich sehr darüber, Brutus, / Daß Ihr nicht solche Spiegel habt, die Euren / Verborgnen Wert Euch in die Augen rückten, / Auf daß Ihr Euren Schatten säht.» Cassius hebt hervor, wie gut man unter «den ersten Männern Roms» von Brutus denke. Der merkt die Schmeichelei und fragt: «Auf welche Wege, Cassius, lockt Ihr mich, / Daß Ihr mich heißt in meinem Innern suchen, / Was doch nicht in mir ist?» Doch Cassius, der das Komplott gegen Cäsar schmiedet und Brutus auf seine Seite ziehen will, fährt fort: «Und weil Ihr wißt, Ihr könnt Euch selbst so gut / Nicht sehn als durch den Widerschein, so will / Ich, Euer Spiegel, Euch bescheidentlich / Von Euch entdecken, was Ihr noch nicht wißt.»

Indem Cassius den Spiegel des Brutus spielt, führt er ihn zum Mord an Cäsar (und am Ende zum Selbstmord). Und indem Moscarda versucht, sein eigener Spiegel zu sein, endet er im Wahnsinn. Die folgenden zweihundert Seiten von Pirandellos Roman berichten davon, wohin ihn der Wahnsinn führt. Es handelt sich aber nicht nur um Wahnsinn, sondern auch um einen sozusagen umgekehrten Narzissmus. Während Narziss überall und immer nur das eigene Abbild zu sehen begehrt, sucht Moscarda überall das Bild jenes anderen, als der er in den Augen seines Gegenübers erscheint, sich selber aber nicht. Bei Narziss gibt es keine Reflexivität, weil er in der Spiegelung (Reflexion) nie etwas anderes erblicken kann als sein einfältiges Ich. Bei Moscarda gibt es keine Reflexivität, weil er in der Zwiefältigkeit zwischen seinem eigenen und dem von anderen gesehenen Ich nie sich selbst entdecken kann. Er sucht in der Spiegelung das andere, das gesehene Ich, das ihm insofern fremd ist, als es bloß das Bild der anderen von ihm ist und ihn selber letztlich nicht berührt.

Für beide, für Narziss und für Moscarda, gibt es keine Scham. Denn das Schamgefühl entsteht aus der geschwisterlichen Doppelung einer Ich-Empfindung, die plastisch ist. Sie kann sich von innen und zugleich von außen sehen, bleibt aber letztlich und eigentlich die einer einzigen Person. Geschwisterlich heißt: Beide Ich-Teile sind bei Gefahr der Schizophrenie aufeinander angewiesen, sie können einander freundschaftlich gesinnt sein, aber auch feindselig. Moscardas Experiment, das von Pirandello bis hin zur vollkommenen Absurdität geschildert wird, ist vor allem ein erhellendes Gedankenspiel, weil es sich mit der philosophischen Frage auseinandersetzt, was Reflexion eigentlich bedeutet.

Robert Spaemann spricht in diesem Zusammenhang von einer «inneren Differenz», die uns unter dem Titel «Reflexion» geläufig sei, und er sagt: «Reflexion ist nur eine ihrer Erscheinungsformen. Die Differenz bestimmt unser Dasein, auch wenn wir nicht reflektieren. Sie ermöglicht die Reflexion, sie beruht nicht auf ihr. Reflexion ist ein In-sich-Gehen. Aber die Differenz kann ebenso als ein Aus-sich-Heraustreten beschrieben werden, als ‹exzentrische Position›, wie Helmuth Plessner sie genannt hat. Für diese Position ist nicht so sehr das Ich-Sagen bezeichnend als vielmehr das Sprechen von sich selbst in der dritten Person. Kleine Kinder sprechen so für gewöhnlich von sich selbst, was in gewisser Weise erstaunlicher ist als das Ich-Sagen. Von sich selbst in der dritten Person sprechend, tritt der Mensch aus der Zentralstellung hinaus, die jedes natürliche Lebewesen im Verhältnis zu seiner Umwelt einnimmt, und sieht sich mit den Augen der anderen als ein Ereignis in der Welt. Um sich so zu sehen, muss er einen Standpunkt außerhalb seiner selbst, außerhalb seiner organischen Mitte einnehmen. Moralität ist nur aufgrund dieser Fähigkeit der Selbstobjektivierung und damit der Selbstrelativerung möglich.»[91]

Bei Pirandello geht es nicht um die realistische Abbildung einer vertrauten Situation, sondern um die Radikalisierung der «inneren Differenz». Vertraut und geläufig ist uns nicht die Aufspaltung des Ichs in zwei einander völlig fremde Wesen (was bei schweren psychischen Störungen der Fall sein dürfte), vertraut ist uns der Konflikt der einander benachbarten Innen- und Außenperspektive. Das Ich sieht sich selber abwechselnd mit dem inneren und dem äußeren Auge, und dieser Vorgang ist, wie Spaemann sagt, die Bedingung von Moralität, also auch von Schuld- und Schamgefühlen. Bei Menschen, die das noch nicht oder nicht mehr können, bei sehr jungen und sehr alten, schwindet das Schamempfinden oder ist noch gar nicht entwickelt. Bei sehr kranken oder sehr bösen Menschen kann es sich in sein Gegenteil wenden, in pure Aggressivität.

Niemandem, der moralisch intakt zu nennen wäre, ist die Selbstbeobachtung fremd. Sie kann jedoch grundsätzlich wohlwollend sein oder wesentlich kritisch, bis hin zu einer Feindseligkeit gegen sich selbst. Je mehr sich die Waage zur Selbstkritik neigt, umso größer folglich ist das Potenzial der Scham. Es ist zugleich das Potenzial der Literatur. Wer in Selbstzufriedenheit schwelgt, hat keinen Anlass zum Schreiben. Nur Erfahrungen der Unzulänglichkeit und des Versagens liefern die Energie zur poetischen Bewältigung, und die Literatur bietet zahllose Beispiele peinlicher Selbstbeobachtung.

2. Janet Frame und das Drama der Selbstbeobachtung – Wie wir lernen, zwischen uns und der Welt zu unterscheiden – Lacan und die «ursprüngliche Zwietracht»

Ein jüngeres Beispiel für die selbstbeobachtende Befangenheit ist der Roman *Dem neuen Sommer entgegen* von Janet Frame, geschrieben 1963 (erschienen posthum 2007). Die neuseeländische Schriftstellerin lebte von 1924 bis 2004, verbrachte einige Jahre, zum Teil freiwillig, wegen schizophrener Störungen in der Psychiatrie. Sie verfasste elf Romane, darunter den autobiographischen Roman *Ein Engel an meiner Tafel*, den Jane Campion 1990 verfilmt hat.

Der aus dem Nachlass herausgegebene Band *Dem neuen Sommer entgegen* erzählt von der Schriftstellerin Grace, die aus Neuseeland stammt, nun aber in London lebt und an einem Roman sitzt, der nicht vorangehen will. Sie entschließt sich zu einem «literarischen Schnitt», unterbricht den Roman und schreibt nieder, was sie in diesen winterlichen und weihnachtlichen Tagen erlebt. In der Hauptsache handelt es sich um einen Besuch bei Philip, dem Mitarbeiter einer literarischen

Zeitschrift, der von ihrem Werk offenbar viel hält. Daneben lesen wir anrührend und plastisch geschilderte Szenen aus frühen neuseeländischen Tagen.

Der Roman beginnt mit einer Postkarte von Philip, der sie bittet, ihn und seine Familie in einem Vorort Londons zu besuchen. Dort hinzufahren wäre keine große Unternehmung. «Nun war das Reisen für Grace nicht einfach; nichts ist einfach, wenn man einen Kopf hat, der sich immer nur Bröckchen aus der gefährlichen zersplitterten Außenwelt in die geheime sichere Innenwelt holt; wenn das Denken bei Nacht hinausschleicht wie ein in der Dunkelheit verborgenes Pelztier, um seine Beute zu erlegen und in seinen geheimen Bau in der geheimen Welt zurückzuschleppen».[92]

Man erkennt an diesem einprägsamen Bild sowohl das literarische Verfahren der Autorin als auch ihre Gefährdetheit. Hinauszugehen in die Außenwelt birgt erhebliche Risiken (man kann dabei verletzt werden, seelisch), und eben weil das so ist, glänzen die Funde, die sie dabei macht, in einem besonderen Licht, das wir stumpfen, abgebrühten Zeitgenossen auf die alltäglichen Dinge gar nicht werfen könnten. Daraus entsteht die unvergleichliche und auch unheimliche Poesie dieses Romans.

Für Grace erscheint die Außenwelt als Bedrohung der eigentlichen, der geheimen Innenwelt, und das Bild vom Pelztier erinnert an Kafkas Erzählung *Der Bau*, die Geschichte eines Maulwurfs (das wird nicht gesagt, aber wir können uns das beschriebene Tier als einen solchen vorstellen), der unablässig unterirdische Gänge und Verteidigungsanlagen gegen einen ungenannten Feind errichtet.

Frames Erzählerin ist versiert genug, um simple Psychologismen abzuwehren: «Es hat keinen Zweck zu sagen: Freud, Freud. Das wird oft gemacht, wissen Sie. So wie man einen muffigen Schwamm ausdrückt. Nichts war einfach, bekannt, sicher geglaubt, verbürgt. Wo nichts abgeschlossen, die Formen nicht umrissen waren und es nirgends einen Anfang gab, ließen sich keine Grenzen ziehen. Ein Sturm tobte, und in seiner Mitte stand Grace.»[93] Den Sturm bemerkt natürlich niemand außer ihr selber, und das macht die Sache noch schwieriger. Einmal erhält Grace Besuch von einem jungen Paar, und sie fragt sich: «Sehe ich wie eine Schriftstellerin aus? Ich sollte glattes schwarzes Haar haben, das mir über die Schultern fällt [...]; *interessant* sollte ich aussehen. Sehe ich überhaupt aus wie jemand, wie ich selbst?»[94]

Wer die Gefahr und auch die Chancen permanenter Reflexivität nicht kennt, müsste zurückfragen: Wie anders könnte sie denn aussehen als wie sie selbst? Reflexivität setzt eine mehr oder minder tiefe Spaltung voraus, die längere Zeit oder auch nur einen kurzen Augenblick, wie im Normalfall, andauern kann. Grace jedoch ist kein Normalfall. Sie träumt, sie habe sich in einen Zugvogel verwandelt, und sie redet mit sich selber: «Wie fühlst du dich?, fragte sie sich, nunmehr ohne Angst, fast mit Freude an der komischen Situation. – Nicht schlecht, antwortete sie. – Kaum verändert, nur erleichtert, dass ich es endlich weiß.»[95]

Für Grace liegen Innen- und Außenperspektive weit auseinander, und dieser Zustand scheint bei ihr notorisch zu sein. Er sorgt für eine ständige Schambereitschaft, er ist die Quelle einer permanent drohenden Peinlichkeit. Das wird offenkundig, wenn Grace tatsächlich dann doch ihre kleine Reise zu Philip antritt. Sie fürchtet sich davor: «Wie konnte sie übers Wochenende irgendwohin fahren, ohne irgendwann, irgendwo eine Bemerkung fallenzulassen, die überall nur Angst oder Mitleid oder Peinlichkeit auslösen konnte?»[96]

Endlich sitzt sie im Zug, neben ihr eine Frau, die eine Birne schält und in Stücke schneidet. Eines davon bietet sie Grace an. «Nein danke. – Ach, kommen Sie. – Nein danke, wirklich nicht, nein. […] – Kommen Sie, Sie sind die Einzige, die kein Stück will. – Ach, na schön, vielen herzlichen Dank, das ist sehr nett von Ihnen.»[97] Grace ist das alles entsetzlich peinlich, und zwar deshalb, weil sie sich plötzlich in einen Zusammenhang gestellt sieht, dem sie sich nicht gewachsen fühlt. Ihr fehlt jene Routine, die man mit dem Älterwerden erreicht, wenn sich eine sichere Grenze zwischen Innen und Außen gebildet hat und wenn der Umgang mit anderen Menschen eingeübt ist.

Grace wirkt in solchen Situationen wie ein Kind, und wahrscheinlich jeder erinnert sich an ähnliche Szenen seiner eigenen Kindheit, als man rot wurde, wenn man unversehens in den Mittelpunkt der unerwünschten Aufmerksamkeit von Fremden und Erwachsenen geriet. Es war ein Gefühl des Bloßgestelltwerdens, dessen Intensität natürlich auch von der Art der Erziehung abhing. Zur bürgerlichen Etikette der Nachkriegsgeneration gehörte die mittlerweile abgeschwächte Regel, Angebote oder Zuwendungen zunächst abzulehnen. In einem spontanen Ja hätte man eine unerzogene Gier, einen Mangel an Selbstbeherrschung erblickt. Erst die Wiederholung des Angebots erlaubte die Zustimmung, während eine erneute Ablehnung (wie im Fall von Grace) als Unhöflichkeit gegolten hätte.

Georg Simmel macht auf einen Umstand aufmerksam, der das Heraustreten aus der natürlichen Zurückhaltung, wie es etwa bei einer zufälligen Zugbekanntschaft geschehen kann, erleichtert. Es ist die zu erwartende Dauer einer Situation: «Alle Vergesellschaftungen werden im Charakter ihrer Form und ihres Inhalts aufs entschiedenste durch die Vorstellung der Zeitdauer beeinflußt, für die man sie bestimmt glaubt. […] Ob ein Kontrakt auf ein oder auf zehn Jahre abgeschlossen ist; ob ein geselliges Zusammensein auf ein paar Abendstunden oder wie bei einer Landpartie auf einen ganzen Tag berechnet ist; ob man an der Table d'hôte eines Hotels, das jeden Tag die Gäste wechselt, oder an der einer Pension, die für längeren Aufenthalt bestimmt ist, zusammenkommt – das ist bei sonst ganz gleichem Material, Gesinnung, Personencharakter des Zusammen für die Färbung seines Verlaufes durchaus wesentlich.»[98] Und Simmel erwähnt als Beispiel Begegnungen beim Reisen: «Die Reisebekanntschaft verlockt oft von dem Gefühl aus, daß sie zu nichts verpflichtet, und daß man einem Menschen gegenüber, von dem man sich in wenigen Stunden für immer trennt, eigentlich anonym ist, zu ganz merkwürdigen Konfidenzen, zu haltloser Nachgiebigkeit gegen den Äußerungstrieb, die uns in den gewöhnlichen langsichtigen Beziehungen nur die Erfahrung ihrer Konsequenzen einzudämmen gelehrt hat.»[99]

Für Grace allerdings ist es bezeichnend, dass sie sich gegen solche «Konfidenzen» hartnäckig sträubt. Die Heldin des deutlich autobiographischen Romans ist schon dreißig, hat sich aber die Empfindlichkeit und eben auch Unbeholfenheit eines Kindes bewahrt. Dass dies pathologische Züge hat, bemerkt die Erzählerin durchaus. Als Grace am Zielbahnhof endlich angelangt ist und auf Philip wartet, der sie abholen will, heißt es: «O Gott, dachte sie, ich werde dieses Wochenende nicht überstehen, ich kann nicht drei ganze Tage mit Menschen zusammen verbringen, mit ihnen reden, mit ihnen essen, ich kann nicht entscheiden, wann ich mich zu ihnen gesellen und wann ich sie allein lassen, wann ich ins Bett gehen und wann ich aufstehen soll. Was würden sie sagen, wenn sie wüssten, dass ich mich in einen Zugvogel verwandelt habe?»[100]

Nach außen hin geht, wie zu erwarten, alles gut, doch innerlich wird Grace von Gefühlen der Peinlichkeit und Verlegenheit unablässig gequält. Da ihr nichts selbstverständlich erscheint, nichts «einfach, bekannt, sicher geglaubt, verbürgt», steht jedes Handeln ebenso wie jedes Nichthandeln unter Verdacht. Wie soll sie sich am Morgen verhalten? «Sich in der Zeit verschätzend, wie üblich zu früh, kam Grace nach unten und fand dort Anne vor, beim Füttern der Kinder mit ihren Sugar Puffs. Merkwürdig außerstande, sich für ihr Eindringen zu entschuldigen, mit dem Empfinden, machtlos und verzaubert und wie ein Kind zu sein, setzte sie sich zu ihnen an den Tisch und wartete wie ein kleiner Vogel mit aufgesperrtem Schnabel auf ihre Zuteilung an Sugar Puffs.» Dann heißt es: «Grace schüttelte sich. Der kommende Tag erschien ihr so lang, so unbegrenzt und unerträglich mit Licht gefüllt; sie würde sich nirgends verstecken können.»[101]

Und Grace erinnert sich daran, wie ihre Eltern, wenn die Kinder draußen (in Neuseeland) auf der Weide gespielt hatten, beim Nachhausekommen «beinahe ängstlich» gesagt hatten: «Hoffentlich bringt ihr nichts von draußen rein!» Und dann heißt es: «Sie verstand auf einmal den Schrecken, der von ‹draußen› ausging, die ewigen Kämpfe dagegen, das Wohlbehagen und die tiefe Freude der Menschen, die ihre erste Nacht in der ersten Höhle verbrachten; doch auch sie mussten sich gegen Viecher und derlei von draußen zur Wehr setzen; kein Wunder, dass es einen Menschen in den Wahnsinn treiben konnte, wenn er fürchtete, dass seine letzte Zuflucht, die eigenen Gedanken und Träume, keinen Schutz boten.»[102]

Merkwürdig, wie die Erzählerin hier das reale Draußen mit dem seelischen gleichsetzt, denn die Furcht der Eltern bezieht sich zweifellos darauf, dass die Kinder Schmutz oder Insekten in die Wohnung tragen könnten, und sicherlich mag auch das Gefühl eine Rolle gespielt haben, das Gehege des Hauses gegen die Wildnis schützen zu müssen. Zugleich aber wird der schutzwürdige reale Raum als letzte Zuflucht eigener Gedanken und Träume verstanden, als der innere Raum, der gegen die Zudringlichkeit anderer verteidigt werden muss.

Die Verteidigung wird umso schwieriger, je unsicherer, durchlässiger die Grenze zwischen Innen und Außen ist, und dann entstehen komische Szenen wie diese: «Eine Zigarette? – Nein danke, ich rauche eigentlich nicht. Ach, ich nehme doch eine, danke. Ich rauche nur in Gesellschaft.»[103] Die Komik kann nur deshalb entstehen, weil die Erzählerin die ganze Situation plastisch zu sehen vermag, sie erkennt nicht allein das Unvermögen und die Überempfindsamkeit ihrer Heldin, sondern auch das vollkommen Durchschnittliche ihrer Gastgeber. Beim Mittagessen legt man eine Schallplatte auf, und Grace, ganz ergriffen von der Musik, beginnt zu weinen. «Verzeihung, Verzeihung. Das kommt einfach, wenn ich Musik höre. Sie unterdrückte ihre Tränen; sie zitterte. – Wie gedankenlos von uns!, rief Anne aus. – Hätten Sie doch nur was gesagt!» Und später heißt es: «Das ist Bach, oder?, sagte Anne. – Ja ... ich bin nicht sicher ... ich glaube ja, sagte Grace. – Das wird Philip gefallen, sagte Anne. – Wir hatten noch nie jemanden zu Besuch, der geweint hat.»[104] Es handelt sich allerdings nicht um Bach, sondern um Händel, wie sich kurz danach herausstellt.

Erstaunlich an diesem Roman ist die beklemmende und oft auch komische Spannung zwischen Pathologie und Poesie, zwischen einer bedrohlichen Empfindsamkeit und einer hellsichtigen Ironie. Scham und Ironie sind ja beide Formen einer Distanz zu sich selbst, diese allerdings ist eine absichtlich herbeigeführte, jene eine unfreiwillig erlittene. Im Fall von Grace korrespondiert dieses Erleiden mit der Unfähigkeit, zwischen sich selber und der Außenwelt in jedem Fall klar unterscheiden zu können. Sie neigt dazu, alles auf sich zu beziehen, so wie sie Händels Musik hört, als würde sie eigens und just in diesem Augenblick für sie gespielt. Es fällt ihr schwer, die Distanz richtig einzustellen, und in einer wiederum komischen Szene wird geschildert, wie sie ein scheinbar kontroverses Sprachspiel zwischen Anne und Philip unmittelbar auf sich selbst bezieht, wie sie dieses Missverständnis durchaus bemerkt, ihm gleichwohl auf eine für sie peinliche, nämlich peinigende Weise ausgeliefert ist. Janet Frames Roman zeigt eine besondere Form der Selbstbeobachtung und Selbstbespiegelung: Der Spiegel gleicht der Oberfläche eines ständig sich verändernden Wassers, eines von Wind und Wellen bewegten Sees, und jede Spiegelung verändert das Bild.

In der Psychoanalyse gilt die Selbstwahrnehmung im Spiegel als der Beginn der Persönlichkeitsbildung. Jacques Lacan hat 1949 darüber einen Vortrag gehalten: *Le stade du miroir comme formateur de la fonction du Je* (Das Spiegelstadium als Bildner der Ichfunktion). Lacan sagt: «Das Menschenjunge erkennt auf einer Altersstufe von kurzer, aber durchaus merklicher Dauer, während der es vom Schimpansenjungen an motorischer Intelligenz übertroffen wird, im Spiegel bereits sein eigenes Bild als solches. Dieses Erkennen wird signalisiert durch die illuminative Mimik des *Aha-Erlebnisses.*»

Lacan nennt es ein «ergreifendes Schauspiel», wenn der Säugling, gestützt durch die Arme der Mutter, «in einer Art jubilatorischer Geschäftigkeit aus den Fesseln eben dieser Stütze aussteigen, sich in eine mehr oder weniger labile Position bringen und einen momentanen Aspekt des Bildes noch einmal erhaschen will». Lacan erblickt darin «eine ontologische Struktur der menschlichen Welt».[105] In diesem Augenblick nämlich entsteht die erste Beziehung «zwischen dem Organismus und seiner Realität – oder, wie man zu sagen pflegt, zwischen der *Innenwelt* und der *Umwelt*».[106] Und diese Beziehung ist nicht harmonisch, denn das Kind sieht (etwa im Alter von sechs Monaten) das Bild eines Körpers, den es sich mangels ausgebildeter Motorik noch gar nicht aneignen kann – Lacan spricht von einer «*spezifischen Vorzeitigkeit* der menschlichen *Geburt*» und einer daraus resultierenden «ursprünglichen Zwietracht». Wir haben also in dieser Spiegelsituation das Ur-Modell der von Pirandello dramatisierten Spaltung, und hier liegt auch die psychologisch verstandene Seite der von Robert Spaemann beschriebenen «inneren Differenz».

Was genau spaltet sich da? Um das zu verstehen, ist es hilfreich, die von der Psychoanalyse eingeführte Unterscheidung zwischen Ich und Selbst aufzugreifen. Ohne dem subtilen und oft auch kontroversen wissenschaftlichen Diskurs genauer folgen zu wollen, kann man sagen: Das Ich ist der Kern der Persönlichkeit, der Ursprung unseres Empfindens; das Selbst hingegen ihre aus der Begegnung mit anderen geformte Seite. Das Ich und das Selbst treten im kritischen Augenblick auseinander.

Die «ursprüngliche Zwietracht» ist in höchstem Maße ambivalent. Sie beginnt mit der Vertreibung aus dem Paradies, sie ermöglicht Reflexion und damit das Denken überhaupt, sie verursacht Zweifel und Schmerz. Und damit bildet sie natürlich auch die Antriebskraft aller künstlerischen Bemühungen. Das Werk ist der Spiegel, den der Künstler sich vorhält, um sich selber zu sehen oder um zu zeigen, wie ein anderer ihn sieht oder wie er gesehen oder auch nicht gesehen werden will. Das erklärt die Anziehungskraft, die das Selbstbildnis in der Bildenden Kunst bis heute ausübt. Dem entspricht in der Literatur das Tagebuch. Es ist die genuine literarische Form der Spiegelung, und es ist der Ort, wo sich das schreibende Subjekt am freiesten entfalten kann, unbehindert durch formale Zwänge oder Vorgaben.

Das heißt nicht, dass wir dort in jedem Fall so etwas wie Wahrheit antreffen, eine verlässliche, zutreffende Beschreibung von Ereignissen oder Personen. Denn auch und gerade das Tagebuch gibt Raum für Inszenierungen, Verkleidungen, Täuschungen. Und doch zeigt es zumeist ein Bemühen um Aufrichtigkeit, Wahrhaftigkeit sich selbst gegenüber. Es geht um Selbsterforschung. Natürlich gibt es viele Tagebücher, die kaum mehr als eine Chronik äußerer Ereignisse sind. Andere wiederum dienen dem Notat von Einfällen, Maximen und Reflexionen.

Für unseren Zusammenhang der Spiegelung jedoch sind die quasi selbstbildnerischen Tagebücher äußerst aufschlussreich, und als Beispiel dafür seien die Tagebücher von John Cheever genannt.

3. John Cheever: Das Tagebuch als Ort der Selbstbefragung – Das Ich als ästhetisches Projekt

Der amerikanische Schriftsteller John Cheever, Autor berühmt gewordener Romane und Erzählungen, Träger des Pulitzerpreises 1979, lebte von 1912 bis 1982. Von seinen mehr als 20 000 Seiten umfassenden Tagebüchern erschien 1991 eine von seinem Sohn autorisierte und von seinem einstmaligen Lektor zusammengestellte Kurzfassung, die, obwohl sie einfachsten editorischen Maßstäben in keiner Weise genügt, den Nachruhm Cheevers erheblich befördert hat. Wir lesen darin von seinem jahrzehntelangen, schließlich erfolgreichen Kampf gegen den Alkoholismus, erfahren von seinen zuweilen dramatischen Eheproblemen und seiner immer deutlicher werdenden homosexuellen Neigung. Seitensprünge mit anderen Frauen verschweigt er ebenso wenig wie Liebschaften mit Männern. Offen spricht er über seine ständige sexuelle Begierde, klagt über das oftmals abweisende Verhalten seiner Frau, die er dennoch liebt, und freut sich über die zu seltenen glückhaften Begegnungen.

Bemerkenswert ist, dass Cheever, obwohl praktizierender Katholik, wegen der Verfehlungen auf erotischem Gebiet nur geringe Scham zu empfinden scheint. Die Sexualität gilt ihm als Quell des Lebendigen, als ein Mittel, sich selbst auf schöne, fast unschuldige Weise zu erfahren und zugleich über sich hinauszukommen. Nein, die Quelle seiner Scham ist einerseits sein Gefühl, als Schriftsteller zu versagen; andererseits und in der Hauptsache seine Trunksucht.

1952 notiert er: «Wenn die Selbstzerstörung ins Herz zu dringen beginnt, erscheint sie nicht größer als ein Sandkorn. Kopfschmerzen, ein leichter Fall von Verstopfung, ein entzündeter Finger; aber du verpaßt den 8.20 und kommst zu spät zur Besprechung über die Kreditverlängerung. Der alte Freund, mit dem du dich zum Mittagessen triffst, strapaziert plötzlich deine Geduld, und im Bestreben, freundlich zu bleiben, trinkst du drei Cocktails, aber inzwischen hat der Tag Form, Sinn und Bedeutung verloren. Um ihm wieder ein wenig Zweck und Schönheit zurückzugeben, trinkst du zuviel auf Cocktailparties redest zuviel machst dich an jemandes Ehefrau ran tust schließlich etwas Törichtes und Obszönes und wünschst dir am Morgen du wärst tot. Aber wenn du versuchst, zurückzuverfolgen, wie du in diesen Abgrund geraten bist, findest du nichts weiter als ein Sandkorn.»[107]

Und 1959 schreibt er: «Ein Suffkampf in vier Runden, der damit beginnt, daß ich, als ich Susie in die Stadt fahre, in Ardsley nervöse Magenschmerzen bekomme. Es gibt den üblichen psychologischen Aufruhr, ich trinke zwei Martinis vor dem Mittagessen und fühle mich sehr ausgelassen. Ich habe das Gefühl, Anspruch auf diese Drinks zu haben. Der Nachmittag vergeht, und der Aufruhr wird stärker, und als ich nach Hause komme, denke ich, daß ich ein paar Cocktails verdient hätte. Ich weiß, daß ich am nächsten Morgen auf Federico aufpassen muß – ich kann nicht arbeiten –, und das nehme ich dann als Ausrede, um nach dem Abendessen zu trinken. Am Morgen geht's mir schlecht, ich bin mir zuwider, ich bin verzweifelt, komme mir obszön vor.»[108]

Wir sehen hier das Tagebuch als Spiegel, in dem das eine Ich (das schreibende) das andere Ich (das lebende) beobachtet, wir sehen, auf welch verschiedene Weise der Autor seinen «Gegenstand» anredet. Einmal auf die übliche Weise als «Ich», ein andermal als «Du» und hier, in einem weiteren Beispiel, in der dritten Person: «Auf die tödliche Gefahr des Narzißmus hin: Ich bin also dieser alte Mann, der da auf seinen Hockey-Schlittschuhen seine Runden auf dem zugefrorenen Ententeich dreht und hin und wieder innehält, um sich über die Schönheit des winterlichen Sonnenuntergangs auszulassen. Und ich bin derjenige, den man am frühen Sommermorgen zur heiligen Kommunion in einer Hochkirche radeln sehen kann, wo noch das Knie gebeugt und das Cranmer-Gebetbuch benutzt wird. Ich bin auch derjenige, dessen laute Lustschreie durch die Wände des Millstream Motels zu hören sind.»[109]

Die Spiegelung ist nun ganz konkret: Der Autor betrachtet sich wie einen anderen Mann. Doch er weiß, dass er dieser andere ist. Was meint er mit der «tödlichen Gefahr des Narzißmus»? Die Passage wurde sehr spät geschrieben, 1981, ein Jahr vor seinem Tod. Damals wusste er von seiner Krebserkrankung noch nichts. Er hatte seinen Alkoholismus überwunden, sich mit dem Alter auf freundliche Weise abgefunden, noch erlebte er die Freuden der Sexualität. Er war ein unterdessen anerkannter, erfolgreicher Schriftsteller und auf eine für ihn ungewohnte Weise zufrieden. Und ebendiese Zufriedenheit schien ihm, dem kritischen Beobachter seiner selbst, in Selbstgefälligkeit auszuarten. Das machte ihn stutzig.

Wenn man die Tagebücher als Ganzes betrachtet, so sieht man eine Art Schamkurve, die in jungen Jahren jäh ansteigt und mit wachsendem Alter allmählich absinkt. Darüber scheint er sich zu wundern. Schon 1960 schreibt er: «Ich spaziere durch die Stadt. Hier und dort sehe ich ein Gesicht, das mich an die reine Begeisterung erinnert, mit der wir unser Zusammensein genießen, und ich meine damit alle möglichen Formen: Freundschaftlichkeit, Herumblödeln, geistige Befruchtung, Zärtlichkeit und das dunkelste Kopulieren. Und hier und dort sehe ich ein Gesicht, das mich mit tiefer Trauer an die Tatsache erinnert, daß ich nicht mehr jung bin, daß ich Verluste erlitten habe und nicht zufrieden bin und daß das Gefühl, auf einem Bordstein zu stehen und ruhig von gleich zu gleich in die Welt hinauszublicken, wie ein junger Mann es tut, verschwunden ist.»[110]

Diese Distanz zu sich selber, die in den späteren Jahren abnimmt, ist die Bedingung seiner extremen Wahrnehmungsempfindlichkeit, und fast hat man das Gefühl, als hingen die Fähigkeit, Scham zu empfinden, und die Fähigkeit, andere Menschen, die Natur und das Wetter zu beobachten, aufs engste miteinander zusammen. Die Lektüre dieser Tagebücher ist deshalb so berührend, weil Cheever auf die äußeren Eindrücke reagiert wie ein Fieberkranker, der alles intensiver, unmittelbarer erlebt als ein Gesunder. Dann lesen wir die wunderbarsten Beschreibungen von der Verfärbung des Herbstlaubes und vom Einbruch des Winters mit den ersten Schneefällen. Schnee liebt er über alles, er verkörpert das Unberührte, Unbefleckte. Denn als befleckt erlebt er sich selbst allzu oft: «Ich habe den Fensterladen am Westfenster nicht repariert. Ich habe weder den Sand für die Auffahrt besorgt, noch habe ich den Sprit für die Kettensäge gemischt. Ich habe meine Wäsche nicht zur Trockenreinigung gebracht. [...] Ich habe meine Frau fälschlich der Untreue bezichtigt und meiner einzigen geliebten Tochter ins Gesicht gesagt, sie sei unmenschlich und habe keine Freunde. Ich bin versoffen, schmutzig, herzlos, verbittert und lüstern gewesen.»[111]

Und wenn er von der «einzigen geliebten Tochter» spricht, so ist darin eingeschlossen, dass er seinen jüngsten Sohn womöglich noch mehr liebt. Die Spaziergänge, die er mit ihm unternimmt, gehören zu den schönsten Passagen des Buches. Dem entspricht dann wieder das völlige Selbstzerwürfnis – «ich schäme mich zutiefst, daß ich so streitsüchtig bin. Ich glaube, ich werde dazu getrieben, ich glaube, ich bin dazu bestimmt, mich so miserabel zu benehmen, und doch schäme ich mich zutiefst. Ich schäme mich zutiefst.»[112] Ja, wir glauben es ihm und sind berührt. Doch: Wer ist das eigentlich, vor dem er sich schämt? Offenbar vor sich selbst. Wenn das zutrifft, haben wir erneut diese «ursprüngliche Zwietracht» (Lacan), die Zwietracht zwischen dem eigentlichen, gewissermaßen vegetativen Ich und dem sozialisierten Ich, das wir auch Selbst nennen können. Diese Differenz ist der Ursprung aller Schamgefühle.

Man kann sich fragen, welche Art von Ich wir in solchen Bekenntnissen vor uns haben. Karl-Heinz Bohrer trifft die Unterscheidung zwischen einem Ich, das auf Wahrheit und Authentizität aus ist, und einem Ich, das sich selber auf dem Weg sprachlicher Inszenierung erst erfindet.[113] Als Beispiel für das authentische, sich entblößende Ich zitiert Bohrer den berühmten Anfang der *Bekenntnisse* Rousseaus: «Ich beginne ein Unternehmen, das bis heute beispiellos ist und dessen Ausführung keinen Nachahmer finden wird. Ich will meinen Mitgeschöpfen einen Menschen in seiner ganzen Naturwahrheit zeigen; und dieser Mensch werde ich selbst sein.» Und Rousseau stellt sich vor, er werde am Ende aller Tage vor dem obersten Richter stehen und ihm sagen: «Ich habe mich so gezeigt, wie ich war: verächtlich und niedrig, wann ich es war; gut, hochherzig, groß, wann ich es war. Ich habe mein Inneres enthüllt.»[114]

Gegen diese forcierte Naivität setzt Bohrer das «romantische Ich», das keine wie immer geartete realistische Abbildung seines Lebens anstrebt, sondern im Gegenteil die Realität dieses Lebens (und damit sich selbst) steigern, überbieten, poetisieren will. Dieses Ich versteht sich als ein ästhetisches Projekt, und es versucht, im Prozess des Schreibens eine andere Wahrheit zu entdecken. Während die Wahrheit der Lebensnähe, der Rousseau sich mit größtem Pathos verpflichtet, möglicherweise auf grandioser Selbstüberschätzung beruht und letztlich nur eine andere Form der Selbstinszenierung bedeutet.

Gernot Böhme fragt sich, ob nicht die radikale Strategie der Aufrichtigkeit dadurch zuschanden werde, dass die Bekenner (er meint Augustinus und Rousseau) ihre Bekenntnisse zum Buch gemacht hätten. Bei Augustinus und seinen *Confessiones* sieht er die erste radikale Selbstentblößung, geradezu «eine Literatur der Schamlosigkeit». Doch die christliche Bekenntnisliteratur hat einen anderen Adressaten als das Publikum, nämlich Gott. Und Böhme fragt: «Was sollte auch Scham vor dem Auge Gottes?» Bei Rousseau sei unverkennbar, dass ihn noch in der Darlegung seiner Verderbnis die Eitelkeit eingeholt habe.[115]

Das Ich in der Literatur ist immer ein gespiegeltes. Der Akt des Schreibens geht unweigerlich einher mit Formgebung, Übersetzung, Inszenierung. Das betrifft auch den Ausdruck der Scham. Die Scham, die ein Ich im konkreten Augenblick unwillkürlich, widerwillig empfindet, ist eine andere als die im Text Gestalt gewordene Scham. Das bedeutet wohlgemerkt nicht, diese sei weniger «wahr» als jene. Der Unterschied besteht nur darin, dass wir uns über das zur Sprache gewordene Schamgefühl verständigen, vielleicht daraus lernen können. Das andere bleibt bloß für sich.

Für die Dichter ist die Frage nach dem Ich ein altes Problem, und der russische Lyriker Andrej Wosnessenskij hat daraus ein Gedicht gemacht, das zwischen Satire, Spott und tieferer Bedeutung die Waage hält. Es trägt den Titel «Selbstabschweifung» und ist bezeichnenderweise Jean-Paul Sartre gewidmet (zu Sartre siehe das folgende Kapitel):

Bin ein Spektrum, bin liiert.
Es hausen sieben Ichs in mir.

Wie sieben Tiere – unerträglich.
Das allerblaueste bläst Flöte.

Und in der Frühlingsnacht
Träumt mir, ich sei Nummer acht.[116]

KAPITEL VI

BLICKE UND TERRITORIEN

König Kandaules überredet seinen Freund Gyges, die Königin beim Entkleiden heimlich zu beobachten. Das Motiv hat viele Maler inspiriert, hier den Flamen Jacob Jordaens (1646).

1. Voyeurismus – Herodot: *Historien* – Hebbel: *Gyges und sein Ring* – Botho Strauß: *Schlußchor*

Für die Empfindung der Scham spielt das Auge eine entscheidende Rolle. In einem bestimmten, schutzlosen Augenblick gesehen zu werden, kann eine derart tiefe Scham erzeugen, dass radikale Genugtuung unausweichlich erscheint. Von einem solchen Fall erzählt Herodot in seinen *Historien*, geschrieben etwa in der Mitte des 5. Jahrhunderts v. Chr. Die Geschichte des heimlichen Beobachtetwerdens, mit der Herodot sein Buch beginnt, hat sich in unzähligen Varianten fortgepflanzt, was in der Hauptsache daran liegt, dass sie den Ur-Mythos einer existenziellen Angst darstellt. Jeder weiß von ihr, jeder kennt das in Albträumen auftauchende Erschrecken, unversehens gesehen zu werden, und viele Filme spielen mit dieser Angst, mit dem Gang durch Zimmer und Flure, hinter deren Türen der unheimliche Beobachter sich verbirgt. Diese Angst ist die schwarze Variante des Spiels «Ich seh etwas, was du nicht siehst!».

Bei Herodot nun geht es um den lydischen König Kandaules und dessen Leibwächter Gyges. Ihm gegenüber brüstet sich der König mit der Schönheit seiner Frau und sagt: «‹Gyges, du glaubst mir anscheinend nicht, was ich dir von der Schönheit meiner Frau erzähle; den Ohren glauben ja die Menschen weniger als den Augen. Sieh doch zu, daß du sie einmal nackt sehen kannst!› Gyges aber schrie laut auf und sagte: ‹Herr, was sprichst du da für sinnlose Worte! Du sagst, ich soll meine Herrin nackt sehen? Mit dem Gewand, das sie ablegt, zieht eine Frau auch ihr Schamgefühl aus.›»[117]

Zweierlei ist an diesem frühen Text bemerkenswert. Erstens, mit welcher Entschiedenheit er Schamgefühl und Nacktheit aneinander koppelt, was sich heutzutage nicht mehr von selbst versteht. Und zweitens die Bemerkung, der Mensch glaube seinen Ohren weniger als den Augen. Stimmt das? Vertraut mit den technischen Möglichkeiten optischer Manipulation, die inzwischen jeder Computer bietet, wissen wir, wie sehr der Augenschein trügen kann. Und doch bleibt der Sehsinn etwas Besonderes. In seiner *Soziologie* bemerkt Georg Simmel: «Unter den einzelnen Sinnesorganen ist das Auge auf eine völlig einzigartige soziologische Leistung angelegt: auf die Verknüpfung und Wechselwirkung der Individuen, die in dem gegenseitigen Sich-Anblicken liegt. Vielleicht ist dies die unmittelbarste und reinste Wechselbeziehung, die überhaupt besteht.»[118]

Was ist das Besondere dieser Wechselbeziehung? «In dem Blick, der den Anderen in sich aufnimmt, offenbart man sich selbst; mit demselben Akt, in dem das Subjekt sein Objekt zu erkennen sucht, gibt es sich hier dem Objekte preis. Man kann nicht durch das Auge nehmen, ohne zugleich zu geben. Das Auge entschleiert dem Andern die Seele, die ihn zu entschleiern sucht.» Und Simmel fügt hinzu: «Hieraus wird erst ganz verständlich, weshalb die Beschämung uns zu Boden blicken, den Blick des Andern vermeiden läßt. Sicher nicht nur, weil uns so mindestens sinnlich festzustellen erspart bleibt, daß und wie uns der Andere in solch peinlicher und verwirrender Lage anblickt; sondern der tiefere Grund ist der, dass das Senken meines Blicks dem Andern etwas von der Möglichkeit raubt, mich festzustellen. […] Wer den Andern nicht ansieht, entzieht sich wirklich in gewissem Maße dem Gesehenwerden.»[119]

Wer jedoch den anderen anblickt, setzt sich dem Gesehenwerden aus, und was das bedeutet, konnte man in einer als großes Kunstereignis verstandenen Aktion der Performance-Künstlerin Marina Abramovic erleben. Es war im Frühjahr 2010, als sie sich anlässlich einer ihrem Werk gewidmeten Ausstellung im Museum of Modern Art (New York) einem solchen Gesehenwerden in einer Weise aussetzte, wie es wohl niemals zuvor geschehen war.

Es gibt eine DVD über die Performance *The Artist is Present*[120], und man kann dort erleben, was Sehen in Wahrheit bedeutet. Abramovic sitzt in dem von umherwandelnden oder die Szenerie beobachtenden Besuchern frei gehaltenen, abgegrenzten Quadrat eines großen Raumes unbewegt auf einem Stuhl und konfrontiert die wechselnden Ausstellungsbesucher, die ihr gegenüber jeweils Platz nehmen, mit sich. Die Künstlerin fährt sich mit der flachen Hand von oben nach unten über ihr Gesicht, als entferne sie die Blickberührungen des eben gegangenen Besuchers, sie öffnet dann ihre Augen und blickt ihr neues Gegenüber unverwandt an. Es ist kein Starren, schon gar kein leeres Blicken, sondern ein Schauen, das Offenheit bedeutet und die Offenheit des anderen ermöglicht, sogar herausfordert.

Die Kamera zeigt die Dramatik dieser Blickwechsel, und sie wirken gerade so, als ob die Blicke beider ineinander eindringen wollten und es von Fall zu Fall auch wirklich täten. All dies hat auf sichtbare und extreme Weise mit Schamgefühlen zu tun. Neben Ausweich- und Ablenkungsmanövern, die sich in einem Lächeln, Grinsen oder Blinzeln äußern, sieht man auch – und das ist sehr berührend –, wie manche in Tränen ausbrechen. Mit Demütigung hat das nichts zu tun, denn Abramovics Schauen hat etwas Teilnahmsvolles und Unberührbares zugleich. Es hat damit zu tun, dass die weinenden Besucher die Blickbarriere, mit der wir uns im Alltag schützen, plötzlich preisgegeben haben und willentlich-unwillentlich schutzlos geworden sind. Abramovic gerät in solchen Augenblicken in eine priesterliche, gottähnliche Rolle. Für den Gläubigen ist Gott nicht der allgegenwärtige Voyeur, sondern der, dessen Blick er sich anvertrauen kann. Ähnlich auch hier: Die Besucher, die sich dem Blick der Künstlerin öffnen (es sind keineswegs alle), können das nur tun, weil und indem sie sich ihr anvertrauen, und das ist auch eine Sache des Glaubens. Die Kunst bewegt sich in eine religiöse Dimension.

Abramovics Aktion ist, wie fast alle ihre Performances, eine Grenzüberschreitung und latente Selbstüberforderung. Man sieht auf der DVD, wie sie unter dem Diktat ihres Experimentes zu zerbrechen droht. Sie hat es drei Monate lang durchgehalten, sechs Tage in der Woche, sieben Stunden am Tag. Und sie wirkt am Ende geradezu tödlich erschöpft. Sie habe nicht geahnt, sagt sie einmal, wie schmerzbeladen die Menschen seien. Man kann hinzufügen: Dieser Schmerz besteht oftmals darin, dass viele Menschen niemanden haben, der sie wirklich ansieht. Sie haben nicht einmal die Chance, sich unter dem Blick eines anderen zu schämen, weil sie einsam sind.

Die Performance *The Artist is Present* zeigt die Vieldeutigkeit des Gesehen- und Erblicktwerdens in einer frei gewählten, offenen Situation. Verschärft und beschämender ist die Lage, wenn ich in meiner Entblößtheit, sei es einer seelischen oder körperlichen, angeblickt werde, ohne es zu wissen, und diesen enthüllenden Blick erst mit Verzögerung bemerke, wenn ich also keine Chance habe, demjenigen, der mich anblickt, meinerseits mit meinem Blick zu widerstehen und in eine Wechselwirkung einzutreten. Dann fühle ich mich unweigerlich als Opfer. Das Schamgefühl, das damit verbunden ist, kann sowohl mich, den Beobachteten, ergreifen wie auch den Beobachter, und es kann sich in vielen alltäglichen Situationen ereignen.

Eine zufällige und bezeichnende Szene schildert John Cowper Powys in seinem Roman *Wolf Solent* (1929). Der gleichnamige Held der Geschichte kehrt nach einigen Besorgungen auf das Anwesen seines adligen Arbeitgebers zurück, wo auch seine kürzlich zugezogene Mutter Unterkunft gefunden hat. Es heißt: «Er fand seine Mutter im Wohnzimmer des netten Landhäuschens beim Tee. Er konnte einen unbeobachteten Blick auf sie werfen, als er sich dem Fenster näherte, und es erschütterte ihn ziemlich stark, einen Ausdruck in ihrem Gesicht zu bemerken, den er noch nie zuvor gesehen hatte. Sie saß bewegungslos, die ausgestreckten Hände an den Tischrand gestemmt und den Blick ins Leere gerichtet. Ihre braunen Augen hatten von dem Gesichtswinkel aus, in dem er sie erblickte, einen niedergeschlagenen, müden, hilflosen Ausdruck, und sogar die Umrisse ihres furchtgebietenden Kinnes waren entspannt, gerunzelt, trostlos. Er hatte ein seltsames Gefühl der Scham, sie so ertappt zu haben, als wäre dies die unanständige Entblößung irgendeiner geheimen Entstellung; und eilig und lärmend betrat er das kleine Haus.»[121]

Zum Verständnis der Situation muss man hinzufügen, dass für Wolf, der sich zwischen zwei sehr gegensätzlichen Frauen nicht zu entscheiden vermag, die Beziehung zu seiner ebenso sinnlichen wie dominanten Mutter eine problematische Konstante bildet, von der er sich vergeblich zu lösen sucht. Wie auch immer: Wolf Solent ist schuldlos an dieser kleinen Begebenheit. Es spricht für ihn, dass er seinen unbeabsichtigten Voyeurismus als beschämend empfindet und ihn dadurch beendet, dass er sich geräuschvoll zu erkennen gibt.

Herodots Geschichte ist ungleich dramatischer, weil Kandaules rüde vorschlägt, Gyges solle seine Frau «nackt» erblicken. Gegen dessen Widerrede führt er ihn ins Schlafzimmer, an einen Platz hinter der Tür, von dem aus Gyges beobachten kann, wie die Frau sich entkleidet. Das tut Gyges. «Die Frau aber sah ihn beim Weggehen und merkte, daß der Gatte ihr dies angetan hatte. Sie schrie trotz ihrer Schande nicht auf und ließ sich nichts anmerken; aber sie wollte sich an Kandaules rächen.»[122]

So kommt es denn auch. Die Königin lässt Gyges zu sich rufen und sagt zu ihm: «Gyges, ich überlasse dir die Wahl zwischen zwei möglichen Wegen; du kannst wählen: entweder du tötest Kandaules, nimmst mich zur Frau und wirst König von Lydien, oder du mußt auf der Stelle sterben, damit du nicht als gehorsamer Freund des Kandaules auch weiterhin siehst, was du nicht sehen darfst.»[123] Gyges bittet sie inständig, ihm diese Wahl zu ersparen. Da sie aber hart bleibt, entscheidet er sich dafür, Kandaules zu töten und an seine Stelle zu treten. Er wird König von Lydien.

Was Herodot in vollkommen lakonischer Sprache berichtet – und sein Bericht entstammt dem präpsychologischen Zeitalter, kümmert sich also nicht um individuelle Dispositionen –, hat Friedrich Hebbel rund 2400 Jahre später in die Tragödie *Gyges und sein Ring* (1854) gefasst. Hebbels wichtigste Zutat besteht in einem Motiv, das schon bei Platon in der *Politeia* (etwa 370 v. Chr.) auftaucht. Hier besitzt Gyges einen Ring, der ihn unsichtbar macht und der es ihm erlaubt, in das Königsschloss unerkannt einzudringen. Weiterhin gibt Hebbel der bei Herodot nur «Frau» genannten Königin einen Namen. Sie heißt Rhodope, ist unklar morgenländischer Herkunft und entstammt einer rigiden Schamkultur. Sie entschleiert sich nur im besonderen Augenblick und zeigt sich nie in der Öffentlichkeit. Drittens verändert Hebbel die Beziehung zwischen Kandaules und Gyges. Geht es bei Herodot schlicht um ein hochrangiges Vasallenverhältnis, so macht Hebbel daraus eine homoerotisch getönte Männerfreundschaft.

Zu Beginn erzählt Gyges, wie er in den Besitz des Rings gekommen ist, und die Geschichte macht klar, dass es sich um ein aus der Welt der Götter stammendes magisches Instrument handelt, dessen Besitz den Sterblichen letztlich nicht zusteht. Als Kandaules, der den Ring von Gyges als Freundesgabe erhalten hat, ihn ausprobiert und seiner Gattin von einem heimlich mitgehörten Gespräch erzählt, sagt Rhodope: «So hättest du gelauscht? Das glaub' ich nicht. / Wenn ich wo bin, wo man mich nicht erwartet, / So mach' ich ein Geräusch, damit man's merkt / Und ja nicht spricht, was ich nicht hören soll, / Und du – nein, nein, das tut ein König nicht!»[124]

Im Gegensatz zu Wolf Solent sieht der König darin kein Problem (immerhin ist er König), und er prahlt mit den Fähigkeiten des Rings: «Durch alle Türen schreit' ich hin, mich halten / Nicht Schloß noch Riegel fern!» Rhodope, im Beisein ihrer Dienerin Lesbia, die ein Auge auf Gyges geworfen hat, entgegnet: «Wie fürchterlich!» Kandaules: «Für jeden Bösen, meinst du.» Rhodope: «Nein doch, nein! / Für jeden Guten noch viel mehr! (*Zu Lesbia*) Kannst du / Noch ruhig atmen, wirst du nicht in Scham / Verglühn, nun du dies weißt? Herr, wirf ihn fort, / Hinunter in den tiefsten Fluß!»[125]

In seiner grandiosen Selbstüberschätzung ist Kandaules weit davon entfernt, diesen Rat zu befolgen. Eines Tages, während einer großen Festivität, bemerkt er, wie der Freund seine Blicke von der schönen Lesbia nicht abwenden kann, und er beginnt, beflügelt vom Wein, mit der ungleich größeren Schönheit seiner Rhodope zu prahlen, bis er sich ins Wort fällt und sagt: «Man soll den Schatz nicht preisen, / Den man nicht zeigen kann! Man wird verhöhnt. / Wer glaubt an Perlen in geschloßner Hand!»[126] Darauf Gyges: «Ich traue dir!» Kandaules entgegnet: «Ei was! / Dem Auge soll man trauen, nicht dem Ohr. / Du traust mir! Ha! Vor diesem blöden Kinde / Erglühtest du und jetzt – – Genug, genug, / Ich will mich nicht mehr schwatzend vor dir brüsten, / Wie ich's so lange Zeit nun schon getan, / Du sollst sie sehn!» Gyges: «Sie sehn!» Kandaules: «Noch diese Nacht! / Ich brauche einen Zeugen, daß ich nicht / Ein eitler Tor bin, der sich selbst belügt, / Wenn er sich rühmt, das schönste Weib zu küssen, / Und dazu wähl' ich dich.» Gyges: «Oh, nimmermehr! / Erwägst du – Für den Mann wär's eine Schmach, / Doch für ein Weib, und für ein Weib, wie sie, / Das selbst bei Tag –» Kandaules: «Sie kann's ja nie erfahren! / Hast du den Ring vergessen? Und ich bin / Erst glücklich, wenn dein Mund mir sagt, ich sei's.»

Hebbel nimmt Herodots Gedanken auf, dass die Menschen den Ohren weniger glauben als den Augen, und er verschärft ihn: «Dem Auge soll man trauen, nicht dem Ohr.» Vor allem aber verschärft er den Gedanken der Scham. Allein die Vorstellung, jemand könne sich unsichtbar machen, sagt Rhodope, müsse dazu führen, dass man vor Scham verglühe. Umso ungeheuerlicher müsste ihr der Gedanke des Kandaules erscheinen, sie dem Freund heimlich vorzuführen. Kandaules sagt wohlgemerkt nicht, sie ihm nackt zu zeigen, so unumwunden geht Hebbel nicht vor: «Denn was uns reizt, das lieben wir verhüllt!», wie er Lesbia einmal sagen lässt.[127]

Die Provokation liegt darin, dass Kandaules seine Frau als einen Besitz betrachtet, dessen Tauschwert nur dann auf Anerkennung rechnen kann, wenn er in Verkehr gebracht wird, also gesehen und verglichen werden kann. Es geht ja um einen Vergleich. Den sich sträubenden Gyges versucht Kandaules mit den Worten zu beruhigen: «Und bist du's deiner Lesbia nicht schuldig? / Vielleicht ist sie die Siegerin!»[128] Siegerin in einem Schönheitswettbewerb, von dem die Betroffenen nichts ahnen.

Wir können den Begriff Wettbewerb durchaus ökonomisch verstehen. Der Schatz, den man nicht zeigen kann, ist keiner, denn sein Wert bestimmt sich dadurch, dass andere ihn begehren, und dafür müssen sie ihn sehen können. Dass in diesem Fall die Frau zum Objekt gemacht wird, spielt für den Mechanismus keine entscheidende Rolle, denn aus der heutigen Welt der Models und Stars ließen sich leicht Beispiele dafür anführen, dass auch Frauen den Mann als Objekt betrachten können. Hier jedoch, bei dem aus der Antike ins 19. Jahrhundert transportierten Mythos, haben wir es noch mit einer bürgerlichen Schamkultur zu tun, die in der unbefugt erblickten Nacktheit des Mannes eine «Schmach» erblickt, in der Nacktheit der Frau aber etwas noch viel Schlimmeres. Wie man es nennen müsste, sagt Gyges (Hebbel) nicht, an dieser Stelle steht nur ein Gedankenstrich. Doch wir ahnen das Gemeinte: Es ist eine Schande, die nur durch den Tod gerächt werden kann. Mit den Worten Rhodopes: «Solch eine Schande wäscht das Blut nur ab.»[129]

Hebbels Problem besteht darin, dass er dieses von Herodot nicht kommentierte archaische Gesetz für die Moderne plausibel machen muss, und deshalb lässt er Rhodope einem fernen, rätselhaften kulturellen Raum entstammen. Wenn wir eine Analogie versuchen wollten, so könnten wir uns vorstellen, sie sei eine strenggläubige Muslimin. Rhodope jedenfalls sagt: «Ein Gatte sieht / Sein Weib entehrt – entehrt? Sprich gleich: getötet – / Getötet? – Mehr, verdammt, sich selbst zu töten, / Wenn nicht des Frevlers Blut zur Sühne fließt!»[130]

Trotz dieser aufs äußerste gesteigerten Rhetorik bleibt der Exzess der Rache, den Rhodope in Gang setzt, letztlich rätselhaft. Es hat damit zu tun, dass Hebbel aus der Position einer modernen, psychologisch aufgeklärten Denkweise heraus schreibt und argumentiert, dass aber der vom Schamgefühl erzeugte Tötungszwang einem archaischen, primordialen Kontext folgt, den Hebbel gewissermaßen nur zitiert, ohne ihn wirklich zu begründen.

Auch Claudia Öhlschläger findet Rhodopes «rigiden Willen» zur Rache undurchsichtig[131], macht aber einen Interpretationsvorschlag: «Indem Rhodope zur Prophetin einer unumstößlichen Ordnung der Sitte und Moral avanciert, sie als Repräsentantin der Ehe auftritt, die es zu heiligen gilt, gerät der Voyeurismus in Hebbels Tragödie unter das Diktum eines tödlichen Verbrechens. Gyges' visueller Übergriff auf den Körper der Königin wird im Text als ein von Kandaules bewusst herbeigeführter Ehebruch, als eine von Gyges vollzogene Defloration dargestellt».[132]

Meist neigen wir dazu, von einer Vergewaltigung nur dann zu reden, wenn sie tatsächlich und körperlich geschieht. In ihrem Buch *Versuch über den Schwindel* weist Christina von Braun jedoch darauf hin, «daß der Blick als physische Verletzung erfahren werden kann».[133] In der Geschichte des Sehens findet sie eine Dominanz des männlichen Blicks, sie spricht von «Penetration»[134] und schildert, wie die neuen technischen Mittel der Fotografie und des Films die «Ermächtigung des Blicks» weiter vorantreiben: Sie erlauben dem Auge, als wäre es das Auge Gottes, zu sehen, ohne gesehen zu werden. Diese Macht richtet sich, so Christina von Braun, vornehmlich gegen den weiblichen Körper, und zum Thema Missbrauch merkt sie an, «daß auch da, wo kein konkreter sexueller Mißbrauch stattgefunden hat, dennoch der Blick auf den weiblichen Körper als Mißbrauch erfahren werden kann».[135] In ihrer Abhandlung zeigt sie, wie das Auge, verstärkt durch die Entdeckung der Zentralperspektive, zum beherrschenden Sinnesorgan wurde. So verstanden hätten wir eine nachträgliche

Plausibilisierung der zunächst als unverhältnismäßig erscheinenden Reaktion Rhodopes, und es mag immerhin sein, dass Hebbel solchen Gedanken intuitiv gefolgt ist, auch wenn er sie nicht wirklich ausgeführt, sondern seine literarische Zuflucht in einer fremden Archaik gefunden hat.

Bemerkenswert ist, dass auch Gyges im Augenblick des unerlaubten Sehens von Scham ergriffen wird. Im Gespräch mit Kandaules gesteht er: Damit die Königin ihn sehen konnte, habe er sich absichtsvoll sichtbar gemacht hat. «Denn frevelhaft erschien / Das Wagnis mir!» Kandaules: «Ich hatt' es dir erlaubt.» Gyges: «Wohl! doch mir war in jener schwülen Stunde, / Als hättst du nicht das Recht dazu gehabt.» Und er fügt hinzu: «Und jetzt noch schaudert's durch die Seele mir, / Als hätt' ich eine Missetat begangen, / Für die der Lippe zwar ein Name fehlt, / Doch dem Gewissen die Empfindung nicht.»[136]

Hebbel beendet die Tragödie anders als der mit dem Kodex seiner Zeit vertraute Herodot. Gyges wird zwar König, aber erst, nachdem er Kandaules nicht einfach gemeuchelt, sondern in einem fairen, einvernehmlich beschlossenen Zweikampf getötet hat. Dass die beiden Freunde sich auf solch tragische Weise voneinander trennen, führt das zusätzlich eingeführte Motiv der Männerfreundschaft erst zu seinem logischen Ende. Gyges jedenfalls schreitet danach mit Rhodope zum Traualtar, sie reicht ihm die Hand zum Gelöbnis – und bringt sich um.

Das Motiv des unerlaubten Sehens, wie wir es bei Herodot und Hebbel kennengelernt haben, beschäftigt auch Botho Strauß. Er gehört zu jenen Schriftstellern, die den Plausibilitäten der Moderne misstrauen. Er ist davon überzeugt, dass unterhalb der aufgeklärten Rationalität unserer Umgangsformen tiefere Wahrheiten verborgen liegen. In vielen seiner Texte spürt er ihnen nach, so etwa im zweiten Akt seines Schauspiels *Schlußchor*, der damit beginnt, dass ein Mann die dunkle Bühne betritt und sagt: «Kein Licht … Gibt's nirgends Licht? … Wo ist der Schalter?» Es folgt die Regieanmerkung: «In der Mitte der Bühne fällt das Licht auf die nackte Delia, die sich nach dem Bad abtrocknet, den Fuß auf einen Schemel gesetzt. Sie erblickt über ihre Schulter rückwärts den Eindringling.»[137]

Lorenz, so heißt der Mann, ist Architekt, und er ist gekommen, um Delia seine Pläne für den Ausbau des Dachgeschosses zu zeigen. Sie reden nun über technische Details, als wäre nichts vorgefallen, aber zwischen ihren Sätzen kommt das Vorgefallene in scheinbar unbeabsichtigten Zwischenrufen eben doch zur Sprache. Delia: «Das hätte nicht passieren dürfen, mein Lieber.» Lorenz: «Entschuldigen Sie: ein Versehen.» Und wenig später Delia: «Wie konnten Sie das tun?» Lorenz: «Es tut mir leid. Es war ein Versehen. So etwas kann passieren.» Delia: «Kann. Darf aber nicht.»[138] Schließlich reden sie offen, Lorenz im Ton einer auf Eroberung zielenden und völlig deplatzierten Emphase, Delia im Ton einer wachsenden Empörung. Sie sagt: «Den Erblicker zu zerreißen, birgt die Gefahr, aus jedem seiner Fetzen wüchs ein neuer. Ein Arm, ein Rippenbogen, ein Knie, ein Ohr, ein Stück vom Hals: jedes Teil ein neuer Ganzer. Und außerdem sind keine Hunde hier. Nichts könnt ich pfeilschnell umgestalten. Keinen Hirschbalg mit dem Jäger stopfen. Ihr Untergang muß neu erfunden werden.»[139]

Die Passage bezieht sich auf jenen Mythos der Antike, der davon erzählt, der Jäger Aktäon habe, als er durch die Wälder streifte, die Göttin Artemis (Diana) beim Baden in einem See erspäht, und diese habe ihn zur Strafe in einen Hirsch verwandelt, der dann von seinen eigenen Hunden zerfleischt worden sei. Dass Aktäon die Göttin nicht absichtsvoll, sondern versehentlich erblickt habe, sei, darauf weist Hartmut Böhme hin, eine Besonderheit der Nach- oder Neuerzählung des Mythos durch Ovid. In anderen Varianten des Mythos werde der Jäger eben dafür bestraft, dass er der Göttin in voyeuristischer Absicht nachgestellt habe.[140]

Botho Strauß radikalisiert den Vorgang. Bei ihm wird der schuldlose Beobachter nicht zum Opfer göttlicher Willkür, sondern des puren Zufalls. Dass der Architekt Lorenz seine Bauherrin nur versehentlich nackt erblickt, macht die Tat nicht ungeschehen. Entscheidend ist, dass sie begangen wurde, mildernde Umstände gibt es nicht. In der modernen Diktion Delias: So etwas kann, darf aber nicht passieren. Modern ist auch die Strafe, die Delia über Lorenz verhängt. Sie droht: «Ich will ihn wiederholen, diesen Blick, von Ihnen, mir.»[141]

In der folgenden Szene begegnet uns Lorenz als ein zutiefst in Delia verliebter und völlig verwirrter Mann, der daran verzweifelt, dass sie ihn nicht erhören will. Es gelingt ihm nicht einmal, ihr seine Leidenschaft verständlich zu machen. Und am Ende heißt es: «Im Spiegel erscheint Delia nackt wie zu Beginn, in derselben Pose. Sie wendet ihren Kopf über die rechte Schulter und blickt Lorenz an.» Das bedeutet: Sie hebt die erste Blickbeschämung dadurch auf, dass sie ihn ihrerseits beschämt und den Blick zurückgibt, im Sinne Georg Simmels also eine Wechselbeziehung herstellt. Und sie sagt: «Siehst du ...!» Dann heißt es: «Lorenz stülpt seinen Hut vors Gesicht, zieht den Revolver und erschießt sich bei verdecktem Gesicht.»[142]

2. Sartre und der Blick des Anderen – Die Scham entsteht, weil ich gesehen werden kann

In dem erwähnten Vortrag über das Spiegelstadium erlaubt sich Jacques Lacan einen Seitenhieb auf Jean-Paul Sartre (ohne den Namen zu erwähnen) und dessen philosophisches Hauptwerk *Das Sein und das Nichts*, erschienen 1943. Der Grund dafür liegt in der Ähnlichkeit des Gegenstandes und im Unterschied des methodischen Zugangs. Für beide ist die Frage nach dem Ich und seinem Gegenüber von höchster Bedeutung. Während aber Lacan an die Theorien Sigmund Freuds anknüpft und sie weiterentwickelt, sieht Sartre die Psychoanalyse höchst kritisch. Seine Überlegungen zur Entstehung und Verfasstheit des Ichs konzentrieren sich rigoros auf das, was allen psychologischen und sozialen Bestimmungen vorausgeht. *Versuch einer phänomenologischen Ontologie* lautet der Untertitel des Buchs, das unverkennbar die Philosophie Martin Heideggers weiterdenkt.

Von zentraler Bedeutung für die Konstituierung des Subjekts ist der Andere. Sartre schreibt: «Ich kann für mich selbst nicht Objekt sein, denn ich bin das, was ich bin; lediglich auf ihre Hilfsmittel angewiesen, scheitert die reflexive Bemühung um Verdopplung, ich werde immer durch mich wieder erfaßt. Und wenn ich naiv setze, daß es möglich ist, daß ich, ohne es zu merken, ein objektives Sein sei, so setze ich gerade dadurch implizit die Existenz des Andern voraus, denn wie wäre ich Objekt, wenn nicht für ein Subjekt? So ist der Andere zunächst für mich das Sein, für das ich Objekt bin, das heißt das Sein, *durch das* ich meine Objektheit gewinne.»[143]

Der Andere ist also die Bedingung meines Seins und somit auch meiner Freiheit, zugleich aber schränkt diese Bedingung meine Freiheit entscheidend ein. Denn der Blick des Anderen definiert mich: «Ich werde vom Andern besessen; der Blick des Andern gestaltet meinen Körper in seiner Nacktheit, läßt ihn entstehen, skulptiert ihn, erzeugt ihn, wie er *ist*, sieht ihn, wie ich ihn nie sehen werde. Der Andere besitzt ein Geheimnis: das Geheimnis dessen, was ich bin. Er macht mich sein, und eben dadurch besitzt er mich, und dieses Besitzen ist nichts anderes als das Bewußtsein, mich zu besitzen.»[144]

Sartre geht noch einen Schritt weiter und gelangt zu dem berühmten Satz: «Der Andere ist der versteckte Tod meiner Möglichkeiten». Warum? Sartre nennt ein Beispiel: Angenommen, ich ziehe ein Brett, auf dem eine Vase steht, zu mir heran, doch die Bewegung ist zu heftig, die Vase fällt herab und zerbricht. Das nun hätte ich voraussehen können, wäre ich aufmerksamer gewesen, es gibt in dieser Situation «*nichts, was mir grundsätzlich entgeht*». Und Sartre fährt fort: «Im Gegensatz dazu läßt das Erscheinen des andern einen Aspekt in der Situation erscheinen, den ich nicht gewollt habe, dessen ich nicht Herr bin und der mir grundsätzlich entgeht, weil er *für den andern* ist.»[145] Man muss diese Beschreibung in einer doppelten Perspektive sehen, denn notwendigerweise gibt es eine Wechselwirkung insofern, als das Ich immer auch der Andere für den Anderen ist: «Das ‹Vom-Andern-gesehen-werden› ist die *Wahrheit* des ‹Den-Andern-sehens›.»[146]

Auf den Höhepunkten seines großen Werks gerät Sartre nicht selten in einen psalmodierenden Ton, der mit einer gewissen Inbrunst repetitive Steigerungen keineswegs scheut. So fasst er seinen Befund etwa auch in diese einprägsamen Sätze: «Aber der Andere ist für mich nur in dem Maß von Interesse, wie er ein anderes Ich ist, ein Gegenstand-Ich für mich, und umgekehrt, wie er mein Ich spiegelt, das heißt ich für ihn Gegenstand bin. Wegen dieser Notwendigkeit, daß ich nur dort drüben im Andern für mich Gegenstand sein kann, muss ich vom andern die *Anerkennung* meines Seins erlangen. Aber wenn mein Bewußtsein *für sich* durch ein anderes Bewußtsein mit sich selbst vermittelt werden muß, dann hängt sein Fürsichsein – und folglich sein Sein schlechthin – vom andern ab.» Und er schließt: «So wie ich dem Andern erscheine, so bin ich.»[147]

Damit ist für Sartre die theoretische Grundlage dessen

gelegt, was wir Scham nennen. Sie kann ja überhaupt nur entstehen, weil ich nicht allein auf der Welt bin, sondern in Beziehung zu anderen stehe, und das hängt nicht von meinem Willen ab, sondern ist Bedingung meiner Existenz. Die Scham, sagt Sartre, ist zunächst unabhängig von ihrem Inhalt: «Die reine Scham ist nicht das Gefühl, dieses oder jenes tadelnswerte Objekt zu sein, sondern überhaupt *ein* Objekt zu sein, das heißt, mich in diesem verminderten, abhängigen und erstarrten Objekt, das ich für den Andern bin, *wiederzuerkennen*.»[148]

Und von hier gelangt Sartre auf einem nicht religiösen existenzialistischen Weg zu jenem Gedanken, den wir anlässlich der Genesis schon diskutiert haben: «Mein Sündenfall ist die Existenz des andern.»[149] Er führt diesen Gedanken näher aus: «Die Scham ist [das] Gefühl *eines Sündenfalls*, nicht weil ich diesen oder jenen Fehler begangen hätte, sondern einfach deshalb, weil ich in die Welt ‹gefallen› bin, mitten in die Dinge, und weil ich die Vermittlung des Andern brauche, um das zu sein, was ich bin. Die Scham und zumal die Furcht, im Zustand der Nacktheit überrascht zu werden, sind nur eine symbolische Spezifizierung der ursprünglichen Scham: der Körper symbolisiert hier unsere wehrlose Objektheit.»[150] Sartre folgt der religiösen Begründung noch ein weiteres Stück, wenn er sagt, die Scham werde dann ins Unendliche gesteigert, wenn der Andere, vor dem ich mich schäme, nicht seinerseits Objekt werden könne, er sich also meiner Reaktion oder Antwort oder Gegenwehr entzieht: «Es ist die Scham vor Gott, das heißt die Anerkennung meiner Objektheit vor einem Subjekt, das nie Objekt werden kann.»[151]

Man muss sich die Radikalität der Argumentation vor Augen führen: Scham ist nicht das Gefühl einer Inferiorität, die aus einem persönlichen, vielleicht gar schuldhaften Versagen resultiert, sondern eine existenzielle Grundsituation, der ich in keiner Weise entrinnen kann. Die Genesis umschreibt diesen Sachverhalt auf erzählerische Weise, indem sie von einem Verbot und seiner Übertretung berichtet. Das Verbot aber (von allen Früchten des Gartens essen zu dürfen, nur von den Früchten dieses einen Baumes nicht) ist Ausdruck der absoluten Autorität des Schöpfers. Es muss nicht begründet werden, man kann auch sagen, es hat etwas Willkürliches. Es lädt zu seiner Übertretung gewissermaßen ein, wie im Grunde jedes Verbot.

Nun hat Robert Spaemann sicherlich recht, wenn er (wie bereits erwähnt) sagt, wahre Freiheit habe darin bestanden, das Verbot zu achten. Sartre jedoch geht hinter den erzählten Vorgang zurück und arbeitet die Ursituation heraus: Der erste Mensch ist, nachdem sein Pendant erschaffen wurde, nicht mehr allein. Nachdem beide vom Baum der Erkenntnis gegessen haben, werden sie ihrer Nacktheit schamvoll gewahr. Und zwar deshalb, weil sie jeweils den Blick des Anderen auf sich gerichtet sehen. Dadurch also entsteht die Scham, nicht durch die Übertretung eines Verbots. Sie entsteht in dem Augenblick, in dem ich bemerke: Außer mir ist noch jemand da. Und das Wort Augenblick ist hier wörtlich zu nehmen: Ich sehe, dass jemandes Auge mich erblickt. Damit bin ich nicht mehr nur ein solipsistisches Ich, sondern ein Selbst, das vom Blick des Anderen bestimmt wird.

Mit dem Blick hat es eine besondere Bewandtnis. Sartre sagt, «wir können nicht die Welt wahrnehmen und gleichzeitig einen auf uns fixierten Blick erfassen; es muß entweder das eine oder das andere sein. Wahrnehmen ist nämlich *anblicken*, und einen Blick erfassen ist nicht ein Blick-Objekt in der Welt erfassen (außer, wenn dieser Blick nicht auf uns gerichtet ist), sondern Bewußtsein davon erlangen, *angeblickt zu werden*.

Der Blick, den die *Augen* manifestieren, von welcher Art sie auch sein mögen, ist reiner Verweis auf mich selbst.»[152]

Zugleich stellt dieser Blick eine durchaus einseitige Distanz her. Die Augen, die mich anblicken, sind entfernt von mir, außerhalb meiner Reichweite und Macht; ich selbst jedoch, als angeschautes Objekt, bin quasi in diesen Augen drin, ich bin in diesen Blick einverleibt. Und für diesen «Augenblick» gilt, dass ich die Augen des Anderen nicht wahrnehmen kann: «Nie können wir Augen, während sie uns ansehen, schön oder häßlich finden, ihre Farbe feststellen. Der Blick des Andern verbirgt seine Augen, scheint *vor sie* zu treten.»[153] Natürlich kann ich kurz danach, wenn der Blick geschehen ist, meine Aufmerksamkeit den Augen des Anderen und seiner Person zuwenden, ich kann auch den Blick zurückgeben und in die von Simmel beschriebene Wechselwirkung eintreten, sodass eine Parität hergestellt ist. Doch solche Weiterungen sind für Sartres Befund nur von sekundärer Bedeutung.

3. Erving Goffman und das System der Blicke im Alltag – Territorien des Selbst und ihre Bedrohung

Jeder kennt auf irgendeine Weise die Macht der Blicke. Im schönsten Fall enthüllt sich in ihnen eine jäh erwachte Liebe, und es mag gut sein, dass in solchem Gefühlsgewitter auch ein Anflug von Scham verborgen ist, verbunden mit einem Erröten, weil das Liebesgeständnis auf dem Weg der Blicke unweigerlich mit seelischer Entblößung zu tun hat, einer Entblößung aber, die sich zugleich im Blick des Anderen beschützt und aufgehoben fühlt. Es ist, als ob die Blicke aufeinander zustürzten, und das englische *falling in love* drückt etwas davon aus. Beispiele aus der Literatur oder gar aus dem Film anzuführen würde den Rahmen dieser Betrachtung sprengen, weil ihre Menge wahrhaft unendlich ist und weil Gefühle wie Scham und Peinlichkeit sich zumeist erst dann einstellen, wenn sich im traurigen Fall zeigt, dass diese Liebe des ersten Augenblicks ein Missverständnis gewesen ist.

Im widrigen Fall kann der Blick eine mit Hass, gar Gewalt verbundene Macht ausstrahlen, die Unterwerfung verlangt und mit Bloßstellung, Demütigung und Beschämung arbeitet. Wir kommen auf diese Mechanismen zurück. Zunächst ist festzuhalten, dass sich die Macht der Blicke im alltäglichen Umgang weit weniger dramatisch ausdrückt. Denn unterhalb der mit einem starken Gefühl bewehrten Blicke fungiert der Augenkontakt als praktisches, ebenso unbewusstes wie effizientes Instrument, das dazu benutzt werden kann, den sozialen Verkehr möglichst reibungslos zu gestalten. Der amerikanische Soziologe Erving Goffman hat diesem Aspekt seine ebenso penible wie erhellende Aufmerksamkeit gewidmet. In der Studie *Das Individuum im öffentlichen Austausch* versucht er, eine Art Kataster aller Bewegungen und Verhaltensweisen des im sozialen Raum agierenden Individuums zu erstellen. Er katalogisiert das von Sartre beschriebene Feld.

Goffman versteht zunächst das Wort Verkehr ganz konkret, indem er etwa das Verhalten von Fußgängern auf einem belebten Bürgersteig schildert und von einem «Abtastbereich» des sich dort bewegenden Individuums spricht. Unwillkürlich überprüft der Passant die Bewegungsrichtung und die Geschwindigkeit der ihm entgegenkommenden oder seinen Weg kreuzenden anderen Passanten. Er unterzieht sie, wenn sie sich ihm nähern, einer «Leibeskontrolle». Goffman sagt: «Sie wird in der Regel dann vorgenommen, wenn das kontrollierende Individuum angesichts der gegebenen Entfernung noch in der Lage wäre, einen beträchtlichen Richtungswechsel durch eine kleine und daher nicht erniedrigende Korrektur einzuleiten.»[154]

Wichtig ist hier der Hinweis auf die möglicherweise bedrohte Selbstachtung, und jeder kennt latent aggressive oder gefährliche Situationen, in denen das rechtzeitig unterbleibende Ausweichen eine Konfliktbereitschaft ankündigt, der man sich unterwerfen kann, indem man seinerseits die Straßenseite wechselt. Solche Fragen des Ausweichens oder Aneinandervorbeikommens werden, wie Goffman genauestens zeigt, durch Blickkontakte geregelt; er merkt an, «daß der gegenseitige und von beiden Partnern ausgehaltene Blick ein sehr spezielles und effizientes Mittel darstellt, um eine auf einem Konsensus beruhende Koordination herzustellen. Offenbar kann ein Individuum, wenn sein Blick den Blick eines anderen trifft, eine Position anzeigen, die Antwort des anderen auf die Einnahme dieser Position wahrnehmen und seine eigene Antwort auf die Antwort des anderen signalisieren – und das alles in einem kurzen Augenblick.»[155] Man erkennt, wenn man mit Goffman den sozialen Verkehr in der Zeitlupe nachvollzieht, welch ein empfindliches Regelsystem unserem Umgang zugrunde liegt.

Dass dieses Regelsystem Veränderungen unterworfen ist, weiß Goffman natürlich, doch er konzentriert sich ganz auf eine synchrone Betrachtung, historische oder kulturelle Entwicklungen interessieren ihn nur am Rande. Eine kulturelle immerhin erwähnt er: Puertorikanische Kinder an amerikanischen Schulen neigten dazu, wenn sie vom Lehrer kritisiert würden, die Augen niederzuschlagen, was in ihrer eigenen Kultur ein Zeichen der Unterwerfung sei, in den Augen eines erwachsenen Amerikaners jedoch ein Signal trotzigen Widerstandes.[156] Das Beispiel zeigt, dass die Länge des Blickaustausches über seine Bedeutung entscheidet. Der Unterschied zwischen Anblicken und Anstarren besteht nur in Millisekunden, und er variiert je nach Situation. Goffman erwähnt das Beispiel des Pissoirs, wo Männer auf engem Raum nebeneinander stehen und wo es unangenehm vielsagend wäre, wenn der Nachbar den Korridor seines Blicks über einen geziemenden Zeitraum hinaus verließe.

Man kann übrigens den Beobachtungen Goffmans hier und da entnehmen, dass sie vor mehr als vierzig Jahren geschrieben wurden. Manche seiner Beispiele verraten bereits, wie sehr sich soziale Gepflogenheiten verändert haben. So etwa die Dauer des als harmlos empfundenen Anblickens. Sie ist schwerlich messbar, aber meinem deutlichen Eindruck nach blicken sich Männer und Frauen heutzutage neugieriger und ausdauernder an als früher, wozu auch gehört, dass die Frau im Zuge ihrer gewachsenen Selbständigkeit eine Freiheit des Blickens gewonnen hat, die der des Mannes gleichrangig ist. Natürlich wächst die zuträgliche Blickdauer mit dem Freiraum, der zwischen den Passanten gegeben ist, etwa auf einem Boulevard, und sie sinkt, wenn dieser Raum schrumpft, etwa in einem Lift. Sie ist auch regional unterschiedlich, in Metropolen anders als in Kleinstädten, und sicherlich variiert sie auch mit der sozialen Lage und dem damit verbundenen Prestige. Seit alters kann der Mächtige so lange blicken, wie er will.

In seinem Roman *Der grüne Heinrich* verwendet Gottfried Keller das schöne Wort von der «Augengrobheit».[157] Der junge Heinrich Lee sitzt in einer Poststation beim Essen, als drei Aristokraten an dem großen Tisch Platz nehmen, ein Graf, seine Schwester und deren fünfzehnjährige Tochter. Die beiden Jüngeren betrachten einander ganz unbefangen, aber als Heinrichs Blick auf die ältere Dame fällt, stellt er fest, «wie sie ihn mit einem eiskalten, merkwürdigen Gesichte ansah und gar nicht zu bemerken schien, daß er sie ebenfalls betrachtete.

Nachdem sie den rotgewordenen Heinrich eine Weile angesehen hatte, wandte sie ihre Augen wieder von ihm, wie wenn sie nur auf einem Krug oder einem Stuhl geruht hätten.»[158] In der demokratischen Gesellschaft ist die Macht des herablassenden, abschätzigen Blicks, der sich auf Geblüt oder Geld beruft, schwächer geworden, doch keineswegs verschwunden. Wer länger blicken kann als sein Gegenüber, demonstriert einen Herrschaftsanspruch, der demütigend sein kann.

Seit einiger Zeit allerdings gibt es die neue Spezies der Blicklosen. Es sind jene, die, den Stöpsel ihres MP3-Players oder Mobiltelefons im Ohr, den Empfang ihrer Sinnesorgane einstweilen eingestellt haben und sich so einer nonverbalen Kommunikation entziehen. Mit zunehmender Verbreitung dieser Praxis geht eine immer besser geübte und erstaunliche Kunstfertigkeit einher. Man könnte annehmen, dass Zusammenstöße die Regel wären. Sie sind jedoch selten, weil die Benutzer, obwohl sie fast nichts hören oder ihren Blick auf das Display konzentrieren, den Passantenverkehr mit einem minimalen Teil ihrer Aufmerksamkeit zumeist eben doch wahrnehmen. Der multifunktionale Mensch, gewöhnt daran, mehrere einander scheinbar ausschließende Dinge gleichzeitig zu tun, gelangt hier zu Höchstleistungen, die der Beobachtungskunst eines Goffman-Nachfolgers würdig wären.

Solch veränderte Bedingungen verändern natürlich auch die als jeweils angemessen empfundene Blickdauer. Aus Verletzungen oder Überschreitungen dieser Angemessenheit folgen Peinlichkeit oder Beschämung. Oft sind das nur kleine Verschiebungen und keineswegs dramatische Manöver, wie die bei Friedrich Hebbel oder Botho Strauß geschilderten. Und doch können sie den Charakter der Diffamierung und des Ausgrenzens annehmen. Die Frage, warum das so ist, beantwortet Goffman mit seinem Konzept des Territoriums.

Das Territorium, das jemand auf Dauer oder nur in einer bestimmten Situation beansprucht, kann die Liege am Strand sein, die Position in einer Warteschlange, die Bank in einem Park, das Hotelzimmer und natürlich die eigene Wohnung. Goffman nimmt nun weitere Klassifizierungen vor, indem er unter anderem zwischen dem persönlichen Reservat unterscheidet, das sozusagen mit dem Individuum mitwandert, und der «Box», die es nur vorübergehend in Besitz nimmt. Beispiel für eine Box ist der benachbarte leere Sitz in einem Bus. Der zuerst Angekommene «kann seine Sachen auf den leeren Platz legen und ihn dadurch als seinen kennzeichnen und so Personen, die sich auf diesen Platz setzen wollen, dazu zwingen, etwas fortzunehmen (oder darum zu bitten, daß etwas fortgenommen werde) [...]. Oder er kann sich weigern, jene, die einen Platz suchen, anzublicken, und ihnen dadurch die flüchtige Erlaubnis, die sie aus seinem Blick zu entnehmen suchen, verweigern, was sie dazu veranlassen kann, auf den nächsten freien Platz zuzusteuern.»[159]

Goffman nennt noch eine Reihe weiterer Territorien, so etwa das «Informationsreservat», das mit dem Anspruch verbunden ist, bestimmte Informationen über das Selbst zu schützen; das «Gesprächsreservat», das mir das Recht gibt, selber zu bestimmen, ob ich angesprochen werden will und mit wem ich rede oder nicht; schließlich und vor allem die «Hülle», also «die Haut, die den Körper schützt, und, in geringem Abstand davon, die Kleider, die die Haut bedecken».[160]

Alle diese Territorien können absichtlich oder unabsichtlich verletzt werden, durch körperliche Berührung, durch einen unangemessen langen Blick, durch akustische Belästigungen (Musik, zu lautes Gespräch) und generell durch eine situativ nicht notwendige Nähe (Parkbank, Strand), schließlich durch jede Form körperlicher Emissionen wie Schweiß, Geruch,

Wärme. So kann es den empfindlichen Zeitgenossen peinlich berühren, wenn er auf einem Stuhl Platz nimmt, der noch warm ist von dem, der zuvor darauf gesessen hat. Goffman räumt ein, dass solche Empfindungen oft irrational sind: «Paare, die auf der einen Seite geschlechtliche Beziehungen miteinander haben, können auf der anderen Seite die Vorstellung, die Zahnbürste des anderen zu benutzen, widerlich finden.»[161]

Die Sache wird noch diffiziler, wenn man sich vergegenwärtigt, wie streng wir die Grenze zwischen unserem eigenen Körper und der Außenwelt ziehen. Goffman zitiert den amerikanischen Psychologen Gordon Allport, der schreibt: «Wie wirklich intim und eigen der Körpersinn ist, kann man sehen, wenn man ein kleines Gedankenexperiment durchführt. Man läßt zunächst in Gedanken Speichel im Munde zusammenlaufen (oder tut es wirklich). Dann stellt man sich vor, man spucke den Speichel in ein Glas und trinke ihn wieder! Was zunächst als natürlich und ‹Mein› erschien, wird plötzlich ekelhaft und fremd.»[162]

Wir müssen die gewissermaßen feinmechanische Kasuistik Goffmans nicht weiter ausführen, weil wohl hinreichend klar geworden ist, wie sehr sich diese alltäglichen Territoriumsbildungen und ihre Bedrohungen mit Gefühlen von Scham und Peinlichkeit verbinden können. Es kommt jedoch ein Aspekt hinzu, den Goffman eher beiläufig erwähnt – «je höher der soziale Status eines Individuums ist, desto größer ist der Umfang der Territorien des Selbst und die Kontrolle über deren Grenzen hinaus».[163] Man kann das in unserer Gesellschaft allerorten bemerken. Je teurer das Hotel oder Restaurant, umso größer die Abstände zwischen den Tischen oder Strandliegen. Wer Geld hat, kann sich das Gedränge in den öffentlichen Verkehrsmitteln ersparen, indem er sein Auto benutzt oder erster Klasse fährt. Und selbst im städtischen Straßenverkehr, der tendenziell alle gleich macht, demonstriert der massige, mit getönten Scheiben ausgestattete Geländewagen, dass sein Besitzer ein größeres Territorium beansprucht. In den dicht besiedelten Regionen ist die Verfügung über einen persönlichen Raum generell mit Kosten verbunden, die sich nicht jedermann leisten kann. Das reicht von der Größe des häuslichen Domizils bis zum Einbettzimmer in der Klinik. Wer in einem Mietshaus lebt oder seiner Operation in einem Mehrbettzimmer entgegensieht, der darf hinsichtlich seines Territoriums keine großen Ansprüche stellen.

Wenn wir die Statusfrage, die zu früheren Zeiten eine größere Rolle gespielt hat als heute, für den Moment ausklammern, dann sehen wir, dass die Integrität des persönlichen Raums auch von jenem Kodex des Benehmens abhängt, der vor allem das Ergebnis von Erziehung ist. Dieser Kodex verändert sich mit dem Erziehungsziel. Einst, in den autoritär genannten Zeiten, bestand es in Unterordnung und Anpassung. Heute besteht es darin, das Kind oder den Schüler für den Konkurrenzkampf zu stählen. Die Fähigkeit, sich gut darzustellen, sich gegen andere durchzusetzen und durch forciertes Auftreten Geländegewinne zu erzielen, wird schon früh eingeübt. Man schämt sich nicht, weil man jemandem zu nahe getreten ist; man schämt sich, weil man die Gunst des Augenblicks verpasst hat. Man hat keine Scheu davor, beim Telefonat das ganze Zugabteil zum Zeugen privater Befindlichkeiten zu machen. Der Kampf um die Beanspruchung dessen, was Goffman Territorien nennt, ist offensichtlicher, zu Teilen auch rüder geworden.

KAPITEL VII

EXZESSE DER SCHAM

Wolfgang Mattheuer: «Erschrecken» (1977) – der Augenblick der Scham ist der Augenblick von Panik und Furcht.

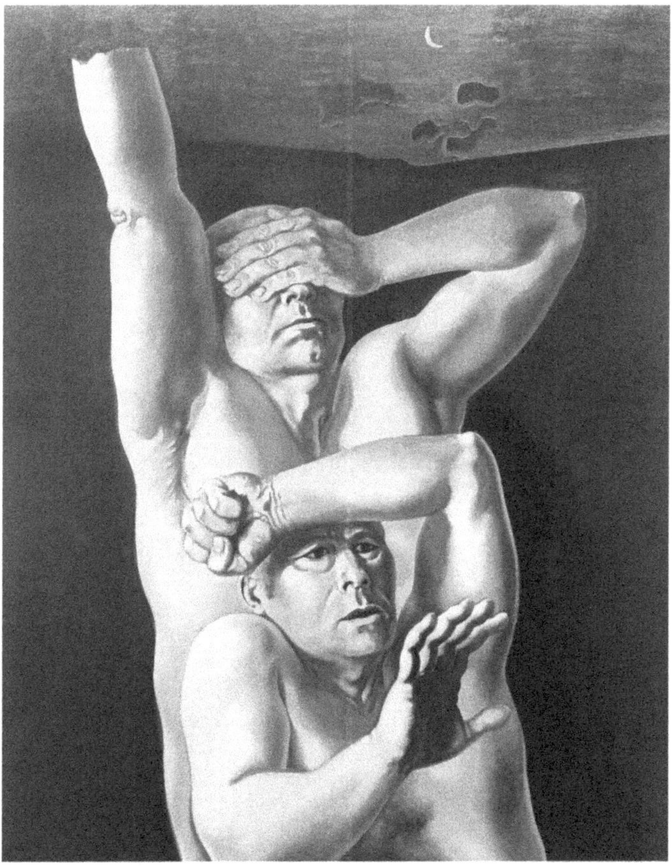

1. Dostojewski: Das Schamerlebnis spaltet die eine Person in zwei voneinander getrennte

Ein Mann begegnet einem anderen, der ihm verblüffend ähnlich sieht, und dieser andere schickt sich an, ihm den Platz im Leben streitig zu machen. Der Konkurrent ist tüchtig. Er ist in jeder Hinsicht erfolgreicher als der in all seinen Ambitionen bedrohte Mann. Dem Konkurrenten gelingt es am Ende, das eigentliche Subjekt der Geschichte aus dem Feld zu schlagen. Aber dieses Subjekt ist kein Individuum im Wortsinn. Es ist nicht unteilbar, sondern geteilt. Alles spricht dafür, dass der Held in Dostojewskis Roman *Der Doppelgänger* nicht einem leibhaftigen Doppelgänger begegnet, sondern sich selber, jenem Ich, das er gerne wäre, aber leider nicht ist: ein selbstsicherer, in beruflichen und erotischen Dingen erfolgreicher Mann.

Der Titularrat Jakoff Petrowitsch Goljädkin leidet offenbar an einer Persönlichkeitsspaltung. Das begreifen wir aber erst nach und nach. Merkwürdig immerhin sein selbstgefälliges Gebaren, als er eines beliebigen Morgens erwacht, seltsam die Begeisterung, mit der er sein Konterfei im Spiegel begutachtet, wobei der Erzähler mitleidlos hinzufügt, «das verschlafene Gesicht mit den kurzsichtigen Augen und dem ziemlich gelichteten Haupthaar» sei so unbedeutend gewesen, «daß es ganz entschieden sonst keines einzigen Menschen Aufmerksamkeit hätte fesseln können»[164].

Schon daran könnten wir erkennen, dass die Außenwahrnehmung des Herrn Goljädkin (hier vertreten durch den Erzähler) und seine Selbstwahrnehmung nur sehr bedingt übereinstimmen, aber noch verfolgen wir arglos die Schritte, die der Held unternimmt, um sich auf einen offenbar bedeutsamen Tag vorzubereiten. Denn der Diener Petruschka, ein typisch missgelauntes Exemplar seiner Gattung, die wir aus russischen Romanen kennen und deren komischer Tiefpunkt uns in Gontscharows *Oblomow* begegnet, Petruschka also vermeldet auf Befragen, dass sowohl die Livree und die Stiefel als auch die Equipage bereitstünden – alles gemietete Gegenstände, die Herrn Goljädkins Lebensstandard wohl deutlich überschreiten. Jedenfalls steigt er, derart ausstaffiert, in die Kutsche und lässt sich auf einer der Hauptstraßen St. Petersburgs entlangfahren. Obwohl das Wetter kühl und feucht ist, öffnet er die Fenster, «er begann vorsichtig nach den Vorübergehenden auszuschauen, um dann blitzschnell wieder eine sozusagen vornehme Miene aufzusetzen, sobald er bemerkte, daß jemand ihn ansah».[165]

Alsbald wird er von einer sehr eleganten offenen Kutsche überholt. «Der Herr aber, der im Wagen saß und zufällig den gerade recht unvorsichtig zum Fenster hinausschauenden Kopf Herrn Goljädkins erblickte, war allem Anschein nach gleichfalls höchst erstaunt über diese Begegnung, und indem er sich so weit als möglich vorbeugte, blickte er mit dem größten Interesse gerade nach jenem Winkel der Equipage, in den sich unser Held wieder schleunigst zurückgezogen hatte. Der Herr im offenen Wagen war Staatsrat Andrei Filippowitsch, der Chef derselben Abteilung, der Herr Goljädkin angehörte. Herr Goljädkin sah und begriff sehr wohl, daß sein hoher Vorgesetzter ihn erkannt hatte, daß er ihm starr in die Augen sah, daß ein Entrinnen oder Verstecken vollkommen ausgeschlossen war, und er fühlte, wie er unter seinem Blick bis über die Ohren errötete, doch – ‹Soll ich grüßen, oder soll ich nicht?› fragte sich unser Held trotzdem unentschlossen und in unbeschreiblich qualvoller Beklemmung, ‹soll ich ihn erkennen oder soll ich tun, als wäre ich gar nicht ich, sondern irgendein anderer, der mir nur zum Verwechseln ähnlich sieht? – und soll ich ihn ansehen, genau so, als läge gar nichts vor? – Jawohl, ich bin einfach nicht ich – und damit basta!› beschloß Herr Goljädkin mit stockendem Herzschlag, ohne den Hut vor Andrei Filippowitsch zu ziehen.»[166]

Im Augenblick der Scham sehe ich mich plötzlich selbst, ich spalte mich auf in ein handelndes und ein beurteilendes Ich. Dieses Handeln oder Unterlassen (es mag ein bloß gedachtes sein, denn man kann sich auch für Gedanken schämen) geht dem Urteil logisch voraus, doch die Zeitspanne zwischen beiden Vorgängen ist in der Regel so kurz, dass sie im Empfinden ineinanderfließen. Das andere, das missbilligende Ich kann sein Urteil nach verschiedenen Maßstäben fällen, nach solchen des Comments oder des Gewissens, in jedem Fall sieht sich das sozusagen kleinere Ich von einem größeren, das als Agent des Allgemeinen fungiert, missgünstig bloßgestellt.

Diese blitzartige, gewaltsame Aufspaltung geschieht jedes Mal, wenn wir uns schämen, aber es bedurfte der Kühnheit Dostojewskis, aus dem seelischen Vorgang einen körperlichen zu machen. Denn die geschilderte Szene gleich zu Beginn dieses frühen Romans (1845/46) ist nur der Anfang eines einzigen Schamexzesses, einer Kette von Peinlichkeiten, Beschämungen und vernichtenden Erlebnissen. Der Kern der Scham besteht in dem Augenblickswunsch, nicht Ich sein zu müssen, und Goljädkin erliegt ihm auf die kindlichste und buchstäblichste

Weise: «Ich bin einfach nicht ich!» Mit dieser ersten Schamszene beginnt die Spaltung Goljädkins, aus der schließlich zwei leibhaftige, einander sehr ähnliche Personen hervorgehen, nämlich, wie es etwa in der Mitte des Romans heißt, er und dieser Doppelgänger, von dem unser Held begreift: Dieser andere «war niemand anders als er selbst – ja: Herr Goljädkin selbst, ein anderer Herr Goljädkin und doch Herr Goljädkin selbst».[167] Und jetzt ist der Wahnsinn offenkundig.

Am Anfang jedoch, wenn die Sache noch unentschieden erscheint, können wir die Geschichte in zwei Richtungen lesen: als die eines Wahnsinnigen, der sich infolgedessen peinlich verhält; und zugleich als die eines Normalen, den die Abfolge der Peinlichkeiten in den Wahnsinn treibt. Und nebenbei verbirgt sich in der Kutschenszene die Schamdialektik von Voyeurismus und Exhibitionismus, denn Goljädkin, stolz darauf, wie ein großer Herr auf dem Boulevard entlangfahren zu können, möchte sich natürlich zeigen, er möchte gesehen werden, deshalb wirft er sich in die teure (geliehene) Garderobe, steckt seinen Kopf aus dem Fenster. Zugleich schämt er sich dessen, zieht sich in den Winkel der Kutsche zurück und will nur unbeobachtet die anderen beobachten.

Goljädkin fühlt sich durch den geschilderten Vorfall derart mitgenommen, dass er das starke Bedürfnis empfindet, mit jemandem darüber zu sprechen, und er beschließt, zu seinem Arzt zu fahren. Dieser wirkt überrascht, sogar ungehalten über den unangekündigten Besuch. Goljädkin seinerseits gerät in Verwirrung, er «murmelte irgend etwas, das wohl so etwas wie eine Entschuldigung sein sollte, und da er nun entschieden nicht mehr wußte, was weiter tun, nahm er einen Stuhl und – setzte sich. Doch kaum war das geschehen, da fiel es ihm auch schon ein, daß er unaufgefordert Platz genommen hatte, errötete ob seiner Unhöflichkeit und beeilte sich, um seinen Verstoß gegen den guten Ton möglichst ungeschehen zu machen, sogleich wieder aufzustehen. Leider kam er erst nach dieser Tat zur Besinnung und begriff trotz seiner etwas wirren Verfassung, daß er der ersten Dummheit nur eine zweite hatte folgen lassen, weshalb er sich schnell zur dritten entschloß, indem er irgend etwas wie zu seiner Rechtfertigung murmelte, dazu lächelte, verwirrt errötete, vielsagend verstummte und sich schließlich wieder hinsetzte, diesmal jedoch endgültig».[168]

Wir ahnen jetzt, dass mit Goljädkin irgendetwas nicht stimmt. Noch bleibt offen, ob die rasch aufeinanderfolgenden Peinlichkeiten nur äußerem Zufall entspringen und ihn deshalb in Scham und Verwirrung setzen oder ob er ein zutiefst verwirrter, gestörter Mensch ist, der nicht anders kann, als Peinlichkeiten zu verursachen. Dass die zweite Interpretation zutrifft, bemerken wir etwa zwanzig Seiten später. Der Nachmittag ist gekommen und damit jener festliche Geburtstagsempfang zu Ehren der jungen und schönen Klara Olsuffjewna, dem Goljädkin seit dem Aufwachen entgegenfiebert. Zu seiner größten Überraschung jedoch wird er nicht vorgelassen, sei es, weil er plötzlich in Ungnade gefallen, sei es, weil er (wahrscheinlicher) überhaupt nicht eingeladen ist. Man schlägt die Tür vor ihm zu.

Dann heißt es: «Als er hinaustrat, war er noch so verwirrt, dass er nicht wartete, bis seine Equipage vorfuhr, sondern selbst über den regennassen Hof zu ihr hinging. Im Begriff, einzusteigen, empfand Herr Goljädkin plötzlich den größten Wunsch, in die Erde zu versinken oder mitsamt der Equipage in ein Mauseloch zu verschwinden, denn es schien ihm, oder richtiger, er fühlte und wußte plötzlich mit tödlicher Sicherheit, daß jetzt alles, was es an Lebewesen in der Wohnung Olssufij Iwanowitschs gab, an den Fenstern stand und ihn mit den Blicken verfolgte. Und er wußte auch, daß er auf der Stelle tot hinfallen würde, wenn er sich jetzt nach diesen Fenstern umsehen wollte.»[169]

Das Bild des leeren Platzes, umgeben von Fenstern, die auf den in Schande flüchtenden unglücklichen Helden herabstarren, zeigt eine der archetypischen Schamsituationen, die wir aus Albträumen kennen, und es erinnert an das Schlussbild in Kafkas *Proceß*. Dostojewski jedoch, geradezu mörderisch interessiert an der Steigerung der Beschämungen, lässt es dabei nicht bewenden. Denn Goljädkin, nachdem er sich in einem Restaurant etwas erholt hat, kehrt zurück, schleicht sich über den Dienstboteneingang hinterrücks ein und betritt den Saal, in dem eben der Ball begonnen hat:

Er «bewegte sich nicht aus eigener Kraft, sondern gleichsam einer fremden folgend, die ihn, ohne nach seinem Willen zu fragen, obschon er ganz entschieden keinen eigenen mehr besaß, immer weiter schob, immer weiter, und durch die er, indem er ihr folgte, auf diese Weise unaufgefordert in einem fremden Ballsaal erschien. Da ihm aber alle Sinne zu vergehen drohten, oder vielleicht auch schon mehr oder weniger vergangen waren, trat er versehentlich einem Geheimrat auf den Fuß, trat auf die Schleppe einer ehrwürdigen Matrone, verwickelte sich mit den Füßen in einer Spitzengarnitur, der er etliche Risse beibrachte, stieß stolpernd an einen Diener, der mit einem Präsentierteller an ihm vorüberging, stieß vielleicht noch jemanden, ohne es selbst zu gewahren, oder richtiger: ohne alle die einzelnen Unglücksfälle noch auseinanderhalten zu können, – bis er plötzlich nur eines begriff: daß er vor Klara Olssufjewna stand.»[170]

Recht formvollendet immerhin gratuliert er ihr zum Geburtstag, bleibt dann aber inmitten seiner Rede stecken und errötet. «Hochrot stand er da und wußte sich nicht zu helfen … und in seiner Hilflosigkeit sah er plötzlich auf, sah – und erstarrte … Alles stand, alles schwieg, alles wartete: Unter den Fernerstehenden erhob sich ein Geflüster, unter den Näherstehenden leises Gelächter. Herr Goljädkin warf einen verlorenen Blick auf Andrei Filippowitsch, doch der Blick, der ihn aus dessen Augen traf, war so, daß er unseren Helden, wenn er nicht ohnehin schon tot, vollkommen tot gewesen wäre, auf der Stelle zum zweiten Mal getötet hätte. Alles schwieg. Das Schweigen dauerte an.» – «‹Schämen Sie sich, mein Herr, schämen Sie sich!› sagte Andrei Filippowitsch halblaut mit einem unbeschreiblichen Ausdruck des Unwillens.»[171]

Im weiteren Verlauf steigern sich die Peinlichkeiten abermals, und es heißt, Goljädkin hatte «die Empfindung, als unterspüle irgend etwas den Boden, auf dem er stand, als wanke dieser Boden bereits, als müsse er selbst sogleich fallen». Schlussendlich wird er mit Gewalt vor die Tür gesetzt. Inzwischen ist es Mitternacht, er läuft hinaus auf den Kai, «um sich vor seinen Feinden zu retten, vor seinen Feinden und Verfolgern».[172] Dort, bei Nebel und Sturm, begegnet er zum ersten Mal seinem Doppelgänger, der ihm von nun an nicht mehr von der Seite weicht.

Man muss die Geschichte hier nicht weitererzählen, an der zum mindesten bemerkenswert ist, wie halsbrecherisch genial Dostojewski zwischen Realismus und Phantastik hindurchsteuert, und sollte nur das Ende erwähnen. Es wiederholt die traumatische Szene im Ballsaal, nun auf zunächst scheinbar glückliche Weise. Denn Goljädkin wird von Klara Olssufjewna und allen Anwesenden (darunter auch sein Vorgesetzter sowie der eingangs erwähnte Arzt) überaus freundlich, ja mit seltsamer Anteilnahme empfangen. Unter Beifall geleitet man ihn feierlich zu einer Kutsche, die ihn in Begleitung seines Arztes fortbringt – in die Nervenheilanstalt.

2. Karl Philipp Moritz: Anton Reiser erfährt die Vernichtung seines Selbstvertrauens

Wir haben in Goljädkins Geschichte die radikale, bis ins Schrille, ins Phantastische vorangetriebene Steigerung dessen, was bei Spaemann «innere Differenz» heißt und was Pirandello in dem erwähnten Roman als riskante Versuchsanordnung vorführt. Dostojewski nimmt die Spaltung des Ichs, die sich in der Schamsituation ereignet, derart wörtlich, dass er realiter zwei unterschiedliche Personen daraus bildet. Den Höhepunkt des Dramas finden wir in dem Satz: Der Blick, der ihn traf, «war so, daß er unseren Helden, wenn er nicht ohnehin schon tot, vollkommen tot gewesen wäre, auf der Stelle zum zweiten Mal getötet hätte». Das Gefühl, vor Scham sterben zu müssen, ist niemandem fremd, der sich je heftig geschämt hat, und im *Anton Reiser* von Karl Philipp Moritz lesen wir: «Die Scham ist ein so heftiger Affekt wie irgendeiner, und es ist zu verwundern, daß die Folgen desselben nicht zuweilen tödlich sind.»[173]

Der Held des Romans, Stipendiat einer Lateinschule, untergebracht in einer Pflegefamilie, leidet unter fortwährenden Demütigungen, die vor allem seiner Armut geschuldet sind. Einmal gerät er unter den ungerechtfertigten Verdacht, von dem mit Süßigkeiten geschmückten Weihnachtsbaum genascht zu haben. «Schon die Möglichkeit, daß man einen solchen Verdacht gegen ihn hegen konnte, erniedrigte ihn bei sich selber, er war in einem solchen Zustande, wo man gleichsam zu versinken oder in einem Augenblick gänzlich vernichtet zu sein wünscht. Ein Zustand, der eine Art von Seelenlähmung hervorzubringen vermag, welche nicht so leicht wieder gehoben werden kann. – Man fühlt sich in einem solchen Augenblick gleichsam wie vernichtet und gäbe sein Leben darum, sich vor aller Welt verbergen zu können. – Das Selbstzutrauen, welches der moralischen Tätigkeit so nötig ist als das Atemholen der körperlichen Bewegung, erhält einen so gewaltigen Stoß, daß es ihm schwer hält, sich wieder zu erholen.»[174]

Solche Kommentare des Erzählers machen plausibel, weshalb Moritz sein Buch einen «psychologischen Roman» genannt hat. Er führt vor, wie das «Selbstzutrauen» seines Helden immer mehr beschädigt wird, teils durch eigenes Ungeschick, teils durch bloßes Missgeschick. Ein solches widerfährt ihm in dieser Szene: «Er war einmal bei einem Kaufmann in Hannover, der gemeiniglich statt der Person, mit der er sprach, einen andern anzusehen pflegte. Dieser bat, indem er Reisern ansahe, einen andern, der mit in der Stube war, zum Essen, und da Reiser die Einladung auf sich deutete und sie höflich ablehnte, so sagte der Kaufmann mit sehr trockner Miene: Ich meine Ihn ja nicht! – Dies Ich meine Ihn ja nicht! mit der trocknen Miene tat eine solche Wirkung auf Reisern, daß er glaubte, in die Erde sinken zu müssen; dies Ich meine Ihn ja nicht! verfolgte ihn nachher, wo er ging und stund, und machte seine Stimme gebrochen und zitternd, wenn er mit Vornehmern reden sollte, sein Stolz konnte dies nie wieder ganz verwinden. ‹Wie kann Er glauben, daß man Ihn zum Essen bitten sollte?› So legte Reiser das Ich meine Ihn ja nicht! aus, und er kam sich in dem Augenblick so unbedeutend, so weggeworfen, so nichts vor, daß ihm sein Gesicht, seine Hände, sein ganzes Wesen zur Last war und er nun die dümmste und albernste Figur machte, so wie er dastand, und zugleich dies Alberne und Dumme in seinem Betragen lebhafter und stärker als irgend jemand außer ihm empfand.»[175]

Anton Reiser macht die irritierende, demütigende Erfahrung, dass man sich auch für etwas schämen kann, an dem man völlig schuldlos ist. Hilge Landweer bemerkt dazu: «Scham läßt sich dadurch charakterisieren, daß man mit dem

Schamgefühl selbst – allein dadurch, daß man es hat – anerkennt, sich im weitesten Sinne falsch verhalten zu haben.»[176] Die Beschämung kann im Beschämten, die Demütigung im Gedemütigten das Gefühl erzeugen, er habe es sich selbst zuzuschreiben. Da ja nun sein körperliches Vorhandensein die notwendige Bedingung, vielleicht gar Ursache der Beschämung oder Demütigung war, kann er sich von dem Gefühl nicht lösen, er sei mitschuldig. Das Subjekt sieht sich in die Enge getrieben, es erfährt, wie Georg Simmel sagt, eine «Herabdrückung» des «Ichgefühles».[177]

Aus seiner Gefangenschaft könnte sich das Subjekt nur durch einen Ausbruch befreien, etwa durch zornige Gegenwehr, im Sinne von Schlag und Gegenschlag. Dazu aber gehört ein Mindestmaß an Macht. Die besitzt Anton Reiser in keiner Weise, er ist in jeder Hinsicht abhängig, und folglich muss er die Demütigungen mit sich allein ausmachen. Seine Selbstachtung sinkt so sehr, dass er sich schon bei der bloßen Vorstellung schämt, es könnte ein Verdacht auf ihn fallen, und wäre er noch so unberechtigt: «Wenn Reiser nachher irgendwo zugegen war, wo man etwa eine Kleinigkeit suchte, von der man glaubte, daß sie weggenommen sei, so konnte er sich nicht enthalten, rot zu werden und in Verwirrung zu geraten, bloß weil er sich die Möglichkeit lebhaft dachte, daß man ihn, ohne es sich geradezu merken lassen zu wollen, für den Täter halten könnte. – Ein Beweis, wie sehr man sich irren kann, wenn man oft die Beschämung und Verwirrung eines Angeklagten als ein stillschweigendes Geständnis seines Verbrechens auslegt. – Durch tausend unverdiente Demütigungen kann jemand am Ende so weit gebracht werden, daß er sich selbst als einen Gegenstand der allgemeinen Verachtung ansieht und es nicht mehr wagt, die Augen vor jemanden aufzuschlagen.»[178]

In diese ausweglose Lage verstrickt sich der bedauernswerte

Held immer mehr, zumal er an diesem Punkt der Erzählung mutterseelenallein ist, ohne einen Freund oder eine vertraute Person: «Hätte Reiser irgend jemanden gehabt, der an seinem Schicksal wahren Anteil genommen hätte, so würden ihm dergleichen Begegnungen vielleicht nicht so kränkend gewesen sein. Aber so war sein Schicksal an die eigentliche Teilnehmung anderer Menschen nur mit so schwachen Fäden geknüpft, daß die anscheinende Ablösung irgendeines solchen Fadens ihn plötzlich das Zerreißen aller übrigen befürchten ließ und er sich dann in einem Zustand sahe, wo er keines Menschen Aufmerksamkeit auf sich mehr erregte, sondern sich für ein Wesen hielt, auf das weiter gar keine Rücksicht genommen wurde.»[179]

Der Ausweg, der sich ihm schließlich doch eröffnet, führt in die Welt des Geistes und der Kunst. Reiser ist ein hervorragender Schüler, und die Anerkennung seiner Leistungen, die Auszeichnungen, die ihm zuteil werden, heben ihn etwas heraus aus seinem Elend. Und dann ist es vor allem die Dichtkunst, der er sich mit gewaltigem Eifer widmet, in der er Trost und Erfüllung findet. Mit nachsichtiger Ironie schildert der Erzähler die alles in allem eher rührenden und epigonalen poetischen Versuche. Am Ende, fast erwachsen geworden, verlässt Reiser die Schule und die Stadt, wandert hinaus ins Land, um in der Welt des Theaters seine Heimat zu suchen, und man kann diesen Entwicklungsroman als ein Musterbeispiel dafür ansehen, wie der Drang ins Ästhetische aus demütigenden und beschämenden Erfahrungen erwächst.

3. Thomas Mann: Wie Menschen vor Scham wirklich sterben

Man müsse sich darüber wundern, dass die Folgen der Scham nicht zuweilen tödlich seien, heißt es bei Moritz, und derjenige, der diesen Gedanken in die literarische Tat umgesetzt hat, war Thomas Mann mit seiner frühen, aus dem Jahr 1900 stammenden Erzählung *Luischen*. Auch hier kann man sehen, dass die Literatur bestimmter Kulturen und Epochen nicht selten den Charakter eines Schamlabors annimmt, wo emotionale Extremlagen getestet werden. Manns *Luischen* jedenfalls ist ein Beispiel dafür.

«Was die Gattin des Rechtsanwalts Jacoby betrifft, so war sie jung und schön, eine Frau von ungewöhnlichen Reizen.»[180] So springt der Erzähler mitten hinein in die bizarre Geschichte, nachdem er eingangs seinem Erstaunen über die Rätselhaftigkeit mancher ehelichen Verbindungen Ausdruck gegeben hat. Denn es ist völlig unklar, weshalb diese schöne Frau einen derart unansehnlichen Mann geheiratet hat. «Er war beleibt, der Rechtsanwalt, er war mehr als beleibt, er war ein wahrer Koloß von einem Manne!»[181] Die weitere Beschreibung dieses Mannes nähert sich fast einer Karikatur, und sie gipfelt im Porträt eines masochistischen Charakters: «Es gab keinen Menschen, der gegen alle Welt höflicher, zuvorkommender, nachgiebiger gewesen wäre als er; aber ohne es sich vielleicht auszusprechen, empfand man, daß sein überfreundliches und schmeichlerisches Betragen aus irgendwelchen Gründen erzwungen war, daß es auf Kleinmut und innerer Unsicherheit beruhte, und fühlte sich unangenehm berührt. Kein Anblick ist häßlicher als derjenige eines Menschen, der sich selbst verachtet, der aber aus Feigheit und Eitelkeit dennoch liebenswürdig sein und gefallen möchte: und nicht anders verhielt es sich, meiner Überzeugung nach, mit dem Rechtsanwalt, der in seiner fast kriechenden Selbstverkleinerung zu weit ging, als daß er sich die notwendige persönliche Würde bewahrt haben konnte.»[182]

Luischen gehört insofern nicht zu den bedeutendsten Texten Thomas Manns, als er hier bereits auf der dritten Seite die These des gesamten Textes explizit und sich selbst interpretierend darlegt, und das gilt auch für die Charakterisierung der Gattin, die den Namen Amra führt und von der gesagt wird, ihr Körper sei von einer «vegetativen und indolenten Üppigkeit», ihr Verstand hingegen eher schwach entwickelt. Doch: «Ihr Blick war nicht nur töricht, sondern auch von einer gewissen lüsternen Verschlagenheit, und man sah wohl, daß diese Frau nicht zu beschränkt war, um geneigt zu sein, Unheil zu stiften…»[183]

Die Frage, weshalb diese attraktive Dame mit einem unattraktiven Mann liiert ist, wird vom Erzähler ziemlich rasch beantwortet – wobei man hinzufügen muss, dass die ganze Geschichte kaum zwanzig Seiten lang ist und mit hohem Tempo auf die Pointe zusteuert. Der Grund also: erstens die Tatsache, dass Amra ihren Gatten Christian seit Jahren (was die ganze Stadt weiß, nur er nicht) mit einem feschen Schlagerkomponisten betrügt und in dessen Armen jene Erfüllung findet, die ihr Mann zu leisten offenbar außerstande ist. Er nämlich (zweiter Grund) ist zufrieden mit der Rolle des unterwürfigen, anbetenden Sklaven, der es weder wagen darf noch sich dazu ermannen kann, dem göttlichen Leib anders als auf Knien nahezukommen. In einer lustvoll, um nicht zu sagen lüstern geschilderten Szene kniet der Anwalt neben dem Bett der geliebten Frau, stammelt von seiner Liebe, streichelt ihren Arm (mehr nicht) und beginnt zu weinen. Sie fährt ihm übers spärlich behaarte Haupt und sagt: «Ja! – Ja! – Du gutes Tier –!»[184]

So weit die Exposition. Amra nun hat sich vorgenommen, ein großes Frühlingsfest in einem Tanzsaal am Stadtrand zu veranstalten, und sie beruft dazu ein Vorbereitungskomitee ein, dem pikanterweise auch ihr Liebhaber angehört. Man tagt in ihrem Salon. Es werden verschiedene Vorschläge gemacht, denen man bereitwillig zustimmt, bis jemand sagt, ein wirklicher Höhepunkt fehle noch. Alle denken darüber nach, besonders Amra: «Ein Lächeln lag um ihren Mund, ein abwesendes und beinahe irres Lächeln, das von einer schmerzlichen und zugleich grausamen Lüsternheit redete.» Und jetzt sagt sie: «Christian, ich schlage vor, daß du zum Schlusse als Chanteuse mit einem rotseidenen Babykleide auftrittst und uns etwas vortanzest.»[185] Der Erzähler schildert nun die überaus peinliche und gepeinigte Reaktion der Anwesenden. Einige sind wie zu Stein erstarrt, eine Dame ist «heftig errötet», der angesprochene Gatte stammelt seine Abwehr. Man vertagt sich. Spät am Abend jedoch nähert er sich wieder ihrem Bett, beichtet seine Verfehlung und erlangt Verzeihung, indem er sich bereit erklärt, mit dem erwünschten Auftritt Buße zu tun.

Wir wollen den Ablauf dieser als entsetzlich banal geschilderten Vergnügung überspringen, bis zu jenem Augenblick, da der Höhepunkt des Programms ansteht, der Auftritt von Luischen: «Ein Ruck der Verblüffung und des Erstarrens pflanzte sich durch die Menge der Zuschauer fort, als diese traurige und gräßlich aufgeputzte Masse in mühsamem Bärentanzschritt hereinkam. Es war der Rechtsanwalt. Ein weites, faltenloses Kleid aus blutroter Seide, welches bis zu den Füßen hinabfiel, umgab seinen unförmigen Körper, und dieses Kleid war ausgeschnitten, so daß der mit Mehlpuder betupfte Hals widerlich freilag.»[186] Der Anwalt beginnt sein Lied zu singen, am Klavier vierhändig begleitet von Amra und ihrem Geliebten. «Ging nicht mehr als jemals von dieser jammervollen Figur ein kalter Hauch des Leidens aus [...]?», fragt rhetorisch der Erzähler.

Und plötzlich scheint dem Opfer der Intrige etwas aufzugehen – «er verstummte, und während fast gleichzeitig auch die

Klavierbegleitung sich scharf unterbrach, starrte diese abenteuerliche und gräßlich lächerliche Erscheinung dort oben mit tierisch vorgeschobenem Kopf und entzündeten Augen geradeaus ... Er starrte in diesen geputzten, hellen und menschenvollen Festsaal hinein, in dem, wie eine Ausdünstung aller dieser Menschen, der fast zur Atmosphäre verdichtete Skandal lagerte ... Er starrte in alle diese erhobenen, verzogenen und scharfbeleuchteten Gesichter, in diese Hunderte von Augen, die alle sich mit dem gleichen Ausdruck von Wissen auf das Paar dort unten vor ihm und auf ihn selbst richteten ... Er ließ, während eine furchtbare, von keinem Laut unterbrochene Stille über allem lagerte, seine immer mehr sich erweiternden Augen langsam und unheimlich von diesem Paar auf das Publikum und von dem Publikum auf dies Paar wandern, ... eine Erkenntnis schien plötzlich über sein Gesicht zu gehen, ein Blutstrom ergoß sich in dieses Gesicht, um es rot wie das Seidenkleid aufquellen zu machen und es gleich darauf wachsgelb zurückzulassen, – und der dicke Mann brach zusammen, daß die Bretter krachten.»[187]

Auf einmal, in der Sekunde seines Todes, versteht der Mann, was hier gespielt wird, er erlebt die vollkommene und endgültige Demütigung. Nicht zufällig verwendet Thomas Mann den Begriff der Erkenntnis. Es ist, als fiele ein Schleier, der seine eigene Nacktheit ebenso enthüllt wie die erbärmliche Niedertracht seiner Gegenspieler.

Die psychopathologische Anordnung der Szene hat, trotz aller sprachlichen Eleganz und Subtilität, im Grunde etwas durchaus Grobes. Die sadistisch geneigte Frau fügt ihrem masochistisch veranlagten Mann die letzte und tiefste Herabsetzung zu, indem sie ihn in diese ausweglose Schamsituation hineinzwingt. Sie stellt ihm eine Falle. Sie bringt ihn um – nicht in mörderischer Absicht, sondern in Verfolgung einer lüsterngrausamen Laune. Im knallenden Schlusssatz der Szene – «der dicke Mann brach zusammen, daß die Bretter krachten» – verrät sich darüber hinaus eine gewisse Freude des Erzählers an der Inszenierung des Skandals. Mit einiger Sorgfalt arbeitet er die Peinlichkeiten der Geschichte heraus und treibt sie bis zum Äußersten. Er kann das nur, weil er ein hoch entwickeltes Gespür für das mit Scham besetzte Dunkle besitzt. Zugleich hat dieses Dunkle auch etwas Kitzliges, und das wiederum kann im Leser ein Gefühl der Peinlichkeit erzeugen, als ertappe er sich plötzlich bei einem voyeuristischen Blick. Nicht zuletzt hat das mit einem gewissen Voyeurismus des Autors zu tun, der seinen Figuren bei ihrem Treiben gnadenlos und zuweilen auch schamlos zuschaut.

Eine ähnliche Struktur weist Thomas Manns Erzählung *Der kleine Herr Friedemann* auf. Sie handelt von einem feinsinnigen, gebildeten, aber verwachsenen und buckligen Mann, der sich längst mit seinem Gebrechen friedlich entsagend abgefunden hat, als er sich nun unerwartet in eine Dame der Gesellschaft verliebt und ein für überwunden geglaubtes erotisches Begehren verspürt. Er schämt sich dessen und kann doch nicht widerstehen. Die Dame spürt das sehr wohl, sie weidet sich an seiner Scham. In der letzten Szene – man befindet sich auf einem Sommerfest – schlägt sie ihm einen Spaziergang durch den nächtlichen Garten vor. Als beide auf einer Bank nahe am Fluss sitzen, überkommt es den kleinen Herrn Friedemann, er sinkt vor ihr zu Boden, ergreift ihre Hände, presst sein Gesicht in ihren Schoß und schluchzt. Sie lässt ihn eine Weile gewähren. «Und dann, plötzlich, mit einem Ruck, mit einem kurzen, stolzen, verächtlichen Lachen hatte sie ihre Hände seinen heißen Fingern entrissen, hatte ihn am Arm gepackt, ihn seitwärts vollends zu Boden geschleudert, war aufgesprungen und in der Allee verschwunden.»[188]

Und dann heißt es: «Was ging eigentlich in ihm vor, bei dem, was nun geschah? Vielleicht war es dieser wollüstige Haß, den er empfunden hatte, wenn sie ihn mit ihrem Blicke demütigte, der jetzt, wo er, behandelt von ihr wie ein Hund, am Boden lag, in eine irrsinnige Wut ausartete, die er betätigen mußte, sei es auch gegen sich selbst ... ein Ekel vielleicht vor sich selbst, der ihn mit einem Durst erfüllte, sich zu vernichten, sich in Stücke zu zerreißen, sich auszulöschen ...»[189] Er ertränkt sich.

Auch hier begegnen wir einer erzählerischen Inbrunst, die nicht frei ist von einer gewissen Genugtuung (und wäre es nur einer handwerklichen) beim Ausmalen überaus peinlicher Szenen. Und das ist seinerseits nicht frei von Peinlichkeit. Thomas Manns Wahrnehmungsfähigkeit in diesen Dingen entwickelt sich zu wirklicher Meisterschaft erst in den großen Romanen, vor allem im *Zauberberg*. Wir kommen darauf zurück.

KAPITEL VIII

SCHAMANGST, SCHAMLUST

Auf dem Höhepunkt der
Verführung melden sich Reue
und Scham – so zeigt es
William Holman Hunt in seinem
Gemälde «Das erwachende
Gewissen» (1854).

1. Die Scham, sich zu schämen – Strategien der Schamverbergung

Dass man unangenehme Gefühle fürchtet, versteht sich von selbst. Mit dem Begriff Schamangst ist jedoch nicht nur gemeint, dass man beschämenden Situationen nach Möglichkeit aus dem Weg geht. Gemeint ist, dass es in bestimmten Augenblicken und zu bestimmten Zeiten schädlich oder gar schändlich sein kann, Schamgefühle zu zeigen. In seinem Werk *Status und Scham* von 1991 bemerkt Sighard Neckel, in der heutigen Gesellschaft bestehe ein Schamtabu, demzufolge man sich auch dafür schämen müsse, dass man sich schäme.[190]

Man muss sich, um den Wandel der Gefühlskultur zu erkennen, klarmachen, dass dies keineswegs immer so war. Ende des 18., Anfang des 19. Jahrhunderts gehörte es zum Idealbild eines gebildeten und kultivierten Menschen, dass er seine Gefühle und damit seine Empfindsamkeit und Empfindungsfähigkeit zeigt. Dass Frauen – und wohlgemerkt auch Männer – Scham- und Schuldgefühle freimütig äußerten, dass sie erröteten oder gar weinten, gehörte zum erwünschten Verhalten, das man in zahllosen literarischen Beispielen gespiegelt sieht, und wir dürfen sicher sein, dass diese von heute aus gesehen exhibitionistische Kultur der Affekte keine Erfindung der Dichter war.

Nehmen wir Schillers weidlich bekanntes *Lied von der Glocke*, so finden wir dort wie im Zeitraffer die Heranbildung der damals idealen Affekte geschildert:

Vom Mädchen reißt sich stolz der Knabe,
Er stürmt ins Leben wild hinaus,
Durchmißt die Welt am Wanderstabe.
Fremd kehrt er heim ins Vaterhaus,
Und herrlich, in der Jugend Prangen,
Wie ein Gebild aus Himmels Höhn,
Mit züchtigen, verschämten Wangen
Sieht er die Jungfrau vor sich stehn.
Da faßt ein namenloses Sehnen
Des Jünglings Herz, er irrt allein,
Aus seinen Augen brechen Tränen,
Er flieht der Brüder wilden Reihn.
Errötend folgt er ihren Spuren
Und ist von ihrem Gruß beglückt,
Das Schönste sucht er auf den Fluren,
Womit er seine Liebe schmückt.

Man sieht, das Mädchen hat erwartungsgemäß «verschämte Wangen». Nun aber der Jüngling: Er weint ja nicht nur, sondern «aus seinen Augen brechen Tränen», was dramatischer nicht gesagt werden kann, und dass er errötet, passt vollkommen ins erwünschte Bild. Dass junge Männer heutzutage erröten, passiert allenfalls im pubertären Alter, und es erscheint uns nicht als eine ideale, sondern je nach Perspektive als eine komische oder peinliche Reaktion.

Wir müssen es nicht bedauern, dass die Zeit solcher Exaltationen vorüber ist, aber es lässt sich nicht übersehen, dass die moderne Leistungsgesellschaft ihren willfährigen Mitgliedern ein hohes Maß an Disziplin und Selbstverleugnung abverlangt. Und dies, obwohl die Freiheitschancen des Einzelnen vermutlich noch nie so groß waren. Doch diese Freiheit hat ihre Kehrseite. Die Soziologen sprechen von Individualisierung, was bedeutet, dass die gesellschaftlichen Erfolgschancen kaum noch von Tradition, Stand und Herkommen abhängen, sondern in der Hauptsache von der Fähigkeit des Einzelnen, sich Kompetenz anzueignen, sich gut darzustellen und sich gegen die zahlreichen Konkurrenten durchzusetzen. Wobei nach neueren Untersuchungen anzufügen wäre, wie sehr das, was man Beziehungen nennt, eine abermals wachsende Rolle zu spielen scheint.

Sighard Neckel jedenfalls sagt: «Inmitten einer Kultur, die der Expressivität des Individuums so viel Raum wie keine andere geschaffen hat, wird Scham zum ‹heimlichen Rest› der Persönlichkeit, zu einer darstellungs*unfähigen* Empfindung, für die ein Ritual der Entlastung kaum mehr zur Verfügung steht.»[191] Dem Verdikt «Zeitalter der Schamlosigkeit», wie wir es bei Kaltenbrunner und Wurmser kennengelernt haben, begegnet er mit der Beobachtung, dass die angebliche Schamlosigkeit lediglich darin bestehe, die eigene Scham, die nicht mehr gezeigt werden dürfe, durch eine demonstrative Überbietung zu kaschieren: «Die Schamlosigkeit im Verhalten [...] wird damit zum Schlüssel des Verständnisses der Scham*angst*, die das soziale Leben durchherrscht. In der ‹Schamlosigkeit› wird negativ demonstriert, wovor man sich positiv am meisten fürchtet: beschämbar zu sein.»[192]

Nun ist dieser Mechanismus nicht völlig neu. Schon 1956 bemerkt Günther Anders in seinem berühmten Werk *Die Antiquiertheit des Menschen*, derjenige, der sich schäme, trachte immer danach, seinen Makel und sich selber zu verbergen[193], und er gelangt zu der pointierten Feststellung: «Was die Scham intendiert, ist weder, ihre Instanz zu sehen noch diese nicht zu sehen, sondern von ihr nicht gesehen zu werden.»[194] An anderer Stelle führt er aus, «da die Scham durch ihre Sichtbarkeit den Makel bloßstellt, tritt zu der ursprünglichen Scham stets eine zweite hinzu: die *Scham über die Scham.* Scham akkumuliert (‹iteriert›) also automatisch, gewissermaßen genährt durch die eigene Flamme; und brennt umso heißer, je länger sie brennt.» – «Um dieser von Augenblick zu Augenblick unerträglicher werdenden Selbstakkumulation der Scham ein Ende zu bereiten, bedient sich der sich-Schämende eines Tricks: *Statt nämlich seinen Makel und sich selbst zu verbergen, verbirgt er nun seine Scham*, ja seinen Verbergungsgestus.»[195] Dieser «Verbergungsgestus» kann den Anschein der Schamlosigkeit annehmen, und es mag sein, dass manche Phänomene, die sich heute beobachten lassen, darin ihren Grund haben – so etwa, wenn sich unansehnliche, unförmige Menschen auf der Straße oder am Strand nicht etwa verbergen, sondern auf demonstrative Weise darstellen, in schrillen Farben oder besonders knapper Kleidung.

Max Scheler hat ein ähnliches Phänomen beobachtet, nämlich «in der ‹gewollten Frechheit› sehr schüchterner Naturen», und er sieht darin «eine offenbare *Potenzierung* der Scham in der Richtung, daß der Betreffende aus Scham seine Scham (bzw. Schüchternheit) verbirgt»[196], also den Blick von Zeugen durch einen absichtlichen Verstoß gegen das gebotene Schamverhalten provokativ ablenkt. Das Problem all dieser subtilen Interpretationen besteht allerdings darin, dass ihnen, wenn sie sogar noch in der Schamlosigkeit eine Form des Schamempfindens erblicken, schlechthin alles zur Scham zu werden droht, und das ist ja offensichtlich nicht zutreffend. Das Phänomen eines kollektiven Exhibitionismus, wie man ihn bei gewissen zur Enthemmung bestimmten Ereignissen (Karneval,

Loveparade, Nachtclubs, Strandpartys) erleben kann, ist wohl meistens Ausdruck eines Entblößungswunsches und nicht der eines «Verbergungsgestus».

Den zitierten Äußerungen lässt sich ablesen, wie diffizil es ist, Wandlungen der Gefühlskultur festzumachen. Im Grunde beobachten ja alle dasselbe Phänomen, Scheler 1913, Anders 1956, Neckel 1991, und man kann daraus schließen, dass die Schamvernichtung durch expressive Schamlosigkeit eine anthropologische Grundfigur ist.[197] Damit ist nun aber leider nicht viel gesagt, denn entscheidend ist, welche Form und welchen Ausdruck diese Figur im konkreten Augenblick annimmt. Und für die Gegenwart lässt sich durchaus beides beobachten: einerseits eine allgemeine Sexualisierung, wie sie sich den Medien und der Werbung ablesen lässt, andererseits und zugleich eine Selbstdisziplinierung, eine moderne Art der Selbstkasteiung, wie sie in der beschriebenen Peinlichkeitskultur zum Ausdruck kommt.

Was aber nun das weithin und zutreffend beschriebene Absinken der Schamschwelle betrifft, so sei eine Reportage der *Süddeutschen Zeitung* aus dem Jahr 2010 erwähnt. In ihr wurde berichtet, dass die Nackten im Münchner Englischen Garten, die zu besichtigen über lange Jahre hinweg eine touristische Attraktion darstellte, immer älter, folglich unansehnlicher geworden seien. Der Reporter sprach mit dem Vorsitzenden des zuständigen Naturistenverbandes, der gestand, man habe Nachwuchsprobleme. Die Jungen (und sicherlich meinte er vor allem die Mädchen) seien «spröder» geworden, sie zeigten eine gewisse Scheu, sich zu entkleiden.

2. Schamlust und Schamangst gehen auseinander hervor – Schnitzlers *Fräulein Else*

Sigmund Freud, der sich zum Thema Scham relativ selten geäußert hat, schildert in seiner *Traumdeutung* die Lust von Kindern, sich nackt zu zeigen: «Nur in unserer Kindheit gab es die Zeit, daß wir in mangelhafter Bekleidung von unseren Angehörigen wie von fremden Pflegepersonen, Dienstmädchen, Besuchern gesehen wurden, und wir haben uns damals unserer Nacktheit nicht geschämt. An vielen Kindern kann man noch in späteren Jahren beobachten, daß ihre Entkleidung wie berauschend auf sie wirkt, anstatt sie zur Scham zu leiten.»[198] Die schamfreie Zeit der Kindheit, so Freud, erscheine uns im Rückblick wie ein Paradies, weshalb ja auch im Paradies die Menschen nackt seien, ohne sich voreinander zu schämen – «bis ein Moment kommt, in dem die Scham und die Angst erwachen, die Vertreibung erfolgt, das Geschlechtsleben und die Kulturarbeit beginnt».[199]

Exhibitionistische Gelüste von Erwachsenen verweist Freud in das Gebiet des Krankhaften, und dem würde man heutzutage nur sehr bedingt noch folgen. Zwar erntet der einsame Exhibitionist, der sich in Parks oder auf Spielplätzen entblößt, nach wie vor Verachtung oder gar behördliche Verfolgung. Sobald die Zeigelust jedoch programmatischen oder demonstrativen Charakter gewinnt, der sich mit der Menge der Teilnehmer naturgemäß steigert, ist sie kein Anlass zur Scham mehr – jedenfalls nach außen hin, was auch immer die Teilnehmer im Innersten empfinden. Wir wissen nicht, ob die Damen der deutschen Fußballnationalmannschaft eher Lust oder eher Scham empfunden haben, als sie sich im Sommer 2011 vom *Playboy* fotografieren ließen, und zwar nicht nur nahezu nackt, sondern zudem in aufreizenden Posen. Wahrscheinlich ist, dass sie – zumindest augenblicksweise – beides zugleich empfunden haben, sowohl Schamangst als auch Schamlust.

Dass in der Scham Angst und Lust miteinander zusammenhängen, auseinander hervorgehen können, dafür ist Arthur Schnitzlers Novelle *Fräulein Else* (1924) ein gutes Beispiel. Die Besonderheit des Textes besteht zunächst darin, dass er ausschließlich aus dem inneren Monolog der Hauptperson sowie aus kursiv gedruckten Dialogen oder Dialogfetzen der Nebenpersonen zusammengebaut ist – eine ausgesprochen radikale Kunstform, die Schnitzler schon in seiner Erzählung *Leutnant Gustl* erprobt hatte und hier zur Meisterschaft bringt. Ort der Erzählung ist ein Hotel in den Dolomiten, Zeit ein spätsommerlicher Nachmittag und Abend.

Else ist 19 Jahre alt, unverheiratet und der Konvention entsprechend mit *Fräulein Else* anzureden. Sie verbringt mit ihrer Tante und ihrem Cousin Paul ein paar Ferienwochen, die durch einen Brief ihrer Mutter getrübt werden, aus dem hervorgeht, dass der Vater, ein auf großem Fuß lebender Rechtsanwalt in Wien, kurz vor der totalen Pleite steht und, da er infolge seiner Spielsucht Mündelgelder veruntreut hat, verhaftet werden wird, wenn es Else nicht in Kürze gelingt, den im selben Hotel logierenden Herrn von Dorsday um 30 000 Gulden anzupumpen.

Herr von Dorsday, ein reicher, schon etwas älterer Kunsthändler, ist mit den Kalamitäten des Vaters nicht unvertraut und würde ihre Bitte rundweg abschlagen, wenn er die jugendfrische Else nicht begehrte. Sein Angebot: Er gibt das Geld, wenn er Else nackt sehen darf. Else ist empört. Sie entzieht sich nun dem Konflikt zwischen der eigenen Ehre und der des Vaters auf doppelte Weise: Einerseits zeigt sie sich dem Herrn nackt, allerdings nicht nur ihm, sondern allen Gästen des Hotels, indem sie den Speisesaal betritt und ihr einziges Kleidungsstück, einen Mantel, im entscheidenden Augenblick fallen lässt. Andererseits begeht sie danach einen Suizidversuch, von dem wir nicht wissen, ob er gelingt.

So weit die Kurzfassung. Offensichtlich geht es in erster Linie um den Tauschwert weiblicher Unschuld und Schönheit. Herr von Dorsday sieht das vollkommen nüchtern und sagt: «Wenn Sie wirklich einmal eine Million brauchen sollten, Else, – ich bin zwar kein reicher Mann, dann wollen wir sehen.» Else hatte in ihrer Verwirrung zuerst eine Million verlangt, und Dorsday deutet hier an, dass ihm ihre «Unschuld» gegebenenfalls so viel wert sein könnte. Da es aber nur um 30 000 geht, sagt er, «für diesmal will ich genügsam sein, wie Sie. Und für diesmal will ich nichts anderes, Else, als – Sie sehen.» Und er fügt, nachdem er ihre Überraschung und Empörung bemerkt hat, hinzu: «Sie sehen mich an, Else, als wenn ich verrückt wäre. Ich bin es vielleicht ein wenig, denn es geht ein Zauber von Ihnen aus, Else, den Sie selbst wohl nicht ahnen. Sie müssen fühlen, Else, daß meine Bitte keine Beleidigung bedeutet. Ja, ‹Bitte› sage ich, wenn sie auch einer Erpressung zum Verzweifeln ähnlich sieht. Aber ich bin kein Erpresser, ich bin nur ein Mensch, der mancherlei Erfahrungen gemacht hat, – unter andern die, daß alles auf der Welt seinen Preis hat und daß einer, der sein Geld verschenkt, wenn er in der Lage ist, einen Gegenwert dafür zu bekommen, ein ausgemachter Narr ist. Und – was ich mir diesmal kaufen will, Else, so viel es auch ist, Sie werden nicht ärmer dadurch, daß Sie es verkaufen. Und daß es ein Geheimnis bleiben würde zwischen Ihnen und mir, das schwöre ich Ihnen, Else, bei – bei all den Reizen, durch deren Enthüllung Sie mich beglücken würden.»[200]

Es ist bemerkenswert, mit welcher Schärfe Schnitzler die kapitalistische Logik herausarbeitet, der zufolge alles seinen Preis hat, sogar die Liebe. Auch Else weiß das, wenn sie ihren Eltern vorwirft, «sie haben mich ja doch nur daraufhin erzogen, daß ich mich verkaufe, so oder so».[201] Mit diesem «so oder so» spielt sie einerseits darauf an, dass es schon einmal einen älteren reichen Mann gegeben hat, den sie hätte heiraten sollen, um die väterlichen Finanzen aufzubessern. Andererseits träumt sie auch selbst von einer Zukunft in komfortablen Verhältnissen, und sie ahnt, dass sie dafür unter Umständen auf die Liebe werde verzichten müssen.

Insofern versteht Else die Argumentation des Herrn von Dorsday durchaus. Wenn er allerdings sagt, sie werde dadurch nicht ärmer, dass sie ihm den Anblick ihres Körpers verkaufe, so hat er den entscheidenden Punkt übersehen: die Scham. Schamgefühle nämlich lassen sich nicht durch Geld beseitigen, sondern nur durch die Liebe. Im Augenblick der liebenden Begegnung kehrt so etwas wie die paradiesische Unschuld zurück, und die Scham ist aufgehoben im wechselseitigen Blick und Einverständnis. Zuweilen bleibt, wenn Routine noch nicht eingetreten ist, ein Rest von Schamangst, und man dämpft das Licht.

Else nun liebt Herrn von Dorsday keineswegs, sie findet ihn sogar abstoßend. Und sie sagt: «Nein, nein. Ich will nicht. Zu jedem andern – aber nicht zu ihm. Zu Paul meinetwegen. Oder ich such' mir einen aus heute abend beim Diner. Es ist ja alles egal. Aber ich kann doch nicht jedem sagen, daß ich dreißigtausend Gulden dafür haben will! Da wäre ich ja wie ein Frauenzimmer von der Kärntnerstraße. Nein, ich verkaufe mich nicht. Niemals. Nie werde ich mich verkaufen. Ich schenke mich her. Ja, wenn ich einmal den Rechten finde, schenke ich mich her.»[202] Den Richtigen zu finden ist ihr Wunsch.

Zugleich sehnt sie sich nach erotischen Erlebnissen, sogar mit dem erwähnten Paul, ihrem Cousin: «Vorgestern im Wald, wie wir so weit voraus waren, hätt' er schon etwas unternehmender sein dürfen. Aber dann wäre es ihm übel ergangen. Wirklich unternehmend war eigentlich mir gegenüber noch niemand. Höchstens am Wörthersee vor drei Jahren im Bad. Unternehmend? Nein, unanständig war er ganz einfach. Aber schön. Apoll vom Belvedere. Ich hab' es ja eigentlich nicht ganz verstanden damals. Nun ja mit – sechzehn Jahren.»[203] Und wenn sie von der Zukunft träumt, dann so: «Nach Amerika würd' ich ganz gern heiraten, aber keinen Amerikaner. Oder ich heirat' einen Amerikaner und wir leben in Europa. Villa an der Riviera. Marmorstufen ins Meer. Ich liege nackt auf dem Marmor.»[204]

In solch erotischen Phantasien vermischen sich Schamangst und Schamlust. Selbst noch in die Empörung über das Ansinnen Dorsdays drängt sich eine narzisstische Sinnlichkeit: «Nackt willst du mich sehen? Das möchte mancher. Ich bin schön, wenn ich nackt bin.»[205] Und als sie allein in ihrem Zimmer, voller Tränen und Verzweiflung, zu ihrem Doppelbeschluss kommt, nämlich sich zu zeigen und dann umzubringen, entkleidet sie sich, stellt sich ans Fenster, und es heißt: «Schön, schön bin ich! Schau mich an, Nacht! Berge schaut mich an! Himmel schau mich an, wie schön ich bin. Aber ihr seid ja blind. Was habe ich von euch. Die da unten haben Augen. Soll ich mir die Haare lösen? Nein. Da säh ich aus wie eine Verrückte. Aber ihr sollt mich nicht für verrückt halten. Nur für schamlos sollt ihr mich halten.»[206]

Else dreht die Demütigung, die der erpresserische Vorschlag Dorsdays in ihr auslösen muss, dadurch um, dass sie den Akt der Schamlosigkeit zu ihrer eigenen Sache macht und somit Handlungshoheit gewinnt. Aus Schamangst gelangt sie zu einer Schamlust, die nicht nur von Verzweiflung, sondern auch von autoerotischer Begeisterung bestimmt ist. Sie stellt sich nackt vor den Spiegel: «Bin ich wirklich so schön wie im Spiegel? Ach, kommen Sie doch näher, schönes Fräulein. Ich will Ihre blutroten Lippen küssen. Ich will Ihre Brüste an meine Brüste pressen. Wie schade, daß das Glas zwischen uns ist, das kalte Glas. Wie gut würden wir uns miteinander vertragen. Nicht wahr? Wir brauchten gar niemanden andern.»[207]

Sie kann sich diese Schamlosigkeit nur deshalb gestatten, weil sie die absolute Ausnahmesituation des geplanten Suizids imaginiert, und ihr letzter Triumph besteht darin, dem schändlichen Dorsday ein Schnippchen zu schlagen: «Aber ich werde einen Brief hinterlassen mit testamentarischer Verfügung: Herr von Dorsday hat das Recht, meinen Leichnam zu sehen. Meinen schönen nackten Mädchenleichnam. So können Sie sich nicht beklagen, Herr von Dorsday, daß ich Sie übers Ohr gehaut habe. Sie haben doch was für Ihr Geld. Daß ich noch lebendig sein muß, das steht nicht in unserem Kontrakt. O nein. Das steht nirgends geschrieben.»[208]

Um die existenzielle Zuspitzung zu verdeutlichen, die Schnitzler in *Fräulein Else* konstruiert, kann man den berühmten Satz heranziehen, mit dem Carl Schmitt seine *Politische Theologie* (1922) eröffnet: «Souverän ist, wer über den Ausnahmezustand entscheidet.»[209] Obgleich Schmitt auf dem Feld der Rechtsphilosophie argumentiert und an einen solch intimen Tauschverkehr keineswegs denkt, lassen sich doch Parallelen ziehen. Das Ansinnen Dorsdays mag dreist oder erpresserisch sein, aber es bewegt sich noch im Rahmen des Bürgerlichen Gesetzbuches. Er macht ein Vertragsangebot, das von Else angenommen oder abgelehnt werden kann. Sie nun trifft eine geradezu existenzialistische Entscheidung, die Entscheidung zum Suizid. Somit stellt sie den Ausnahmezustand her und gewinnt Souveränität. Durch diesen qualitativen Sprung sind alle Konventionen von Scham und Schamlosigkeit aufgehoben, die üblichen Regeln gelten nicht mehr – sie kann den Vertrag halten, indem sie ihn bricht.

Es ist klar, dass eine solche Interpretation die tragische Geschichte kaltherzig reduziert, aber das mit höchster Virtuosität geschilderte Drama hat selber einen kalten Kern (und auch einen voyeuristischen). Die Motive der Personen liegen ebenso offen wie die inneren seelischen Abläufe: Dorsdays Geilheit sowie Elses zwischen Schamangst und Schamlust schwankende Erregung. Diese heftigen Emotionen finden ihren Entscheidungspunkt jeweils in einem völlig rationalen Kalkül, das auf dem Gedanken des Tauschwertes basiert, und der gesellschaftskritische Impuls der Geschichte zeigt sich in der Ungleichheit der Geschlechter. Die Männer (Dorsday und Elses Vater) verfügen über Geld und Macht sowie über die Zukunftschancen der Frau, während das einzige Kapital der Frau ihre erotische Attraktivität darstellt, und mit dem muss sie gut wirtschaften, sei es als Heiratskandidatin, sei es als «Frauenzimmer von der Kärntnerstraße».

3. Die Faszination des Abstoßenden – Kierkegaards *Begriff Angst* – Borchardts *Unwürdiger Liebhaber* – Bernanos

In seiner *Geschichte des Auges* erzählt Georges Bataille von zwei halbwüchsigen Kindern, einem Mädchen und einem Jungen, die auf einmal den Reiz und die Gefahr der Sexualität entdecken. Sie unternehmen erotische Erkundungen, die immer wilder, obszöner werden und sich am Ende zu einem tödlichen Exzess steigern. Am Anfang sind ihre Spiele noch relativ harmlos. Sie müssen ihre Scham überwinden, und das Überwinden dieser Scham bereitet ihnen Lust. Es heißt: «Wir nutzten alle Gelegenheiten aus, um uns unseren Spielen zu überlassen.

Wir waren nicht schamlos, im Gegenteil, aber eine Art von Befangenheit zwang uns, der Scham zu trotzen.»[210] Der Satz klingt selbstwidersprüchlich. Er besagt, dass man gerade, weil man schamhaft sei, zur Schamlosigkeit gelange. Nicht nur bei Bataille kann man erfahren, dass es diese dunkle Kausalität durchaus gibt. Und es lässt sich nicht übersehen, dass Schnitzler in *Fräulein Else* mit seinem psychoanalytischen Interesse zwar ziemlich weit in die heikle Thematik eindringt, sie aber keineswegs erschöpft.

Die Lust an der Scham hat noch eine andere, eine dunklere Seite. Sie besteht, ganz allgemein gesprochen, in jener «Faszination des Abscheulichen»[211], von der Marlow am Anfang seiner Erzählung spricht, an jenem Abend, als die Männer auf der Hochseeyacht «Nellie» darauf warten, dass die Tide wechselt und sie auslaufen können – in Joseph Conrads Roman *Herz der Finsternis*. Das Abscheuliche, Beschämende, Angsterregende und ähnliche widrige Empfindungen haben nicht nur eine abstoßende Kraft, sondern auch eine anziehende.

In seiner Abhandlung *Der Begriff Angst* macht Kierkegaard die Bemerkung: «Das Leben bietet überdies Erscheinungen genug dar, bei denen das Individuum nahezu begehrlich auf die Schuld starrt, und gleichwohl sie fürchtet. Schuld hat für des Geistes Auge die Macht, die der Blick der Schlange hat, die des Zauberbanns.»[212]

Es ist hier nicht der Ort, Kierkegaards ebenso kühnem wie subtilem Argumentationsgang im Detail zu folgen, es soll genügen, ihn zu skizzieren. Kierkegaard beginnt aufs Neue mit der Erbsünde und fragt, wie es zu ihr kam. In seinem Tagebuch von 1842 notiert er: «Nun hat man oft genug das Wesen der Erbsünde entwickelt, und doch hat man eine Hauptkategorie fehlen lassen – es ist *Angst*, dies ist die eigentliche Bestimmung der Erbsünde; Angst ist nämlich eine Begierde nach dem, was man fürchtet, eine sympathetische Antipathie; Angst ist eine fremde Macht, die den einzelnen Menschen faßt, und doch kann man sich nicht davon losreißen und will das nicht, denn man fürchtet zwar, aber was man fürchtet, das begehrt man.»[213] Und damit kamen Scham und Schuld in die Welt.

Die erste Sünde geschah im Stande der Unschuld. Unschuld aber ist Unwissenheit, denn Adam konnte nicht wissen, was mit dem Verbot, vom Baum der Erkenntnis zu essen, genauer gemeint war. Mit diesem Verbot eröffnet sich ihm das Reich der Freiheit – und damit die Angst. Kierkegaard: «Angst kann man vergleichen mit Schwindel. Der, dessen Auge es widerfährt in eine gähnende Tiefe niederzuschauen, er wird schwindlig. Aber was ist der Grund? Es ist ebensosehr sein Auge wie der Abgrund; denn falls er nicht herniedergestarrt hätte. Solchermaßen ist die Angst der Schwindel der Freiheit, der aufsteigt, wenn der Geist die Synthesis setzen will, und die Freiheit nun niederschaut in ihre eigene Möglichkeit, und dann die Endlichkeit packt sich daran zu halten. In diesem Schwindel sinkt die Freiheit zusammen. [...] Den gleichen Augenblick ist alles verändert, und indem die Freiheit sich wieder aufrichtet, sieht sie, daß sie schuldig ist. Zwischen diesen beiden Augenblicken liegt der Sprung, den keine Wissenschaft erklärt hat oder erklären kann.»[214]

Wichtig für unseren Zusammenhang sind zwei Gedanken: einmal die Beobachtung des letztlich unerklärbaren «Sprunges», der im Augenblick, in der Realisierung der Freiheit geschieht (und dies wiederum weist auf Sartre und den französischen Existenzialismus voraus), und zweitens der Gedanke der «sympathetischen Antipathie», also der Verzauberung durch das Entgegengesetzte und eigentlich Abstoßende. Diese Überlegungen mögen ziemlich theoretisch klingen, doch sie entsprechen, sobald man genauer hinblickt, einer durchaus vorhandenen Realität, dass das Individuum in Angst «nahezu begehrlich auf die Schuld starrt», um noch einmal Kierkegaard zu zitieren, dass der Mensch also gerade auf das, was zu meiden er Grund hätte und was zu meiden sein helleres Ich ihm auch rät, zielstrebig hinsteuert.

Dieses unheimliche Geheimnis ist Gegenstand einer Erzählung von Rudolf Borchardt. Dort heißt es: «Es gibt Seelen, die durch Hindernisse auf ihren Wegen erst gebildet und über ihre wahren Ziele belehrt werden und denen jeder Anblick, auch der unbedeutende, der Körperwelt neue Augen öffnet. Aber es gibt solche, die sich am Hindernisse ihres Eigensinnes und ihres Wagnisses erst bewußt werden, und es offenen Auges durchschreiten, um das Unmögliche oder das Verbannte gegen alle Himmelszeichen sich anzueignen, und wenn sie darüber scheiterten.»[215]

Die Erzählung gehört zu den subtilsten und kunstvollsten, die es in der deutschen Literatur je gab, und man muss sich darüber wundern, dass sie so wenig bekannt ist. Sie heißt *Der unwürdige Liebhaber* und gehört zu dem Zyklus *Das hoffnungslose Geschlecht*. Borchardt publizierte sie 1929.

Die Geschichte spielt kurz nach dem Ersten Weltkrieg, Schauplatz ist ein herrschaftliches Anwesen im Südwesten Deutschlands. Die Personen sind Moritz von Luttring, seine Schwester Steffi, seine Gemahlin Tina nebst zwei kleinen Kindern sowie Tinas Mutter Eugenie – und schließlich ein gewisser Konstantin, der den dramatischen Motor der Ereignisse darstellt. Sie beginnt damit, dass Steffi, die während der Kriegsjahre mit Konstantin eine Affäre begonnen hat, nunmehr, nachdem die Scheidung der früheren Ehe vollzogen ist, alles daran setzt, diesen zu ehelichen. Da sie mittellos ist und, wie sich schnell zeigt, ihr Konstantin ebenfalls, benötigt sie die finanzielle Hilfe ihres Bruders Moritz. Dessen Lage ist allerdings prekär, da die landwirtschaftlichen Familiengüter infolge des Krieges vernachlässigt wurden und die Insolvenz nur mit Mühe und Glück abgewendet werden kann.

Nach einer schnellen und knappen Exposition schildert Borchardt die Gespräche im Familienkreis, wo die von allen (außer natürlich von Steffi) als peinlich empfundene Lage erörtert wird. In der glücklosen Ehe Steffis kann Moritz kein Argument für eine neue Heirat erblicken – «ich glaube nicht an den idealen Ehebruch aus schlechter Ehe, der dann zur guten Ehe führt. Ich bin gegen die Konstruktion mißtrauisch, gerade weil sie so logisch scheint. Ich glaube an tiefe menschliche Schwäche, ohne Logik, ohne Grund und ohne Ziel und mit zweifelhaftem Ausgange.»[216]

Damit ist bereits ein Grundgedanke dieser in konservativem Geist geschriebenen Erzählung angedeutet: Der Mensch ist aus krummem Holz geschnitzt, er bedarf zu seiner Heranbildung des Reglements und der durch die Tradition überlieferten Form. All dies jedoch hat in den Kriegsjahren erheblichen Schaden genommen. Was ehemals galt, ist fraglich geworden. Auch die als ebenso kluge wie schöne Erscheinung porträtierte Tina sieht einen allgemeinen Niedergang, der in Steffis Seitensprung seinen bezeichnenden Ausdruck findet, und sie urteilt, «es ist eine richtig verwilderte Geschichte».[217] Die Erkundigungen, die man über Konstantin unterdessen eingezogen hat, bestätigen das ungünstige Bild, das man ohnedies von ihm hatte. Er scheint ein Frauenheld zu sein, ein Lebemann ohne jede Substanz, kurz: «der von Glück und Zufall emporgehobene Günstling».[218] Folglich blickt man seinem Besuch, der sich nicht mehr vermeiden lässt, mit ungutem Gefühl entgegen.

Entscheidend nun ist der Abend, an dem Konstantin sich in den Kreis der Familie einführt, empfangen von einer glücklichen und aufgeregten Steffi, von den anderen mit einer sorgfältigen und abwartenden Höflichkeit. Dem blendend aussehenden Mann, der die Gabe eines bezaubernden, überredenden Charmes besitzt, gelingt es zunächst, die Familie in seinen Bann zu ziehen. Bald allerdings muss er einsehen, dass Moritz eine uneinnehmbare Festung darstellt, weshalb er seine Kräfte, das Plazet der Familie zur Eheschließung zu erringen, vor allem auf Tina konzentriert, deren Stimme im Familienrat von einiger Bedeutung ist. Es heißt: «Tina begriff, warum er sich vor allem ihr widmete, und das Gefühl, daß seine unablässige, elastische Werbung nicht ihrer Person, sondern ihrer Stimme im Rat galt, zersetzte ihr Blut mit einem Elemente von gärendem Rauschgifte, das sich ihrer bemächtigt und sie überschwemmt hatte, ehe sie sich völlig davon Rechenschaft gab, und an dem er so gut wie schuldlos war.»[219]

Der Zusatz «an dem er so gut wie schuldlos war» ist einerseits auffällig, weil sich Konstantin in den folgenden Szenen als diabolisch gewissenloser Verführer erweist. Andererseits ist der Zusatz vollkommen triftig, weil ein Verführer nur dann obsiegen kann, wenn sich jemand verführen lässt. Und die ebenso unerwartete wie ungeheuerliche Wendung der Geschichte besteht darin, dass es nicht die sowieso schon verführte und völlig unbedarfte Steffi ist, um die es jetzt geht, sondern Tina, die uns bisher als Ausbund lebenskluger Weiblichkeit begegnet ist.

Die Tatsache, dass dieser Schönling in strategischer, nicht in erotischer Absicht um sie wirbt, verletzt ihre Eitelkeit, sie empfindet das als demütigend, als beschämend. Zugleich aber, und vielleicht deshalb, fühlt sie sich im Anblick des Abstoßenden auf rätselhafte Weise von ihm angezogen: «Sie versuchte wieder und wieder die Verdunklung ihres Bewußtseins dadurch zu besiegen, daß sie ihn abkühlte und überhörte, aber sie war ihm nicht gewachsen, wenn sie in seinen spottend bettelnden Augen sah, daß er sie durchschaute und nicht einzuschüchtern war. Sie wußte, es war seine Eitelkeit und seine Berechnung, die sich rächen und gleichzeitig die vermutete Gegnerschaft in Parteilichkeit für sich verwandeln wollte; aber sie fühlte zugleich, daß die Wurzeln alles ihres Willens abstarben, weil etwas aus ihr aufstieg, das im Wachsen war, eine bunte unheilbare Krankheit.»[220]

Diese Krankheit ist die «sympathetische Antipathie» Kierkegaards, der Blick der Schlange, der Schwindel der Freiheit. Und jetzt sinkt die Freiheit zu Boden und wacht als Schuld wieder auf: «Indem sie spürte, wie ihr Widerstreben ihn doppelt dringend machte, wußte sie gleichzeitig, daß ihre Irritation darüber, sich nur als Mittel zu einem anderen Zwecke beunruhigt zu sehen, mit der Betörung des wertlosen Menschen neben ihr bereits eine unlösliche Verbindung eingegangen war und in dieser Verbindung einen Strom aus ihr entband, der ihn doppelt anzuziehen und allein auf sie selber zu beziehen trachtete, ja an sie heranriß. In dieser Verwirrung, die ihr sekundenweise wiederum nur als Foppung, als spielende Entwicklung des Spieles erschien, und von den andern nur so gedeutet werden konnte, geschah es, daß er, dem einschenkenden Diener ausweichend und etwas rückend, mit der Spitze seines Fußes wie unabsichtlich langsam über ihren Schuh streifte, und daß eine gelähmte Minute verging, bis sie die Kraft hatte, ihren Fuß zurückzuziehen. Sie war mitten in allen um Rettung heranstürzenden Kräften ihrer Reinheit von dem Wunsche überschattet worden, die Liebkosung seines Fußes möchte Druck und Schmerz werden, und war unter dem schauerlichen Wunsche tief erblaßt.»[221]

Man sollte in dieser geradezu artistischen Satzperiode den Einschub «des wertlosen Menschen neben ihr» nicht übersehen: Tina weiß, dass Konstantin ein «unwürdiger Liebhaber» ist, wie der Titel der Erzählung lautet, oder, wie Eugenie später sagen wird, ein «Lump»[222]. Aber neben seiner männlichen Attraktivität, der Eleganz seines Auftretens und der Brillanz seiner Rhetorik besitzt er etwas, was Tinas dunkle Seite anzieht, und dass sie eine solche hat, wird ihr erst in jenem Augenblick bewusst, da sie den Wunsch empfindet, «die Liebkosung seines Fußes möchte Druck und Schmerz werden». Es ist gerade das «Wertlose» an ihm, das Halbseidene, das Spielerische und latent Unaufrichtige, das sie anzieht wie ein Kind, das sich in den morastigen Saum eines Tümpels vorwagt, aus Angst und aus Neugier. Es ist Schamlust. Einen Tag später wird Eugenie eine seltsame Veränderung an Tina bemerken: «Eugenie sah ihren Umriß vor sich und fragte sich, was an ihren Bewegungen sie so anders als sonst berühre. Sie sah gewiß noch von rückwärts schön aus, aber an die Stelle des schlanken Spiels des in seiner Unschuld und Kraft selbstgewissen Körpers war ein neues Bewegungsbild getreten, die gebrochene Harmonie.»[223]

Am selben Abend jedoch, bevor sich beide zur Nachtruhe begeben, unterhalten sich Eugenie und Tina über den Eindruck, den sie gerade von Konstantin gewonnen haben, und Eugenie wird deutlich: «Er ist feil und schal von oben bis unten.» Tina widerspricht nicht, aber es heißt: «‹Was hilft es alles›, antwortete Tina so wild, daß die andere erschrak, ‹wenn man ihn liebt!› Und als Eugenie, von Grauen gepackt, schwieg, fügte sie mit einem Zuge um den Mundwinkel, den die Mutter nie an ihr gesehen hatte, und der jetzt wohl zum ersten Male auf ihrem Gesichte entstand – einen Zug von spukhafter List und tragischer Neckerei, hinzu: ‹Sie liebt ihn eben›, winkte und ging hinaus.»[224]

Mit einer Verschlagenheit, die niemand bei ihr für möglich gehalten hätte, auch sie selber nicht, arrangiert Tina ein heimliches Treffen mit Konstantin. Bevor es dazu kommt, zögert sie einen Augenblick: «Bis dahin hatte sie sich die Möglichkeit noch im Innern offen gelassen, vielleicht doch nur ein rasendes, ein aberwitziges Spiel, aber ein Spiel getrieben zu haben, aus dem sie im letzten Augenblicke durch eine umschwingende Stimmung, eine plötzliche Ermüdung, Erkältung oder normalen Widerwillen, ja gesunde Feigheit sich herausziehen konnte. Aber durchkreuzt, eingekreist und herausgerissen zu werden durch einen Zufall, der sie ertappte, ihre Gedanken las, sie ihr auf den Kopf zusagte und ihr Warnungstafeln stellte, ertrugen die steigenden Säfte ihres schießenden Triebes nicht und sie wußte nun erst, daß sie Konstantin für sich verlangte, ihn an sich hatte erfahren wollen und ihn in sich ertragen und durchmachen, bis sie selber von ihm genug hatte und ihn verstieß.»[225]

So kommt es dann. Sie «sättigte sich an ihm bitter und mordend».[226] Danach verlässt sie fluchtartig Haus und Kinder. Später erfährt man, sie habe eine Weile mit Konstantin zusammengelebt, sich dann von ihm getrennt und sei zu Verwandten in die USA gegangen, wo sie einige Jahre später ihrem Leben ein Ende setzte.

Für den konservativen Denker Rudolf Borchardt ist Haltung, Contenance ein Fundament geordneten menschlichen Zusammenlebens. Die Beobachtung, dass sich diese Contenance nicht mehr von selbst versteht, dass sie bedroht ist durch eine Verwilderung, als deren zerstörerischer Bote Konstantin auftritt, bildet den äußeren Anlass der Geschichte. Der innere Kern aber hat eine noch fatalere Dimension. Tina ist ja in keiner Weise verwildert, und einen Mangel an Contenance kann ihr niemand nachsagen. Das wahrhaft Unheimliche ihrer Entgleisung besteht darin, dass sie die «Warnungstafeln» deutlich sieht, dass sie das Verbot anerkennt, und je mehr sie es anerkennt, umso heftiger zu seiner Übertretung gereizt wird. Das erinnert an Dostojewskis *Aufzeichnungen aus dem Untergrund*, deren masochistischer Held einmal sagt, er empfinde Genuss gerade «in dem allzu grellen Erkennen der eigenen Erniedrigung».[227]

In seiner Abhandlung *Die Erotik* versucht Georges Bataille diesem dunklen Geheimnis auf den Grund zu gehen. Er beschäftigt sich mit den Verboten, die es auf unterschiedliche Weise in allen menschlichen Gesellschaften gibt und die sich vor allem auf das Gebiet der Gewalt und der Sexualität beziehen. Sie seien uns nicht von außen auferlegt, sagt er, sondern Teil unseres Selbst, sie seien «der Schlüssel zu unserer menschlichen Haltung». Er schreibt: «Wir müssen, wir können zuverlässig wissen, daß uns die Verbote nicht von außen auferlegt wurden. Dieses Wissen gewinnen wir in der Angst, im Augenblick, da wir das Verbot *überschreiten*, und hauptsächlich im Moment des Unschlüssigseins, in dem es noch wirkt und wir trotzdem dem Antrieb nachgeben, dem es entgegenstand.»

Bataille kommt zu einem äußerst paradoxen Befund: Das Verbot wird sichtbar, erst eigentlich wirksam im Augenblick der Übertretung. Zwar war es auch vorher schon da, aber es spielte gewissermaßen keine Rolle: «Wenn wir das Verbot befolgen, wenn wir ihm unterworfen sind, haben wir kein Bewußtsein mehr davon. Aber im Augenblick des Überschreitens empfinden wir die Angst, ohne die es das Verbot nicht gäbe: das ist die Erfahrung der Sünde. Die Erfahrung führt zur vollendeten Überschreitung, zur geglückten Überschreitung, die das Verbot aufrechterhält, und zwar aufrechterhält, *um es zu genießen.*» Und Bataille kommt zu einem Schluss, der von der «sympathetischen Antipathie» Kierkegaards nicht weit entfernt ist: «*Die innere Erfahrung der Erotik verlangt von dem, der sie macht, eine nicht weniger große Sensibilität für die Angst, die das Verbot begründet, wie für das Verlangen, das zu seiner Übertretung führt.* Es ist die *religiöse* Sensibilität, die stets das Verlangen und den Schrecken, die intensive Lust und die Angst eng miteinander verbindet.»[228]

Zentral ist der Gedanke, dass Angst und Lust zwei einander benachbarte Gefühle sind, dass also Schamangst und Schamlust gar nicht getrennt voneinander betrachtet werden können – ein ebenso verwegener wie beunruhigender Gedanke. Der katholische Schriftsteller Georges Bernanos hat ihn in seinem Roman *Die Sonne Satans* (1926) ins Religiöse gewendet. Die Vorstellung, dass Schamlust sündhaft sei, wie sie bei Kierkegaard und Bataille zu finden ist, wird von Bernanos radikalisiert: Scham, verstanden als «sympathetische Antipathie», als das faszinierte Angezogensein durch das Verbotene und schließlich als Übertretungswunsch, ist nichts anderes als ein Sieg des Bösen, und das Böse tritt in diesem verstörenden Roman leibhaftig als der Satan auf.

Im ersten Teil des Buches mit dem Titel «Vorspiel» begegnen wir der sechzehnjährigen Germaine, Tochter des Brauereibesitzers in einer französischen Kleinstadt. Germaine ist schwanger, weigert sich aber, ihrem Vater den Namen des Erzeugers zu nennen, des Marquis von Cadignan, der sie verführt hat. In ihrer Not sucht sie ihn auf und verlangt von ihm, sich zu ihr zu bekennen. Als sich der Marquis in allerlei verlegene und verlogene Ausflüchte retten will, erschießt sie ihn mit seinem Jagdgewehr. Der wahre Hergang bleibt unentdeckt, man hält seinen Tod für Selbstmord.

Germaine nun «verwildert», sie beginnt eine Affäre mit dem unglücklich verheirateten Doktor Gallet, dem einflussreichen Abgeordneten des Wahlbezirks. In einer zentralen Szene versucht sie, offenbar von dem Wunsch beseelt, einen Vater für das noch ungeborene Kind zu erlangen, ihren neuen Liebhaber zu einem Liebesgeständnis zu bewegen, und behauptet, sie sei schwanger von ihm. Als auch Gallet sich in Ausreden flüchtet, sagt sie, sie hasse ihn, und fügt hinzu, er wisse nicht einmal, was es bedeute, zu hassen und zu verachten – «du hast es nie gefühlt … wie soll ich nur sagen? Wie ein Gedanke kommt es einem … wie ein Schwindel … sich fallen zu lassen, zu gleiten … nach unten zu kommen – ganz tief – bis auf den Grund – wo nicht einmal die Verachtung der Dummköpfe einen suchen könnte…»

Und Germaine schildert ebendiese Verachtung, die ihr von den Bewohnern der Kleinstadt entgegenschlägt, wo sie als leichtes Mädchen gilt: «Man schämt sich? Natürlich, meinetwegen, man schämt sich! Aber wir beide, haben wir seit dem ersten Tag etwas anderes gesucht? Das, was einen anzieht und abstößt … Das, was man fürchtet und ohne Eile flieht – was man jedesmal mit dem gleichen Zucken des Herzens wieder entdeckt – was wie die Luft wird, die man trinkt – unser Element – die Scham!»[229] Die Lust besteht in der Scham, im Gefühl des Unwürdigen, Demütigenden, im gemeinsam empfundenen Genuss des Bösen. Und als Doktor Gallet zu erkennen gibt, dass er die Heimkehr seiner verreisten Ehegattin unmittelbar befürchtet, fragt ihn das Mädchen: «Glaubst du an die Hölle?» Seine Antwort: «Natürlich nicht!» Darauf sie: «Du fürchtest die Hölle nicht, und du fürchtest deine Frau! Bist du dumm!»[230]

In Sartres Drama *Geschlossene Gesellschaft* (1944) hieß es: Die Hölle, das sind die anderen. Die theologische Botschaft von Bernanos lautet: Die Hölle sind wir selber. Ihr Agent tritt im nächsten Teil des Romans auf, der den Titel «Die Versuchung zu verzweifeln» trägt. Hier begegnet uns die zentrale Figur der Geschichte, der Kaplan Donissan, der dem heiligen Pfarrer von Ars nachgebildet ist und der in einem gewaltigen nächtlichen Kampf dem Satan widersteht. Donissan wird Germaines Seele retten, und doch bleibt der Kampf zwischen dem Guten und dem Bösen unentschieden. Im letzten Teil des Buchs («Der Heilige von Lumbres») spitzt Bernanos seine Theologie (oder die des Kaplans Donissan) auf die Formel zu: Die Welt «ist keine gut zusammengebaute Maschine. Gott warf uns zwischen sich und Satan als seinen letzten Wall. Durch uns hindurch sucht seit Jahrhunderten und Jahrhunderten der gleiche Haß Ihn zu erreichen; im armen menschlichen Fleisch wird das unaussprechliche Blutbad angerichtet».[231]

Dass wir der Spielball zwischen Gott und dem Satan seien, diese manichäische Theorie dürfte den meisten von uns völlig fremd sein. Sie radikalisiert jene konservative Weltsicht, der zufolge es das Böse wirklich gibt, und zwar nicht als Folge misslungener Sozialisation, sondern als ontologisches Faktum. Der Gedanke passt nicht in unsere Zeit. Deshalb lohnt es sich, über ihn nachzudenken.

KAPITEL IX

MACHTFRAGEN

Macht zielt auf Unterwerfung, auf die der Seele und – wie hier beim militärischen Drill – auf die des Körpers.

1. Dostojewski: Der Herr verzeiht seinem Knecht die Untat, die er an ihm begangen hat

Wer Scham empfindet, fühlt sich – zumindest für den Augenblick – machtlos. Und wer Macht hat, neigt nicht dazu, sich zu schämen. Unsere bisherigen Darlegungen haben zwar gezeigt, dass Empfindungen der Scham relativ unabhängig sind von der historischen und kulturellen Situation, aber eben nur relativ. Sie sind, davon abgesehen, auf besondere Weise von der sozialen Lage desjenigen bestimmt, der sich schämt oder beschämt wird. Wir konnten das schon bei Anton Reiser sehen, dessen Schamgefühle unmittelbar mit seiner niederdrückenden Armut und demütigenden Abhängigkeit zusammenhängen.

Es geht also um Machtfragen. Das können mehr oder weniger zufällige sein, wie in der zitierten Szene bei Karl Philipp Moritz, wo es von dem «Kaufmann in H.» heißt, dass er «gemeiniglich statt der Person, mit der er sprach, einen andern anzusehen pflegte». Ein solch herabsetzendes Gebaren kennt vermutlich jeder. Die Bewohner der flexibilisierten Gesellschaften des Westens kennen jedoch Machtverhältnisse, die an eine ständische Ordnung und ihre stabilen Hierarchien gekoppelt sind, in der Regel nicht mehr. Dostojewskis Held im *Doppel-*

gänger kennt sie noch, denn Goljädkin ist bloß Titularrat, sein Vorgesetzter hingegen, der empörte Andrei Filippowitsch, ist Staatsrat, und aus diesem Rangunterschied ergibt sich zwangsläufig, wer wen zuerst zu grüßen hat und auf wessen Seite im Fall des Unterlassens die Peinlichkeit liegt. Und die demütigenden Vorgänge auf dem Geburtstagsempfang zeigen, wie sich Prominenz mit dem Geblüt und dem Herkommen steigert – sie ist noch nicht, wie es heute der Fall ist, an Reichtum oder öffentliche Präsenz gekoppelt.

Die alte Hierarchie versteht sich jedoch nicht mehr ohne weiteres von selbst, die Ideen der Französischen Revolution sind, wenn auch mit Verzögerung, bis nach St. Petersburg vorgedrungen, es hat unter dem Zaren Alexander II. einige Reformen gegeben, darunter eine Justizreform und die Aufhebung der Leibeigenschaft 1861. Zu diesem Zeitpunkt etwa spielt Dostojewskis *Eine dumme Geschichte*.

Drei Herren sitzen beieinander und trinken Champagner, darunter der Held der Erzählung, Iwan Iljitsch Pralinskij. Von ihm heißt es, er sei ein schöner Mann von hohem Wuchs, 43 Jahre alt, guter Herkunft und guter Vermögensverhältnisse. Man kommt ins Politisieren und streitet über die Reformen. Pralinskij erweist sich als ihr enthusiastischer Verteidiger, während seine deutlich älteren Gesprächspartner schlecht gelaunt oder höhnisch Widerspruch einlegen. Pralinskij ereifert sich und sagt, Humanität sei die Grundlage der Reformen und «der Erneuerung der Dinge überhaupt».[232] Er äußert sich nicht sonderlich konzise, was auch daran liegen mag, dass er etwas betrunken ist, jedenfalls zeigt er sich in dem Streitgespräch als ein Menschenfreund, der daran glaubt, Humanität sei imstande, die Grenzen des Standes und der sozialen Lage aufzuheben.

Man gelangt zu keiner Einigung und bricht gegen Mitternacht auf. Pralinskijs Kutscher jedoch hat nicht gewartet. Er sei, heißt es, auf die Hochzeit einer Verwandten irgendwo in der Nähe gegangen. Pralinskij ärgert sich und flucht, doch weil die Nacht zwar kalt, aber sternenklar ist, beschließt er, zu Fuß heimzukehren. Unterwegs kommt er an einem alten, einstöckigen Holzhaus vorbei, in dem ein lautstark gefeiertes Fest stattfindet. Es handele sich um besagte Hochzeit, erfährt er, der Bräutigam sei der ihm untergebene Registrator Pseldonimoff.

In Pralinskijs Kopf wiederholt sich nun der vorangegangene Streit, und plötzlich findet er, dies sei die Gelegenheit, Humanität zu beweisen, an der Festivität teilzunehmen und damit seinem Untergebenen zu bedeuten, dass Klassenschranken letztlich keine Rolle spielten. Er betritt die ärmliche Behausung: «Alle Augen, alle Gesichter wandten sich erschrocken schnell dem eingetretenen Gast zu. Und gleich darauf begann ein allgemeines Zurückweichen; alle schoben und drückten sich nach rückwärts. [...] Herr Pralinskij stand immer noch in der Tür und wagte keinen Schritt vorzutreten. Zwischen ihm aber und den Gästen wurde der freie Zwischenraum immer größer und größer, und schließlich war das halbe Zimmer leer, abgesehen von den Zigarettenstummeln und Konfektpapierchen, mit denen der Fußboden besät war.»[233]

Die Hochzeitsgesellschaft, die ausnahmslos der Unterschicht angehört, begreift intuitiv, dass da etwas vollkommen Unverständliches, vielleicht gar Ungehöriges oder Gefährliches passiert, und rätselt über den Grund dieses Besuchs. Auch Pralinskij spürt, dass sein Erscheinen in mehrfacher Hinsicht unpassend ist. Natürlich bietet man ihm Getränke an, einen billigen Sekt, von dem er aus Verlegenheit zu viel trinkt. Man bemerkt, dass sich Seine Exzellenz in einem benebelten Zustand befindet, und da die Hochzeitsgäste ebenfalls betrunken sind, benehmen sie sich ihr gegenüber immer freier und ungezwungener. Es wird also halbwegs fröhlich, die Flasche kreist, aber irgendwann fragt sich Pralinskij: «‹[…] warum bin ich denn hier, warum gehe ich nicht weg, was will ich eigentlich?…› Und während er das noch dachte, begann eine Art Scham, eine tiefe, unerträgliche Scham sein Herz immer noch mehr und noch mehr zu peinigen.»[234] Aus Scham trinkt er weiter, kann sich nicht mehr auf den Beinen halten, stürzt zu Boden und wird am Ende in das einzige halbwegs standesgemäße Bett gebracht, in das frisch geschmückte Brautbett, das er vollständig vollkotzt.

Unterdessen ist der Morgen angebrochen, er begreift die fürchterliche Lage, in die er sich, vor allem aber die Familie gebracht hat, deren abgrundtiefe Armut er nun erst wirklich wahrnimmt, «– oh, da schämte er sich so fürchterlich, da fühlte er so tödliche Qualen sein Herz erfüllen, daß er aufstöhnte, sein Gesicht mit den Händen bedeckte und sich verzweifelt auf das Kissen zurückwarf.»[235]

Als er sich unbemerkt davonmachen will, hält ihn die Mutter des Bräutigams zurück, sie wäscht ihn mit dem für das Brautpaar gekauften Stück Seife, sie hilft ihm, sich anzukleiden. Das ist eine zutiefst anrührende Szene, die einzige übrigens, in der eine die Standesgrenzen überschreitende Humanität sichtbar wird. «Das kalte Wasser erfrischte ihn, er trocknete sich ab, und ohne ein Wort zu sagen, ohne seiner barmherzigen Schwester auch nur zu danken, griff er nach seiner Mütze, nahm seinen Pelz, den sie ihm hinhielt, um die Schultern und eilte durch den Korridor, durch die Küche, wo die Katze schon miaute […], eilte auf den Hof, auf die Straße und warf sich in den ersten Schlitten, den er daherkommen sah. Der Morgen war frostig, ein kalter, gelblicher Nebel hüllte noch Häuser und alles übrige ein. Iwan Iljitsch schlug den Pelzkragen hoch.

Es war ihm, als ob alle ihn ansähen, alle ihn kennten, alle alles wüssten...»[236]

Als Pralinskij nach einer Woche des Haderns mit sich selber zum ersten Mal wieder in die Kanzlei kommt, wird er von allen Seiten ehrerbietig begrüßt wie immer, und es ist, als wäre nichts geschehen. Allein der Anblick seines Sekretärs Akim Petrowitsch, der gleichfalls unter den Hochzeitsgästen gewesen war, beunruhigt ihn etwas. Der Sekretär überreicht ihm einige Schriftstücke, darunter Pseldonimoffs Gesuch um Versetzung. «‹Ach so, er will versetzt werden›, sagte Iwan Iljitsch und fühlte, wie eine große Last von seinem Herzen wich. Er sah auf zu Akim Petrowitsch, und in dem Moment begegneten sich ihre Blicke. ‹Nun, ich meinerseits ... ich werde natürlich ... ich bin bereit dazu›, antwortete er. Akim Petrowitsch wollte offenbar möglichst schnell verschwinden. Allein, Iwan Iljitsch entschloß sich plötzlich, in einer Aufwallung edlen Empfindens, sich endgültig darüber auszusprechen. Augenscheinlich überkam ihn wieder eine gewisse Begeisterung. ‹Richten Sie ihm aus›, begann er, indem er einen klaren und tief bedeutungsvollen Blick auf Akim Petrowitsch richtete, ‹übermitteln Sie ihm, daß ich ihm nichts Böses nachtrage; ja, nichts nachtrage! ... Daß ich, im Gegenteil, sogar bereit bin, alles Gewesene zu vergessen, alles zu vergessen, alles ...› Aber plötzlich brach Exzellenz mitten im Satz ab, verwundert über das merkwürdige Benehmen Akim Petrowitschs, der sich, wer weiß weshalb, aus einem vernünftigen Menschen plötzlich in einen schrecklichen Dummkopf verwandelte. Anstatt aufmerksam zuzuhören, was Exzellenz sagen wollte, wurde er auf einmal feuerrot und begann sich, gleichsam überstürzt, mit seltsam kleinen Bücklingen zu verbeugen und sich zur Tür zurückzuziehen. Sein ganzes Aussehen verriet nur den einen Wunsch, in die Erde zu versinken.»

Und allmählich dämmert dem schon wieder selbstzufriedenen Pralinskij, dass er seine hochherzigen Ideale verraten hat, dass seine ganze Prahlerei über die Humanität nur leeres Gerede gewesen war, dass er sich genauso verhalten hat, wie es seine reaktionären Gesprächspartner an jenem Abend vorausgesagt hatten. Und «auf einmal bedeckte heiße Röte sein Gesicht. Er schämte sich plötzlich dermaßen ...»[237]

Die hier geschilderten Schamszenen haben allesamt mit jenen Herrschaftsverhältnissen zu tun, die Pralinskij durch hochherzige Worte und Gesten vergessen machen will, an deren Beseitigung ihm aber nicht ernsthaft gelegen ist. Dostojewski arbeitet das mit der ihm eigenen Prägnanz heraus und erzielt damit eine brisante politische Botschaft, die sich gegen die Verlogenheit einer Oberschicht richtet, die sich fortschrittlich gibt, jedoch alles beim Alten lässt. Die Geschichte zeigt außerdem, dass Scham und Peinlichkeit innerhalb einer bestimmten Klasse anderen Gesetzen unterliegen als in der Begegnung zwischen den Klassen. In der derben, feuchtfröhlichen Runde der Hochzeitsgäste sind Förmlichkeiten nicht am Platz, man betrinkt sich, macht unflätige Witze und benimmt sich nach Lust und Laune. Peinlichkeit entsteht erst dann, als der unerwartete Gast aus einer höheren Sphäre den Raum betritt. Jetzt erst wird man sich der eigenen Lage bewusst, empfindet man das Ambiente als ärmlich und die Umgangsformen als ungeschliffen.

Pralinskij wiederum empfindet seine Übertretung der sozialen Grenze als peinlich, weil ihn die spontan gesuchte Nähe zur anderen Klasse des Schutzes der Distanz beraubt. Alles kommt für ihn darauf an, diese Distanz wiederherzustellen, und deshalb enteilt er der fürsorglichen Behandlung seitens der Bräutigamsmutter so schnell, wie er nur kann. Ihr zu danken hieße, die nunmehr unerwünschte Nähe – und die Entgleisung zuvor – zu bekräftigen, und deshalb verschwindet er ohne Dank und Gruß. Seine vollkommene moralische Wiederherstellung drückt sich dann in seiner ebenso absurden wie logischen Bemerkung aus, er sei bereit, Pseldonimoff zu verzeihen.

Wenn je etwas das Verhältnis von Scham und Macht bezeichnet hat, dann diese Szene. Die Macht drückt sich darin aus, dass die Scham vom Täter zum Opfer verschoben wird und das Opfer dieser Verschiebung ohnmächtig zustimmt: Pseldonimoff schämt sich dafür, dass sich sein Herr danebenbenommen hat, und er bittet um Versetzung, weil er spürt, es wäre besser für ihn, ein für alle Mal aus dem Gesichtskreis des Verursachers all dieser Peinlichkeiten zu verschwinden.

Dass der Herr seinem Knecht die Untat, die er selbst an ihm begangen hat, verzeiht, das eben ist schiere Macht. Es ist aber im Fall Pralinskijs eine Macht, die in der Maske der Menschlichkeit auftritt. Das eben spürt der Sekretär, der ja Zeuge von alldem gewesen ist, überdeutlich und schämt sich seinerseits für seinen Herrn. Würde er sich ausdrücken können, so würde er vermutlich sagen, er schäme sich nicht dafür, dass sein Herr als Herr auftrat, sondern dafür, dass er das Gesetz seiner Klasse verraten habe und eben nicht als Herr aufgetreten sei. Angenommen, die Geschichte spielte unter Freien und Gleichen, so wäre daran nichts peinlich außer dem vollgekotzten Bett, und darüber hätte man gelacht oder sich deswegen verprügelt. Die Geschichte spielt aber in einer Klassengesellschaft und demonstriert den Zusammenhang von Scham und Macht.

2. Richard Sennett und Norbert Elias: Wandlungen des Schamgefühls – Michel Foucault und die Disziplinierung des Körpers

In seinem Buch *Respekt im Zeitalter der Ungleichheit* erzählt Richard Sennett die Geschichte einer Tante des Herzogs von Talleyrand, die einmal im Monat die Bediensteten ihres Gutes im herrschaftlichen Salon zu empfangen pflegte: «Sie saß in einem Sessel, die Bediensteten versammelten sich im Halbkreis um sie herum. Auf einem Tisch vor ihr standen zahllose Fläschchen, jedes mit einem von ihr selbst beschrifteten Etikett. Die Bediensteten traten nacheinander vor und schilderten ihre körperlichen Beschwerden, für die sie eine Medizin benötigten. Die Tante wählte dann eines der Fläschchen aus; darin befanden sich Kräuterheilmittel, die man auf dem Gut selbst herstellte. Sie erklärte dem Bediensteten, wie er die Medizin einzunehmen hatte, und gab ihm ein paar ermutigende Worte mit auf den Weg. Der ‹Patient› verbeugte sich, nahm das Fläschchen entgegen und trat in den Halbkreis zurück.»[238] Der Witz bei der Sache bestand in der extremen Schwerhörigkeit der Dame. Die Bediensteten wussten das, sprachen aber aus Gründen der Etikette dennoch mit leiser Stimme. Die Fürstin konnte also die Beschwerden gar nicht verstehen, was aber insofern nichts ausmachte, als keines der Elixiere schädlich war.

Sennett versteht die Geschichte als Beispiel für eine rituelle Handlung, bei der die Menschen wissen, wie sie sich zu verhalten haben, wo ihr Platz ist, was sie sagen und was sie nicht sagen dürfen. Das hat nichts mit Verboten zu tun, sondern mit Respekt. Man hat über die Fürstin nicht gelacht, sich höchstens im Verborgenen amüsiert. Und die Fürstin wird begriffen haben, dass die durch ihr Handikap geprägte Sprechstunde nicht so sehr medizinischen als vielmehr kommunikativen Zwecken diente. Und wenn sie es nicht begriffen hätte, weil sie vielleicht senil war, so wäre es für das Ritual unerheblich gewesen. Ein Ritual hängt nicht von der vollkommenen Geistesgegenwart der Anwesenden ab, nur von ihrem Glauben und ihrer stummen Zustimmung. Die Regeln eines solchen sozialen Rituals sind in einer ständischen Ordnung klar festgelegt, und diese Ordnung funktionierte in den sechziger Jahren des 18. Jahrhunderts, aus denen die Geschichte stammt, durchaus noch. Sennett leitet daraus die Beobachtung ab, dass Ungleichheit und gegenseitiger Respekt gut koexistieren können: «Ererbte Stellung und Rangordnung auf einem traditionellen Landgut konnten als legitim gelten, wenn alle das Gefühl hatten, eine ehrbare Stellung innezuhaben.»[239]

Das ungeschriebene, verinnerlichte Regelsystem einer solchen idealtypischen Konstellation schließt Schamsituationen zwischen den Klassen weitgehend aus. Eine Verletzung der Regel durch den Untergebenen, von unten nach oben also, würde eine Strafe nach sich ziehen. Je nach Lage könnte sie mit einem Schuldgefühl verbunden sein, kaum aber mit tiefer Scham. Und von oben nach unten betrachtet: Der Herr schämt sich nicht, wenn der Diener ihn nackt erblickt. Im Gegenteil, der Diener ist dazu da, ihn anzukleiden. Der Herr würde sich aber durchaus schämen, wenn er in einer solchen Situation von seinesgleichen erblickt würde.

In seinem *Entwurf zu einer Theorie der Zivilisation* schreibt Norbert Elias: «Die Entblößung des Höherstehenden in Gegenwart von sozial Niedrigerstehenden, also etwa die des Königs vor seinem Minister, unterliegt hier [i. e. in der höfischen Gesellschaft] noch keinem sehr strengen gesellschaftlichen Verbot, so wenig etwa, wie in einer noch früheren Phase die Entblößung des Mannes vor der sozial schwächeren und daher sozial niedriger rangierenden Frau; sie löst bei jenem, ganz im Einklang mit seiner geringeren funktionellen Abhängigkeit von den niedriger Rangierenden, noch kein Gefühl der Unterlegenheit oder Beschämung aus [...]. Die Entblößung des Menschen von minderem Rang vor dem Höherstehenden dagegen oder auch die von Menschen gleichen Ranges voreinander wird mehr und mehr als Zeichen der Respektlosigkeit aus dem gesellschaftlichen Verkehr verbannt; sie wird als Verstoß gebrandmarkt und dementsprechend mit Angst belegt. Und erst, wenn die ständischen Mauern fallen, wenn die funktionelle Abhängigkeit aller von allen noch stärker wird und alle Menschen in der Gesellschaft sozial um einige Stufen gleichwertiger, dann erst wird allmählich eine solche Entblößung außerhalb bestimmter, enger Enklaven in Gegenwart jedes anderen Menschen zu einem Verstoß; dann erst wird dieses Verhalten bei dem Einzelnen von klein auf so vollständig mit Angst belegt, daß der soziale Charakter des Verbots ganz aus seinem Bewußtsein verschwindet, daß die Scham ihm ganz als Gebot seines eigenen Innern erscheint.»[240]

Elias legt hier das Gewicht etwas zu sehr auf die historisch-soziologische Perspektive, denn unabhängig davon, ist die Entblößungsangst eine menschliche Eigentümlichkeit. Unabweisbar jedoch ist die Beobachtung, dass die Verfeinerung der Scham- und Peinlichkeitsgefühle aufs engste zusammenhängt mit der steigenden «funktionellen Abhängigkeit», mit der «Interdependenz», wie Elias an anderen Stellen sagt. Dagegen ist auch die Macht nicht gefeit. Wenn wir unter «Entblößung» nicht allein die körperliche verstehen, sondern jegliche Kundgabe eines Mangels, einer Schwäche oder auch nur eines Affektes, so wird auch der Mächtige mit wachsender Interdependenz vorsichtiger werden müssen. Der Räuberhauptmann kann sich jede «Entblößung» leisten, solange es keine Zweifel daran gibt, dass er in seiner Bande der Stärkste ist. Der Präsident oder Firmenchef hingegen, eingebunden in ein Netz von Loyalitäten und Machtverstrebungen, muss sein Innerstes verbergen, um sich keine Blöße zu geben und sich unangreifbar zu machen.

Bei dieser Gelegenheit ist an das berühmte Märchen von Hans Christian Andersen zu erinnern: *Des Kaisers neue Kleider*. Es handelt bekanntlich davon, dass der Kaiser in die Hände von Betrügern fällt, die ihm einreden, sie könnten ihm Kleider von höchster Raffinesse und Leichtigkeit anfertigen. Diese Kleider wahrzunehmen seien jedoch nur Hochgeborene imstande. Beim nächsten öffentlichen Auftritt erscheint der Kaiser in seinen neuen Kleidern. Keiner wagt es, ihm die Wahrheit zu sagen, bis endlich ein Kind ruft, der Kaiser sei ja nackt. Jetzt sehen es alle, und allgemeines Gelächter brandet auf. Die Geschichte wird immer als Parabel auf die Verlogenheit und Feigheit der Menschen verstanden. In Wahrheit verrät sie den Zusammenbruch der ständischen Ordnung, wie er 1837, als das Märchen publiziert wurde, längst sichtbar war. Denn zuvor hätte der Kaiser, gleichgültig, ob er Kleider trug oder nicht, keinesfalls «nackt» sein können, eben weil er der Kaiser war. Er wäre des zufälligen Urteils irgendeiner Volksmenge vollkommen enthoben gewesen, und daran hätte erst recht ein Kind nichts ändern können.

Talleyrands Tante konnte sich noch auf die Stabilität der ständischen Ordnung verlassen, ihre Taubheit war eine Schwäche, die zuzugeben nichts an dieser Ordnung geändert hätte. Pralinskijs Macht, rund hundert Jahre später, ist schon prekär geworden. Das Verbot der Grenzüberschreitung, hier in Gestalt einer sentimentalen Verbrüderung, ist so mit Angst belegt, dass es dem Helden als Gebot des Inneren erscheint und er sich schämen muss, nicht allein wegen seiner Besoffenheit, die in früherer Zeit als Kavaliersdelikt durchgegangen wäre, sondern weil er seine humanitätsduselige Regelverletzung zutiefst bereut – und weil sie eine Gefahr darstellt; eine Gefahr insofern, als sie die Vorwegnahme späterer und schon absehbarer Umwälzungen bedeuten konnte.

Machtverhältnisse, die sich in Demütigungen und Beschämungen ausdrücken, sind in der modernen Gesellschaft unübersichtlicher, doch keineswegs seltener geworden. Die alte Ordnung war gewaltsam und streng, dafür hatte sie den Vorzug, dass sie klar und leicht zu begreifen war. Im *Zeitalter der Ungleichheit* (Sennett) ist Abhängigkeit nicht mehr an den Stand oder die Klasse gebunden, sondern an die Willkür des jeweiligen gesellschaftlichen Systems. Es kann, wie im Kapitalismus, darauf abzielen, die Individuen für Zwecke der Arbeitseffizienz und der Rendite herzurichten; und es kann, wie im Sozialismus, den Versuch unternehmen, die Individuen zu Sklaven einer totalitären Ideologie zu erziehen. In seinem großen Roman *Der Turm* (2008) hat Uwe Tellkamp von diesem gescheiterten Versuch erzählt, und ich zitiere daraus eine Passage, aus der hervorgeht, wie der autoritäre Charakter, der den Nationalsozialismus ermöglicht und beflügelt hatte, unter den umgekehrten Vorzeichen der DDR ungeschwächt fortlebte.

Christian Hoffmann, der Held dieses figurenreichen Romans, Abkömmling des immer noch existenten, wenngleich bedrohten und sich einigelnden Dresdener Bürgertums, wird als Oberschüler zu einem Wehrlager einberufen. Er leidet schrecklich an einer pubertätsbedingten Akne. Die Episode spielt Mitte der achtziger Jahre, nicht lange vor dem Ende der DDR. Im Wehrlager begegnet Christian dem Unteroffizier Hantsch, von dem es heißt, es habe ihm ein «offensichtliches Vergnügen bereitete, andere zu kommandieren, ihnen seine Macht zu zeigen, indem er ihre Schwächen herauszufinden suchte».

Nun die Szene einer für das 20. Jahrhundert typischen Demütigung: «Natürlich entdeckte Hantsch, daß Christian nach dem Frühsport, wenn es mit nacktem Oberkörper im Laufschritt zum Waschraum ging, aus Scham über seine Akne das Handtuch wie eine Toga zu drapieren versuchte – was schon deshalb mißlang, weil das Handtuch viel zu kurz war –, daß er sich einen Platz ganz hinten in der Reihe suchte, damit die anderen seine Hautunreinheiten nicht sahen. Hantsch ließ den Zug halten, kam auf Christian zu, riß ihm das Handtuch von den Schultern, musterte Christian von oben bis unten mit dem Ausdruck der Überraschung und des Ekels und sagte: ‹Mensch, dich will doch nie eine vögeln. Alles kehrt!› Der gesamte Zug wandte sich um, Christian schloß die Augen, aber er spürte die Blicke der anderen auf seinem Körper brennen. ‹Na, jetzt ist er so rot, daß die Pickel fast verschwunden sind. Ist ja direkt eklig, Mann, wäschst du dich nicht richtig, und kann man da nichts gegen tun?› Hantsch machte ein bedenkliches Gesicht, ließ kehrtwenden und abrücken. Im Waschraum stellte er sich hinter Christian und beobachtete, wie er sich wusch. ‹Und dein Pimmel?› ‹Abends, Genosse Unteroffizier›, preßte Christian, taumelig vor Wut, hervor. ‹Du läßt dein Ding tagsüber stinken, du Sau?›»[241]

Es war Michel Foucault, der die Logik der Unterwerfung und Entwürdigung, die man in zahllosen Berichten und Romanen über den militärischen Komplex nachlesen kann, theoretisch abgeleitet und begründet hat. In seinem Buch *Überwachen und Strafen* sagt er, in jeder Gesellschaft werde der Körper von Mächten vereinnahmt, die ihm Zwänge, Verbote und Verpflichtungen auferlegten.[242] Das 18. Jahrhundert jedoch habe den Körper als Gegenstand und Zielscheibe der Macht entdeckt. Neu seien die folgenden Dinge (und wir können seine Beobachtungen sowohl auf den militärischen wie auf den ökonomischen Bereich anwenden): «Zunächst die Skala oder Größenordnung der Kontrolle: es geht nicht darum, den Körper in der Masse, en gros, als eine unterschiedslose Einheit zu behandeln, sondern ihn im Detail zu bearbeiten; auf ihn einen fein abgestimmten Zwang auszuüben; die Zugriffe auf der Ebene der Mechanik ins Kleinste gehen zu lassen: Bewegungen, Gesten, Haltungen, Schnelligkeit. Eine infinitesimale Gewalt über den tätigen Körper. Sodann ist der Gegenstand der Kontrolle neu: es geht nicht oder nicht mehr um die Bedeutungselemente des Verhaltens oder um die Sprache des Körpers, sondern um die Ökonomie und Effizienz der Bewegungen und ihrer inneren Organisation; der Zwang zielt eher auf die Kräfte als auf die Zeichen ab; die einzige wirklich bedeutsame Zeremonie ist die der Übung. Und schließlich die Durchführungsweise: sie besteht in einer durchgängigen Zwangsausübung, die über die Vorgänge der Tätigkeit genauer wacht als über das Ergebnis und die Zeit, den Raum, die Bewegungen bis ins kleinste codiert. Diese Methoden, welche die peinliche Kontrolle der Körpertätigkeiten und die dauerhafte Unterwerfung ihrer Kräfte ermöglichen und sie gelehrig/nützlich machen, kann man die ‹Disziplinen› nennen.»[243]

Und Foucault fügt hinzu: «Die Disziplin steigert die Kräfte des Körpers (um die ökonomische Nützlichkeit zu erhöhen) und schwächt diese selben Kräfte (um sie politisch fügsam zu machen). Mit einem Wort: sie spaltet die Macht des Körpers; sie macht daraus einerseits eine ‹Fähigkeit›, eine ‹Tauglichkeit›, die sie zu steigern sucht; und andererseits polt sie die Energie, die Mächtigkeit, die daraus resultieren könnte, zu einem Verhältnis strikter Unterwerfung um.»[244]

Im Folgenden schildert Foucault, wie die Disziplin sich besondere Räume eröffnet, um die Individuen für ihre Aufgaben zuzurichten: die Klausur, die Kaserne, die Manufaktur, die Fabrik, das Spital, die Schule. Und von heute aus gesehen, können wir hinzufügen: den Sportplatz, den Fitness-Club, die Verschlankungsklinik. Wir wollen den Gedankengängen Foucaults hier nicht weiter folgen, sondern nur darauf aufmerksam machen, dass alle diese Disziplinen mit Regeln verbunden sind, deren Verletzung in früherer Zeit mit Schuld und Strafe verbunden war und in unserer Zeit Gefühle der Scham und Peinlichkeit nach sich zieht.

3. Der Unterschied zwischen Armut und Abhängigkeit – Die Machtlogik der Distinktion bei Pierre Bourdieu

Richard Sennett zitiert zustimmend eine Bemerkung des amerikanischen Sozialpolitikers Daniel Patrick Moynihan: «Arm zu sein ist eine objektive, abhängig zu sein auch eine subjektive Bedingung.»[245] Damit ist gemeint, dass Armut für den Betroffenen kein Grund zur Scham sein muss, vor allem dann nicht, wenn er keine Vergleichsmaßstäbe besitzt, also nur von Menschen seinesgleichen umgeben ist, oder wenn er mit denjenigen, deren besseres Los er zu Gesicht bekommt, keinesfalls konkurrieren will. Im Märchen möchte der Arme zwar reich werden (oft wird davon erzählt, wie es ihm auf wundersame Weise gelingt), doch seiner Armut schämt er sich nicht. Sie ist eine objektive Bedingung, die er allerdings loswerden möchte, weil sie Not und Entbehrung bedeutet.

Abhängigkeit hingegen ist zuallererst eine subjektive Bedingung, ein gefühlter Zustand. Dabei spielt es keine erhebliche Rolle, ob diese Abhängigkeit auch objektiv besteht. Es genügt, dass die eigene Lage als belastend, vielleicht gar als ungerecht empfunden wird. Dafür ist erforderlich, dass der Abhängige «nach oben» blickt, hinauf zu denen, von denen er glaubt, sie seien weniger abhängig als er. Und dieser vergleichende Blick muss keineswegs von ganz unten kommen, der Betreffende mag sich sogar in einer relativ komfortablen Lage befinden. Das ist wahrscheinlich recht häufig der Fall, wenn man die Tatsache in Rechnung stellt, dass nicht wenige von denen, die als arm und abhängig gelten müssen, jeden Vergleichsversuch aufgegeben haben und damit auch jeden Versuch, ihrer Lage zu entkommen. Der potenzielle Aufsteiger jedoch schämt sich des Makels, dass er noch nicht aufgestiegen ist. Er gehört zu den zahllosen Kombattanten im Streit um Prestige und Anerkennung, und dieser Konkurrenzkampf ist das zentrale Kennzeichen des Zeitalters der Ungleichheit. Ökonomisch gesehen, bildet er den Motor des Kapitalismus.

Wenn aber alle sich mit allen vergleichen sollen oder wollen, dann kommt es vor allem auf die Unterschiede an und darauf, wer die Unterscheidungen bestimmt. Hier öffnet sich das Feld der sozialen und kulturellen Distinktion, das Pierre Bourdieu in seinem Werk *Die feinen Unterschiede* beschrieben hat. Auch die Distinktion hat mit Macht zu tun, allerdings weniger mit der Macht des Geldes als mit der des Herkommens und der Bildung. Bourdieu sagt: «Die Kämpfe, bei denen es um das geht, was innerhalb der sozialen Welt zu Glauben, Kredit und Mißkredit, zu Wahrnehmung und Wertung, Erkennen und Anerkennen gehört – Name, Ruf, Prestige, Ehre, Ruhm, Autorität –, um das, was symbolische zu verbindlicher Macht werden läßt, betreffen stets nur die bereits ‹Distinguierten› und die ‹Aspiranten› auf Distinktion.» Zwischen beiden Gruppierungen entbrenne der Kampf um den Erwerb jener Merkmale, die am stärksten den Unterschied zwischen den Ausgeschlossenen und den Dazugehörenden markierten; «die Inhaber der von Verbreitung und Vermassung bedrohten Merkmale» sähen sich gezwungen, «die Bestätigung ihrer Exklusivität in immer neuen Merkmalen zu suchen. Die aus dieser Dialektik hervorgehende Nachfrage ist *per definitionem* unerschöpflich».[246]

Zur Illustration dieser Beobachtung mag man sich daran erinnern, dass Tennis einst der Sport der Oberklasse gewesen ist, bis er mit den Siegeszügen von Boris Becker und Steffi Graf eine derartige Verbreitung fand, dass er keinen Distinktionsgewinn mehr versprach, weshalb diejenigen, die es sich leisten konnten, zu Golf überwechselten. Bourdieus These schließt übrigens die Behauptung ein, der moderne Konsument sei prinzipiell unersättlich, und sie widerspricht jenen Kapitalismusreformern, die ein Nullwachstum propagieren, weil die Nachfrage irgendwann gesättigt und eine Stabilisierung aus ökologischen Gründen angeraten sei. Nein, sagt Bourdieu, der Kampf um Distinktion ist unendlich, so wie ja auch die Machtkämpfe, solange die Menschen sind, wie sie sind, niemals aufhören.

Gleichviel: Der Kampf um Distinktion ist in der modernen Gesellschaft nicht nur der Motor des Konsums, sondern auch eine Quelle des Missvergnügens, der Peinlichkeit und der Scham. Der «Aspirant», der die immer neu gesetzten Zeichen des feinen Unterschieds missversteht und der Mode von gestern nacheifert, macht sich lächerlich. Schon seine Körpersprache verrät ihn: «Die Beziehung zum eigenen Körper, […] die sich widerspiegelt in einer bestimmten Körperhaltung, in Selbstvertrauen, natürlicher Ungezwungenheit und Autorität dessen, der sich autorisiert fühlt […], in Verklemmtheit oder Überheblichkeit desjenigen, der den Zweifel über seine Legitimität auf sich zieht, und dann in seinem überhasteten Bemühen, sie unter Beweis zu stellen, gerade verrät, dass er selber gar nicht so sicher ist, ob er sie tatsächlich hat – diese Beziehung ist sicher eine der machtvollsten sozialen Markierungsinstanzen», so Pierre Bourdieu.[247]

Seine Untersuchung stammt aus dem Jahr 1979. Seitdem hat sich das soziale Feld weiter differenziert. Der Klassenbegriff, der bei Bourdieu noch durchschimmert, hat an Bedeutung verloren, weil sich die Arbeitsverhältnisse deutlich verändert haben. Entscheidender als je zuvor ist der Zugang zu Bildung und Ausbildung. Die gleichförmige Fabrikarbeit von einst spaltet sich nun in Handlangerdienste auf, die von unausgebildeten Teilzeitkräften aus der Reservearmee der Immigranten geleistet werden, und in die anspruchsvolle Bedienung computergesteuerter Maschinen, wofür fachliche Fertigkeiten notwendig sind.

Auch der Unternehmer von einst ist nicht mehr der zigarrenschmauchende Fabrikbesitzer allein; ihm gesellen sich Ein-Mann-Unternehmen in Hinterhofgalerien, Kleinverlagen, IT-Büros oder Werbeagenturen hinzu. Das macht auch das Feld der Distinktion, die eine eher noch wachsende Rolle spielt, vielfältiger, unübersichtlicher und die Gefahr des Fehltritts größer. In vorläufiger Verkürzung kann man sagen: Schamgefühle wegen unpassenden Verhaltens oder Auftretens sind häufiger und weniger tief, die Peinlichkeitsrisiken haben zugenommen.

Geblieben ist die Tatsache, dass Macht und Scham auf subtile Weise voneinander abhängen – oder Status und Scham, wie Sighard Neckel in seiner gleichnamigen Abhandlung ausführt: Scham «ist die gelebte Erfahrung von sozialer Mißachtung, defizitärer Selbstbewertung und selbstempfundener Inferiorität. Sie erwirbt sich in der Ungleichheit der Gesellschaft, die sie gleichzeitig befestigt, weil sie deren Klassifikationen tradiert. Sie lagert sich in die Selbstwahrnehmung der Individuen ein, trägt zur Begrenzung biographischer Entwürfe wie zur Vermeidung von Handlungsalternativen bei. In Zeiten, in denen das Subjekt beständig in den sozialen Vergleich getrieben wird, nistet sie sich als heimliches Gefühl unter der dünnen Haut einer verletzbaren Individualität ein, die sich verliert, indem sie sich in demütigender Weise ihrer selbst bewußt wird.»[248] Und man kann hinzufügen: Gerade weil das Unterlegenheitsgefühl selten noch in derart dramatische Konflikte gerät, wie sie etwa bei Dostojewski nachzulesen sind, kann es zu einem latenten Dauerzustand werden, der nach Art einer chronischen Erkrankung zur anscheinend unabänderlichen Eigenschaft eines Menschen wird.

KAPITEL X

EXZESSE DER PEINLICHKEIT

Der Schwierige,
Titelheld von
Hofmannsthals Lust-
spiel, findet sogar das
Reden peinlich –
hier O. W. Fischer
als Hans Karl Bühl
und Peter Weck als
Stani in
Salzburg 1967.

1. Hermann Broch und die Ersatzscham: *Pasenow oder die Romantik*

Die ständischen Mauern, von denen Norbert Elias spricht, sind im Deutschland des Jahres 1888 noch nicht gefallen, aber die Entfesselung der Produktivkräfte lässt sie brüchig werden. «Alles Ständische und Stehende verdampft», hatte es im Kommunistischen Manifest von 1848 geheißen, «alles Heilige wird entweiht, und die Menschen sind endlich gezwungen, ihre Lebensstellung, ihre gegenseitigen Beziehungen mit nüchternen Augen anzusehen.» Vierzig Jahre danach stehen die Mauern immer noch, und der Zwang, ihre gegenseitigen Beziehungen mit nüchternen Augen anzusehen, führt die Menschen zur erbitterten Verteidigung ihrer Lebensstellung. Der Ehrenkodex, wie er im leer gewordenen Ritual des Duells seinen Ausdruck findet, wird zum Zeichen einer unzeitgemäßen Ordnung. Die Interdependenz nimmt zu, die Differenzierung der Gesellschaft, die Verflechtung aller Tätigkeiten und Abhängigkeiten.

Im Jahr 1888 spielt der erste Teil von Hermann Brochs Romantrilogie *Die Schlafwandler*. Er trägt den Titel *Pasenow oder die Romantik*, und er erzählt nebenbei die Geschichte des Hellmuth von Pasenow. Er ist Abkömmling eines preußischen Landadelsgeschlechts und designierter Erbe des Familiengutes.

In einem Duell, dessen Sinn ihm letztlich fremd bleibt, findet er seinen Tod. «Er starb für die Ehre», wird der allmählich debil werdende Vater immer wieder murmeln, zum eigenen Trost und mit sinkendem Stolz. Joachim von Pasenow, der jüngere Sohn und Hauptfigur der Geschichte, hat sich also in die Rolle des Erbnachfolgers zu fügen. Derzeit Absolvent der Kadettenanstalt in Berlin, befindet er sich in der delikaten Situation zwischen zwei Frauen. Das böhmische Animiermädchen Ruzena ist seine Geliebte, mit ihr genießt er die Freuden der Erotik. Sie ist anhänglich, sie liebt ihn, aber beiden ist unterschwellig klar, dass eine Heirat nicht in Frage käme – Ruzena ist Angehörige eines weit unter Joachim rangierenden Standes. Heiraten soll er nach dem Willen des Vaters standesgemäß, nämlich Elisabeth, die Tochter des Barons Baddensen vom Nachbargut. Joachim kennt sie seit Kindertagen. Jetzt aber, herangewachsen zur jungen Dame, erscheint sie ihm ebenso schön wie unnahbar.

Die Familie Baddensen bewohnt in Berlin eine Stadtvilla, und Joachim macht dort einen Anstandsbesuch. Im Beisein Elisabeths zeigt ihm die Baronin das Haus: «Dann stiegen sie die Treppe empor, welche oben und unten mit schön gerafften Samtportieren verhängt war, und die Baronin ließ nicht ab, jede der Türen zu öffnen und bloß die diskreteren wurden ausgelassen. Mit Zögern und einem kleinen Erröten wurde das Zimmer Elisabeths dem männlichen Auge gezeigt, doch mehr noch als dieses Gewölke weißer Spitzen, mit welchem das Bett, die Fenster, Waschtisch und Spiegel verhängt waren, wurde das Schlafzimmer des Ehepaares für Joachim zum schamhaften und peinlichen Erlebnis, ja fast verdachte er es der Baronin, daß sie ihn solcherart zum Vertrauten des Hauses und Mitwisser seiner Schande gemacht und gezwungen hatte. Denn nun stand vor seinem Auge, hier vor aller Augen, unverborgen vor

Elisabeth, die er von solchem Wissen belastet und vergewaltigt fühlte, Bett an Bett, bereit zur Sexualfunktion der Baronin, die er nun zwar nicht nackt, aber undamenhaft und wie aufgerissen vor sich sah, stand dieses Schlafzimmer, und dies Zimmer erschien ihm nun urplötzlich als der Mittelpunkt des Hauses, als sein versteckter und doch öffentlich sichtbarer Altar, um den alles andere herumgebaut war.»[249]

Überaus merkwürdig ist Joachims gespaltenes Schamempfinden. Was er mit Ruzena zu treiben pflegt, erweckt in ihm keineswegs widrige Gefühle, das Mädchen gehört sozusagen zu einer anderen, weniger empfindlichen Sorte Mensch als die Baronin. Geradezu zwanghaft muss er beim Anblick ihres Ehebettes an die «Sexualfunktion» denken, gröber gesagt an Geschlechtsverkehr, und nicht an irgendeinen, sondern an den der Baronin, als Elisabeth gezeugt wurde. «Wie aufgerissen» kommt sie ihm jetzt vor, als empfangendes Weib. Dieses Bild, das ihn beim Anblick des Bettes und in Gegenwart von Mutter und Tochter blitzartig überfällt, kann er nur haben, weil er es von seinen Begegnungen mit Ruzena her kennt. Diese aber erregen seine Scham überhaupt nicht, während der gleiche Vorgang im Hause des Barons ihm plötzlich als «Schande» erscheint, als ob die Menschen der höheren Sphäre mit solch niedrig-animalischen Dingen nichts zu tun hätten.

Schon bei der Besichtigung des Mädchenzimmers mit seinem reinlichen «Gewölke weißer Spitzen» ist von einem «Zögern und kleinen Erröten» der Baronin selbst die Rede, gerade so, als empfänden alle Beteiligten eine Indiskretion, die sich die Baronin – mit Blick auf den zukünftigen Schwiegersohn – ausnahmsweise und vielleicht gar ungehörigerweise erlaubt hätte. Und vorher war die Rede davon gewesen, die «diskreteren Türen», also Bad und Toilette, seien ausgelassen worden. Alles, was in irgendeiner Weise mit Körperlichkeit zu tun hat, führt in das dunkle Reich des Natürlichen und als schmutzig Empfundenen, weshalb auch der Waschtisch im Zimmer der jungfräulichen Tochter mit weißen Spitzen verhängt ist.

Elisabeth gehört für Joachim – anders als Ruzena – in das Reich einer geschlechtslosen Reinheit. Es heißt dann: «Er schaute zu Elisabeth hin und glaubte in ihren Blicken Einverständnis mit seiner Empörung zu lesen. Und daß sie zu gleicher Entweihung bestimmt sein könnte, ja daß er selbst es sein sollte, der ihr solche Entweihung werde antun müssen, erfüllte ihn mit solcher Rührung, daß er sie hätte rauben mögen, bloß um vor ihrer Türe zu wachen, damit ungestört und ungeschändet in einem Traum von weißen Spitzen ewig sie träume.»[250] Entweihen kann man nur etwas Heiliges, und hier taucht eine jener schizophrenen Männerphantasien auf, die Klaus Theweleit beschrieben hat.[251] Die Frau ist entweder die Heilige oder die Hure, entweder das anbetungswürdige höhere Wesen oder die furchterregende, verschlingende Vagina.

Man könnte an Brochs Roman kritisieren, dass er das Ensemble seiner Figuren allzu kalt und klar auf den Labortisch einer psychosozialen Untersuchung legt. Aber Broch ist kein Naturalist. Er nutzt die Mittel des Romans zu einer Studie der gesellschaftlichen Transformation. Ihn interessiert das sprechende Detail, die typische Szene, nicht die herkömmliche Spannungsdramaturgie.

Der erste Teil der *Schlafwandler* endet mit der unvollendeten Hochzeitsnacht Joachims und Elisabeths. Zum Vollzug kommt es nicht. Joachim kniet in seiner Uniform neben dem Bett, in dem Elisabeth liegt – «und fuhr mit der Hand sanft über die Seidendecke, unter der ihr Körper lag; er fühlte sich ein wenig als Krankenpfleger, und von ferne war es, als wollte er den kranken Vater oder dessen Sendboten streicheln. ‹Arme kleine Elisabeth›, sagte er».[252] Kurz darauf schläft er an ihrer

Seite ein, die Beine mit den Stiefeln, um das Bett nicht zu beschmutzen, auf einem seitlichen Stuhl gelagert. Und das letzte, sehr kurze Kapitel lautet: «Nichtsdestoweniger hatten sie nach etwa achtzehn Monaten ihr erstes Kind. Es geschah eben. Wie sich dies zugetragen hat, muß nicht mehr erzählt werden. Nach den gelieferten Materialien zum Charakteraufbau kann sich der Leser dies auch allein ausdenken.»[253]

Brochs nüchterner Blick führt uns einen bestimmten Aspekt des Schamgefühls in aller Deutlichkeit vor Augen. Die zitierte Szene handelt nicht von jener inneren und eigentlichen Scham, wie sie wegen eines Versagens oder eines Fehltritts entstehen kann, sondern von Fremdscham, von der stellvertretenden Scham. Joachim hat nichts getan, wofür er sich schämen müsste, er schämt sich für andere, für die Baronin und für Elisabeth. Er schämt sich für sie, weil er eine bestimmte Konvention, in der er erzogen wurde, verletzt sieht. Der Teil seines Ichs aber, der sich schämt, ist das «Selbst», also die gesellschaftlich geprägte, nach außen gewendete Seite der Persönlichkeit, und das Merkwürdige an Brochs Roman besteht darin, dass der Held gar keinen innersten Kern zu haben, kein Subjekt mit einem ursprünglichen Ich zu sein scheint. Die Umstände zwingen ihn dazu, seiner geliebten Ruzena den Abschied zu geben, was nach den Gewohnheiten seines Standes durchaus üblich ist. Dieser Abschied erfüllt ihn zwar mit sentimentaler Trauer, doch er berührt ihn nicht wirklich. Joachim besitzt nicht das, was man in einem emphatischen Sinn als Gewissen bezeichnen würde, sondern sein «Selbst» reagiert nach festen und zugleich völlig äußerlichen Regeln. Wir haben hier einen Vorläufer der beschriebenen Peinlichkeitskultur vor uns. An die Stelle einer aus intaktem Gewissen resultierenden und tief empfundenen Scham tritt eine Ersatzscham, die sich bloß an der Konvention orientiert.

Die Schlafwandler sind im Wesentlichen eine sozialkritische Studie, und sie zeigen für unseren Zusammenhang, dass sich die Gefühlskultur keineswegs kontinuierlich wandelt, sondern in Schüben, in Sprüngen und gegenläufigen Bewegungen. Sie verlaufen je nach dem sozialen und zeitlichen Kontext mit unterschiedlichem Tempo. Während bei Broch der Übergang zur Peinlichkeitskultur nur angedeutet ist, steht sie bei Thomas Mann im Zentrum. Jene Sphäre, in der ein Unsäglichkeitsgefühl alles zu verschlingen droht, hat wahrscheinlich niemand hingebungsvoller beschrieben als er.

2. Der Verlust der Contenance in den *Buddenbrooks*, das Delirium der Peinlichkeit im *Zauberberg*

In den *Buddenbrooks* lautet der zentrale Begriff für das Regelsystem, an dem sich ein Verhalten zu orientieren hat, Contenance, und die Geschichte vom *Verfall einer Familie* (so der Untertitel des Romans) macht ihn weniger am ökonomischen Niedergang des Lübecker Handelshauses fest als vielmehr am Verlust der Contenance. Für den Konsul Jean Buddenbrook, der dem Hause bis Mitte des 19. Jahrhunderts vorsteht, ist die Art und Weise, wie man sich im gesellschaftlichen Umgang benimmt, kleidet und verhält, derart selbstverständlich, dass Contenance für ihn gar kein Thema ist. Wohl aber ist es eins für seinen Nachfolger Thomas Buddenbrook, den ältesten Sohn. Contenance bedeutet für ihn zuallererst Selbstbeherrschung. Starke Empfindungen sind ihm durchaus nicht fremd, etwa eine «reizbarere Schmerzfähigkeit» beim Tod des Vaters. «Dennoch pflegte er nicht am Grabe in die Knie zu sinken, hatte er sich niemals, wie seine Schwester Tony, über den Tisch geworfen, um zu schluchzen wie ein Kind, empfand er als im höchsten Grade peinlich die großen, mit Tränen gemischten Worte, mit denen Madame Grünlich zwischen Braten und Nachtisch die Charaktereigenschaften und die Person des toten Vaters zu feiern liebte. Solchen Ausbrüchen gegenüber hatte er einen taktvollen Ernst, ein gefaßtes Schweigen, ein zurückhaltendes Kopfnicken…»[254]

Umso mehr stößt ihn das haltlose Benehmen seines Bruders Christian ab, dessen unseriöses und zugleich großspuriges Auftreten in der Hansestadt indigniertes Kopfschütteln auslöst. Auch Tony findet Christian manchmal «ein bißchen sonderbar» und sagt: «Wie spricht er eigentlich? Er geht so merkwürdig ins Detail, dünkt mich… oder wie soll ich sagen! Er sieht die Dinge von einer so fremdartigen Seite an, wie? …» Und Thomas: «‹Ja›, sagte Tom, ‹ich verstehe recht wohl, was du meinst, Tony. Christian ist herzlich indiskret … es ist schwer, es auszudrücken. Ihm fehlt etwas, was man das Gleichgewicht, das persönliche Gleichgewicht nennen kann. Einerseits ist er nicht imstande, taktlosen Naivitäten anderer Leute gegenüber die Fassung zu bewahren … Er ist dem nicht gewachsen, er versteht nicht, es zu vertuschen, er verliert ganz und gar die Contenance … Aber andererseits kann er auch in *der* Weise die Contenance verlieren, daß er selbst in das unangenehmste Ausplaudern gerät und sein Intimstes nach außen kehrt. […]›»[255]

Hier haben wir eine kleine Liste dessen, was in dieser Zeit, an diesem Ort (Lübeck 1856) als peinlich empfunden wird: angesichts von Taktlosigkeiten anderer die Fassung zu verlieren, anstatt elegant darüber hinwegzugehen; selber intime Dinge auszuplaudern, anstatt den Geboten standesgemäßer Redeweise zu folgen. Christian, so sagt Thomas, beschäftige sich zu viel mit sich selbst, und er fügt hinzu: «Ich selbst habe manchmal über diese ängstliche, eitle und neugierige Beschäftigung mit sich selbst nachgedacht, denn ich habe früher ebenfalls dazu geneigt. Aber ich habe gemerkt, daß sie zerfahren, untüchtig und haltlos macht … und die Haltung, das Gleichgewicht ist für mich meinerseits die Hauptsache …»[256]

Das ist ein vielsagendes Geständnis. Es verrät die Differenz zwischen einer gesellschaftlich und auch im eigenen Interesse gebotenen Haltung einerseits und einem Bedürfnis nach Selbstwahrnehmung (heute würden wir sagen Selbstverwirklichung) andererseits, wie es Kennzeichen des allmählich entstehenden modernen Individuums ist. Das heißt: Contenance als quasi naturgegebene Position, als das selbstverständliche Geborgensein im schützenden System ständischer Regeln, steht nun auf schwankendem Boden und wird somit zu einer durch die Kraft des Willens gegen innere Widerstände erkämpften Haltung.

Was der Roman unter anderem zeigt, ist das allmähliche Schwachwerden dieser Willenskraft. Bei Thomas Buddenbrook äußert es sich in einem frühzeitigen Alterungsprozess. Seine Vitalität schwindet, private wie ökonomische Fehlentscheidungen nehmen zu. Zugleich wächst damit das Potenzial der Peinlichkeit. Sie wird zu einer bedrohlichen Macht, und bedrohlich ist sie, weil sie die Risse im sozialen Gefüge anzeigt. Sich dagegen zu wehren ist heldenhaft, doch aussichtslos. Der aus Übersee heimgekehrte und mit der andernorts vorangeschrittenen Moderne besser vertraute Bruder Christian ist nur komisch, nicht tragisch wie Thomas. Christian hat es aufgegeben, einer leer gewordenen Konvention zu folgen, er hat sich den Freiraum des Narren erobert, ihm ist nichts mehr peinlich. Thomas hingegen schleppt mühsam an den Ketten seiner Herkunft, ihm ist tendenziell alles peinlich.

In den *Buddenbrooks* schildert Thomas Mann, wie das bürgerliche Regelsystem, das die Schamgefühle steuert, nach und nach fraglich wird. Im *Zauberberg* zeigt er, wie es endgültig zerfällt. Der in den Jahren 1913 bis 1924 geschriebene Roman ist für unseren Zusammenhang auch deshalb von Bedeutung, weil er in kühnem Vorausblick das Modell einer Peinlichkeitskultur entwirft, die sich von existenziell bedrohlichen Schamgefühlen frei gemacht hat. Noch ist sie nicht universal geworden. Sie bleibt in einer Art Versuchsanordnung auf den umgrenzten Schauplatz der Erzählung beschränkt.

Das Davoser Sanatorium, in dem der lungenkranke Hans Castorp sieben Jahre verbringen wird, ist ein exterritorialer Ort, dessen dünne Hochgebirgsluft die Contenance gewissermaßen zersetzt. Die Logik der Krankheit macht die Grenze zwischen Innen und Außen, zwischen Intimität und Fassade hinfällig. Und krank, im wörtlichen oder übertragenen Sinn, sind sie alle an diesem ortlosen Ort, nicht allein die Patienten, sondern auch die meisten Vertreter des Personals und der Ärzteschaft. Die erzählte Zeit dieses Soziotops sieht den Verfall von Zivilisiertheit und Contenance voraus, der in die Katastrophe des Ersten Weltkrieges münden wird. Und Contenance zu bewahren ist hier oben auf dem Berg, wo Christian Buddenbrook sein wahres Zuhause gefunden hätte, schon deshalb schwer, weil die Kranken mehr oder minder febril sind. Sie befinden sich in einem Zustand chronischer körperlicher Erregtheit, die das subjektive Schamgefühl mindert und die objektive Peinlichkeit erhöht.

Das wird immer dann deutlich, wenn Hans Castorp Besuch aus seiner Heimatstadt Hamburg bekommt. Der Onkel James Tienappel wundert sich mehr und mehr über seinen Neffen, der haltlos äußerst undelikate medizinische Details über Mitpatienten ausbreitet; «und plötzlich geschah es dem Konsul, völlig unerwartet für ihn selbst und zu seiner größten Beschämung, daß er herausplatzte. Prustend lachte er los, besann und beherrschte sich freilich sofort mit Schrecken, hustete und suchte das sinnlos Geschehene auf alle Weise zu vertuschen, – wobei er übrigens zu seiner Beruhigung, die aber neue Beunruhigung in sich trug, wahrnahm, daß Hans Castorp sich um den Unfall, der ihm unmöglich entgangen sein konnte, gar nicht kümmerte, vielmehr mit einer Achtlosigkeit darüber hinwegging, die sich nicht etwa als Takt, Rücksicht, Höflichkeit, sondern als reine Gleichgültigkeit und Unberührbarkeit, als eine Duldsamkeit unheimlichen Grades kennzeichnete, wie wenn er es längst verlernt hätte, sich durch solche Vorkommnisse befremdet zu fühlen».[257] Benommen von der ungewohnten Höhenluft sowie von dem schweren Rotwein, den er zu sich genommen hat, und bestrebt, «seinem Heiterkeitsausbruch nachträglich ein Mäntelchen von Vernunft und Sinn umzuhängen»[258], lenkt er das Gespräch auf unziemlich schlüpfrige Gegenstände und offenbart damit unfreiwillig, wie wenig er den enthemmenden Wirkungen des Ortes entgegenzusetzen vermag.

Stärker erweist sich hier Luise Ziemßen, die Mutter von Castorps Vetter Joachim, der die Klinik voreilig verlassen hat und nun, von ihr begleitet, zu seinem großen Kummer zurückkehren muss. Am Abend ihrer Ankunft berichten die Ziemßens von einer zufälligen Begegnung mit Madame Chauchat, jener russischen Patientin, in die sich Castorp, bis hin zur Selbstentblößung und Selbstkasteiung, verliebt hat. Man sei gebeten, so erfährt er, ihm die besten Grüße auszurichten. Diese Neuigkeit trifft ihn derart, dass er in ein hemmungsloses und äußerst peinliches Schwadronieren gerät. «Nein, er war nicht rot oder blaß geworden, aber der Eindruck, den die unverhofften Nachrichten über Frau Chauchat auf ihn gemacht, äußerte sich in Reden, auf die denn freilich nur betretenes Schweigen die Antwort sein konnte. Joachim war weniger erschrocken; er kannte des Vetters Scharfköpfigkeit hier oben von früher her.

Aber in Frau Ziemßens Augen malte sich größte Bestürzung; sie verhielt sich nicht anders, als habe Hans Castorp grobe Unanständigkeiten geäußert, und hob nach einer peinlichen Pause die Tafel mit Worten taktvoller Vertuschung auf.»[259]

In solch seltenen Konfrontationen mit der alltagstüchtigen Seriosität des Flachlandes wird klar, wie sehr sich Hans Castorp inzwischen von seinen Wurzeln entfernt hat. Gleich zu Beginn hatte ihn der Erzähler so charakterisiert: «[...] wenn man ihn sprechen hörte: gelassen, verständig, ein bißchen hohl und eintönig, mit einem Anflug von Platt, ja, wenn man ihn auch nur ansah in seiner blonden Korrektheit, mit seinem gut geschnittenen, irgendwie altertümlich geprägten Kopf, in dem ein ererbter und unbewußter Dünkel sich in Gestalt einer gewissen trockenen Schläfrigkeit äußerte, so konnte kein Mensch bezweifeln, daß dieser Hans Castorp ein unverfälschtes und rechtschaffenes Erzeugnis hiesigen Bodens und glänzend an seinem Platze war, – er selbst hätte es, wenn er sich daraufhin auch nur geprüft hätte, nicht einen Augenblick lang bezweifelt. Die Atmosphäre der großen Meerstadt, diese feuchte Atmosphäre aus Weltkrämertum und Wohlleben, die seiner Väter Lebensluft gewesen war, er atmete sie mit tiefem Einverständnis, mit Selbstverständlichkeit und gutem Behagen.»[260] (Es ist übrigens bemerkenswert, dass der hier geschilderte Typus über alle Krisen und Kriege hinweg durchaus noch anzutreffen ist.)

Im Sanatorium «Berghof», wo die Luft nicht feucht und schwer, sondern trocken und leicht ist, weicht Castorps «blonde Korrektheit» einem lüsternen Voyeurismus. Anstatt die mitgebrachten Bücher über Schiffsbau zu lesen, vertieft er sich in medizinische Studien: «Was war also das Leben? Es war Wärme, das Wärmeprodukt formerhaltender Bestandlosigkeit, ein Fieber der Materie, von welchem der Prozeß unaufhörlicher

Zersetzung und Wiederherstellung unhaltbar verwickelt, unhaltbar kunstreich aufgebauter Eiweißmolekel begleitet war. Es war das Sein des eigentlich Nicht-sein-Könnenden, des nur in diesem verschränkten und fiebrigen Prozeß von Zerfall und Erneuerung mit süß-schmerzlich-genauer Not auf dem Punkte des Seins Balancierenden. Es war nicht materiell, und es war nicht Geist. Es war etwas zwischen beidem, ein Phänomen, getragen von Materie, gleich dem Regenbogen auf dem Wasserfall und gleich der Flamme. Aber wiewohl nicht materiell, war es sinnlich bis zur Lust und zum Ekel, die Schamlosigkeit der selbstempfindlich-reizbar gewordenen Materie, die unzüchtige Form des Seins. Es war ein heimlich-fühlsames Sichregen in der keuschen Kälte des Alls, eine wollüstig-verstohlene Unsauberkeit von Nährsaugung und Ausscheidung, ein exkretorischer Atemhauch von Kohlensäure und üblen Stoffen verborgener Herkunft und Beschaffenheit.»[261]

Es ist unbedingt großartig, wie Thomas Mann den Prozess der Aufweichung, Auflösung bürgerlicher Verhaltensregeln in einen fundamentalen Biologismus übersetzt, der als eine Art Religionsersatz fungiert, als wissenschaftlich verbrämte, antirationalistische Deutung aller Lebensverhältnisse. Schon in der Lebensphilosophie eines Henri Bergson oder Wilhelm Dilthey war das angelegt gewesen, in geistigen Strömungen also, die Thomas Mann aus eigener Lektüre und Anschauung kannte und die sich später in der NS-Ideologie radikalisieren sollten.

Der unschuldig dilettierende Hans Castorp gibt sich solch schwülen Spekulationen willig hin. Er rechtfertigt damit seine jegliche Contenance zersetzende Liebe zur lasziven Clawdia Chauchat, vor der ihn sein auf Form und Haltung achtender Freund Settembrini inständig gewarnt hat: «Ich dringe in Sie: Halten Sie auf sich! Seien Sie stolz und verlieren Sie sich nicht an das Fremde! Meiden Sie diesen Sumpf, dies Eiland der Kirke, auf dem ungestraft zu hausen Sie nicht Odysseus genug sind. Sie werden auf allen vieren gehen, Sie neigen sich schon auf Ihre vorderen Extremitäten, bald werden Sie zu grunzen beginnen.»[262]

Settembrini wird recht behalten. Hans Castorps Tischnachbarin Fräulein Engelhardt, die «dürftige alte Jungfer»[263], hat längst bemerkt, dass sein Interesse an dieser jungen Russin, die bei den Mahlzeiten zu spät kommt und die Glastür des Speisesaals scheppernd hinter sich zuschlägt, mehr verrät als bloße Neugier, und sie beeilt sich, dem Wissensbedürfnis Castorps entgegenzukommen, indem sie dermaßen haltlos schwärmerische Vermutungen ausbreitet, als wäre sie ebenfalls höchst affiziert durch die schöne Clawdia. «Großer Gott, wie die Lehrerin sich ins Zeug legte! Hans Castorp sah ihr ganz erschreckt ins Gesicht, aber sie trotzte seinem Blick mit einer Art von wilder Verlegenheit.»[264]

Wilde Verlegenheit ist ein schönes Wort für diese morbide Peinlichkeitslust, der sich beide aus verworrenen Motiven absichtsvoll ausliefern. «Beide wußten, daß sie doppelt und dreifach logen, daß Hans Castorp nur, um von Frau Chauchat sprechen zu können, die Lehrerin mit ihr neckte, dabei aber ein ungesundes und übertragenes Vergnügen darin fand, mit dem alten Mädchen zu schäkern, – welche ihrerseits darauf einging: erstens aus kupplerischen Gründen, dann auch, weil sie sich dem jungen Manne zu Gefallen wohl wirklich etwas in Frau Chauchat vergafft hatte, und endlich, weil sie es kümmerlich genoß, sich irgendwie von ihm necken und rot machen zu lassen. Dies wußten sie beide von sich und vom anderen und wußten auch, daß jeder es von sich und vom anderen wisse, und das alles war verwickelt und unsauber. Aber obgleich Hans Castorp von verwickelten und unsauberen Dingen im ganzen angewidert wurde und sich auch in diesem Falle davon angewidert fühlte, so fuhr er doch fort, in dem trüben Elemente zu plätschern.»[265]

Man sieht: Hans Castorp ist völlig außerstande, der Aufforderung Settembrinis, die geradezu ein Befehl ist («Halten Sie auf sich! Seien Sie stolz!»), auch nur annähernd nachzukommen. Er ist nicht mehr, was er als Hamburger Ingenieur selbstverständlich war, Mitglied der bürgerlichen Kultur, sondern er ist zum Produkt einer «Schamlosigkeit der selbstempfindlichreizbar gewordenen Materie» geworden, wie es oben hieß.

Was nicht bedeutet, dass Hans Castorp seine Schamgefühle gänzlich verloren hat. Er schämt sich durchaus noch, wenngleich nicht mehr für sich selber, sondern für andere, genauer für Madame Chauchat. Ihr empörendes Türenzuschlagen wird, je mehr er sich seiner Liebe zu ihr bewusst wird, zu seiner eigenen Sache, ja fast zu seinem eigenen Verfehlen, «ihm war, als komme der Zorn ihm nicht mehr zu, als sei er zum Tadel nicht so recht frei, sondern mitschuldig an dem Ärgernis und mitverantwortlich dafür vor den anderen, – kurzum, er schämte sich, und zwar wäre es ungenau gewesen, zu sagen, daß er sich für Frau Chauchat schämte, sondern ganz persönlich schämte er sich vor den Leuten, – was er sich übrigens hätte sparen können, da niemand im Saale sich um Frau Chauchats Laster noch um Hans Castorps Scham darüber kümmerte».[266]

Wir könnten, was hier beschrieben wird, mit dem zu Thomas Manns Zeiten noch ungebräuchlichen Wort Fremdscham bezeichnen, und falsch wäre es nicht, denn Castorp schämt sich für eine andere Person, die ihm innerlich nahesteht und mit der er sich identifiziert. Genauer aber wäre das Wort Ersatzscham, denn das Unheimliche an dem Prozess der Enthemmung und Zersetzung, den der Roman vor Augen führt, ist das allmähliche Verschwinden ursprünglicher, quasi unschuldiger Schamgefühle. Castorp, dieser redliche und überaus durchschnittliche Hamburger Bürger, bemerkt nicht nur mit einer gewissen Irritation, dass er im «Berghof» seiner Manieren allmählich verlustig geht, was seine Besucher James Tienappel und Frau Ziemßen als äußerst beunruhigend oder peinlich empfinden. Mehr noch: Der ganze Kern seines Schamempfindens wird derart aufgeweicht, dass er sich für sich selbst kaum mehr schämen kann, sondern allenfalls für andere noch. Somit ergeht es ihm ähnlich wie dem Helden in Brochs Roman, der beim Anblick des schwiegerelterlichen Ehelagers eine Ersatzscham empfindet.

Dennoch: Ein fundamentaler Rest von Scham bleibt, eine Scham, die tiefer reicht als Contenance, eine Scham, die all die leichtfertigen Spiele, die der Roman in seinem Verlauf erzählt, letztlich überdauert. Thomas Mann nennt sie Instinktscham. Sie erfasst Hans Castorps Vetter, diesen soldatisch aufrechten Mann, dessen Leben sich dem Ende zuneigt. In Joachims «sanften Augen», so heißt es, zeigte sich «ein Ausdruck trüber Scheu. [...] War es, weil er sich überäugig und hohlwangig wußte? [...] Wovor und vor wem also duckte und verbarg sich sein ehemals so offener Blick? Wie seltsam, die Lebensscham der Kreatur, die sich in ein Versteck schleicht, um zu verenden, – überzeugt, daß sie in der Natur draußen keinerlei Achtung und Pietät vor ihrem Leiden und Sterben zu gewärtigen hat, überzeugt hiervon mit Recht, da ja die Schar der schwingenfrohen Vögel den kranken Genossen nicht nur nicht ehrt, sondern ihn in Wut und Verachtung mit Schnabelhieben traktiert. Doch das ist gemeine Natur, und ein hochmenschliches Liebeserbarmen schwoll auf in Hans Castorps Brust, wenn er die dunkle Instinktscham in des armen Joachims Augen sah.»[267]

Lassen wir die Frage beiseite, ob gegenwärtige Forscher das Verhalten der Vögel ähnlich beschreiben würden. Es bleibt die ebenso bedrückende wie tröstliche Feststellung, dass verlorene Schamgefühle im Angesicht des Todes wiederkehren können, als würde im letzten Augenblick, wenn kein Raum für Frivoles mehr bleibt, etwas Natürlich-Menschliches unerwartet sichtbar. Ein Gesetz ist das nicht, wie man aus den Zeugnissen bestialischer Entgleisungen leider weiß. Das letzte Bild des *Zauberbergs* zeigt uns Hans Castorp in den Stahlgewittern des Ersten Weltkrieges, in denen vom sekundären Regelsystem gesellschaftlicher Konvention nichts mehr übrig blieb und die primären Tugenden des Gewissens und des Anstandes existenzielle Bedeutung erlangten. Jedenfalls ist das die Erfahrung, die der Graf Hans Karl Bühl aus dem Krieg mit nach Hause bringt – in Hugo von Hofmannsthals Komödie *Der Schwierige.*

3. Wenn sogar das Reden peinlich wird: *Der Schwierige* von Hugo von Hofmannsthal

Der Krieg, aus dem Graf Bühl, von seinen Freunden nur Kari genannt, sieben Wochen zuvor zurückgekehrt ist, bezeichnet eine Zeitenwende – einerseits für ihn selbst, weil er dort «draußen», wie es immer wieder heißt, Traumatisches erlebt hat, andererseits für die gesellschaftlichen Kreise, denen er zugehört. Es sind die Kreise des österreichischen Hochadels in Wien, der an seinen Gepflogenheiten festhält, um sich einer Kontinuität zu versichern, die es in der alten Weise nicht mehr geben kann. Zu diesen Gepflogenheiten gehört eine Abendgesellschaft, eine Soirée, zu der auch Hans Karl eingeladen ist, an der er jedoch nicht teilnehmen will: «Eine Soirée ist mir ein Graus, ich kann mir halt nicht helfen.» «– das Ganze ist so ein unentwirrbares Knäuel von Mißverständnissen. Ah, diese chronischen Mißverständnisse!» Seine Schwester Crescence will ihn überreden und sagt: «Nach allem, was du draußen durchgemacht hast, ist mir das eben unbegreiflich, daß man da nicht abgehärtet ist.» Hans Karl: «Crescence, das macht einen ja nicht weniger empfindlich, sondern mehr. Wieso verstehst du das nicht? Mir können über eine Dummheit die Tränen in die Augen kommen – oder es wird mir heiß vor gêne über eine ganze Kleinigkeit, über eine Nuance, die kein Mensch merkt, oder es passiert mir, daß ich ganz laut sag, was ich mir denk – das sind doch unmögliche Zuständ, um unter Leut zu gehen.»[268]

Der heute außer Gebrauch gekommene Begriff «gêne» stammt aus dem Französischen und bedeutet Verlegenheit, Gehemmtheit. Zuweilen sagt man noch, jemand geniere sich oder er sei genant. Wenn Hans Karl «über eine Dummheit die Tränen in die Augen kommen» (und gemeint ist hier nicht die eigene Dummheit, sondern die eines anderen), wenn es ihm «heiß vor gêne» wird, wenn er also im höchsten Maß verlegen ist, dann handelt es sich um ein besonders starkes Peinlichkeitsgefühl. Das kann nur haben, wer ein hoch entwickeltes Sensorium für Verletzungen des gebotenen Taktes besitzt. Hans Karl besitzt es, und weil solche Peinlichkeiten nur im sozialen Zusammenhang entstehen können, meidet er die Gesellschaft. Für ihn ist die «Nuance» alles. Deshalb ist er «der Schwierige».

Nuance bedeutet die Wahrnehmung unterschiedlicher Gefühle und Interessen, und der entspricht eine auf den Partner hinhörende, ihm entgegenkommende, umschreibende, andeutende Ausdrucksweise. Daher erklärt sich Hofmannsthals liebevoll karikierende Wiedergabe eines Sprachgebrauchs, der sich gerne ausgesuchter, vornehmlich französischer Fremd- und Lehnwörter bedient. Es handelt sich hier (in Umkehrung von Adornos berühmtem Essay) um einen sozial kodierten

Jargon der Uneigentlichkeit. So erklärt sich auch der oftmals unvermutete Wechsel der Anrede, wenn etwa die Schwester den Bruder zunächst mit «du» anredet, dann aber plötzlich mit «Er», wenn das vorher leichthin plaudernde Gespräch nunmehr plötzlich ernst geworden ist.[269]

Angemessenes Verhalten bedeutet hier, solche Nuancen zu kennen und ihnen sprachlich gewachsen zu sein. Einer, der diese Kunst auf groteske Weise nicht beherrscht, ist der Baron Neuhoff. Naturgemäß, wie Thomas Bernhard sagen würde, ist er ein Deutscher. Zwar entstammt er einem namhaften adligen Haus, das aber in dem von Wien weit entfernten und gewissermaßen ungültigen Holstein liegt, und er redet einen Jargon, der sowohl lebensphilosophisch wie nietzscheanisch aufgeladen ist. Damit bringt er die feinsinnigen Gemüter um Hans Karl gegen sich auf. Dessen Neffe Stani erblickt in Neuhoff einen Mann permanenter Taktlosigkeiten – «das ganze Genre bringt mich auf, diese falsche Sicherheit, diese ölige Suada, dieses Kokettieren mit seinem odiosen Spitzbart».[270]

Neuhoffs missliches Gebaren bleibt kein Einzelfall. Der Gastgeber der Soirée, einer von den Adligen der alten Zeit, sagt einmal: «In meinen Augen ist Konversation das, was jetzt kein Mensch mehr kennt: nicht selbst perorieren, wie ein Wasserfall, sondern dem andern das Stichwort bringen. Zu meiner Zeit hat man gesagt: wer zu mir kommt, mit dem muß ich die Konversation so führen, daß er, wenn er die Türschnallen in der Hand hat, sich gescheit vorkommt, dann wird er auf der Stiegen mich gescheit finden. – Heutzutag hat aber keiner, pardon für die Grobheit, den Verstand zum Konversationmachen und keiner den Verstand, seinen Mund zu halten.»[271]

Hofmannsthals *Lustspiel* (so der Untertitel) spielt auf subtile, humorvolle und zugleich tief melancholische Weise mit dem zeitgenössischen Wandel der Affekte. An die Stelle der

Nuance ist jetzt die Grobheit getreten, und was empfindsame Menschen heiß vor «gêne» macht, ist für andere längst Usus geworden. Hans Karl jedoch gehört noch zur alten Zeit, er ist gegen Peinlichkeiten jeder Art hoch empfindlich, und deshalb ist ihm jede Redeweise, die etwas Eigentliches anzielt und über kunstvolle Konversation hinausgeht, problematisch oder direkt peinlich.

Er sagt: «Durchs Reden kommt ja alles auf der Welt zustande. Allerdings, es ist ein bißl lächerlich, wenn man sich einbildet, durch wohlgesetzte Wörter eine weiß Gott wie große Wirkung auszuüben, in einem Leben, wo doch schließlich alles auf das Letzte, Unaussprechliche ankommt. Das Reden basiert auf einer indezenten Selbstüberschätzung.»[272] Und später im Stück wiederholt er sein Credo: «Aber alles, was man ausspricht, ist indezent. Das simple Faktum, daß man etwas ausspricht, ist indezent.»[273] Mit anderen Worten: Der Graf will nicht das sogenannte Tiefe, weil es nur in die Irre führt. Er zieht das Flache vor, weil einzig dies niemanden verletzen kann.

«Flach» wäre natürlich nicht sein Wort, sondern Dezenz. Sie verlangt das Indirekte, sie verlangt die objektive Form, nicht das subjektive Geständnis. Der Wert dieser Form ist ihm durch die Erfahrungen des formzerstörenden Krieges erst deutlich geworden, wie er einmal gesteht: Mitten in «der Stumpfheit und Todesangst, da spüren wir und wissen es auch, es gibt halt auch eine Notwendigkeit, die wählt uns von Augenblick zu Augenblick, die geht ganz leise, ganz dicht am Herzen vorbei und doch so schneidend scharf wie ein Schwert».[274] Form ist also nicht Förmlichkeit, sondern Herzensbildung. Die kann man nicht durch bloßes Lernen und Abschauen erwerben, sondern nur durch eine Erfahrung, die nicht frei von Bitternis ist.

Hofmannsthals Komödie gewinnt ihre Spannung dadurch, dass Hans Karl diese Haltung verständlicherweise nicht durchhalten kann. Er könnte es nur, wenn er dem Leben entsagen wollte. Anscheinend will er das, denn einmal nennt er sich «sehr alt»[275] (in Wahrheit ist er 39), und offenbar ist er dazu entschlossen, auf Helene, die Frau, die er wirklich liebt, zu verzichten. Das heißt, seine Diskretion sogar gegen sich selbst ist so groß, dass er sich diese Liebe nicht eingestehen kann. Und so kommt es zu einer der komischsten und rührendsten Liebesszenen der Weltliteratur. Helene nämlich weiß, wie es um ihren Kari bestellt ist, sie versteht und billigt die Zwangslage, in der er feststeckt, und sie fasst sich ein Herz, sie wechselt aus der passiven Rolle, die Frauen ihres Standes bislang vorgeschrieben war, tollkühn in die aktive. Sie erklärt Hans Karl ihre Liebe: «Jetzt weiß ich zwar nicht, ob du jemand wahrhaft liebhaben kannst – aber ich bin in dich verliebt, und ich will – aber das ist doch eine Enormität, daß Sie mich das sagen lassen!»[276] Auch hier wieder, mitten im Satz, der Wechsel der Anrede.

Der Schwierige ist, von heute aus gelesen, ein schwieriges Werk, und es ist kaum vorstellbar, dass es hundert Jahre nach seiner Entstehung noch erfolgreich aufgeführt werden könnte. Es setzt ein hohes Maß an gesellschaftlicher Ungleichheit und dabei gegenseitiger Anerkennung voraus, und es basiert auf der Idee einer extremen Affektkontrolle. Sie war schon zu der Zeit, als das Stück vollendet wurde (1918), nur noch eine Erinnerung. In einem Brief an Arthur Schnitzler schreibt Hofmannsthal über sein Stück: «Vielleicht hätte ich die Gesellschaft, die es darstellt, die österreichische aristokratische Gesellschaft, nie mit so viel Liebe in ihrem charme und ihrer Qualität darstellen können als in dem historischen Augenblick, wo sie, die bis vor kurzem eine Gegebenheit, ja eine Macht war, sich leise u. geisterhaft ins Nichts auflöst, wie ein übriggebliebenes Nebelwölkchen am Morgen.»[277]

So war *Der Schwierige* schon im Augenblick der Entstehung eine Reminiszenz, ein verklärender Rückblick auf die Utopie vollkommener Herzensbildung, die Fragen des Taktes alles andere unterordnet. Diese Utopie verdeutlicht, dass ohne die Beherrschung der Affekte Gefühle der Scham und der Peinlichkeit auf Dauer nicht vorstellbar sind. Wenn jeder der Verwirklichung seines Egos bedenkenlos zustrebt, ist die Kränkung des anderen immer nur dessen Problem. Die in diesem Kapitel beschriebenen Exzesse der Peinlichkeit sind die Kehrseite einer zuweilen auch gespenstischen Absicherungsstrategie des modernen Individuums gegen die Zumutungen des jeweils anderen, es sind Reaktionen auf die vollends unübersichtlich gewordene Interdependenz in der immer noch nach Ständen und Klassen sortierten bürgerlichen Gesellschaft.

Entlastung konnte erst kommen, als die sozialen Schranken niedergerissen und Gleichheitsforderungen zumindest formal realisiert wurden. Der Weltkrieg war ein erster Schritt, die totalitären Ideologien, denen Scham und Peinlichkeit Hekuba waren, brachten die Vollendung. Doch vollendet ist in der Historie nie etwas, zum Glück, und die Geschichte der Affekte, ihres Ausdrucks und ihrer Kontrolle, war damit noch lange nicht zu Ende. Die Geschichte eines Joachim von Pasenow, eines Hans Castorp oder eines Grafen Bühl könnte sich heute nicht mehr ereignen – andere, verwandte Geschichten treten an ihre Stelle.

KAPITEL XI

SCHAMKULTUR, SCHULDKULTUR

In der Südsee erblickte
Paul Gauguin das Paradies
der Unschuld und malte
Bilder wie dieses:
«Herrliches Land» (1892).

1. Nathaniel Hawthorne und *Der scharlachrote Buchstabe* – Sigmund Freud und die Entstehung des Gewissens

Im vergangenen Kapitel haben wir gesehen, wie sehr sich die Gefühlskultur mit dem gesellschaftlichen Wandel verändert. Zwar ist das Schamgefühl generell ein Merkmal menschlicher Zivilisation, doch seine Empfindlichkeit und die Anlässe seiner Erregung bleiben abhängig vom jeweiligen historischen und sozialen Umfeld. Die Wissenschaft hat versucht, diese Felder begrifflich zu fassen und sie einer «Schamkultur» oder einer «Schuldkultur» zuzuordnen, aber bevor wir uns damit näher befassen, lohnt sich der Blick auf einen seinerzeit berühmten, heute nicht mehr sehr oft gelesenen Klassiker der amerikanischen Literatur, der beispielhaft vorführt, was Schuldkultur im Extremfall bedeutet.

Nathaniel Hawthorne erzählt in seinem Roman *Der scharlachrote Buchstabe* die Geschichte von Hester Prynne, die ein uneheliches Kind zur Welt bringt und deshalb eingekerkert wird. Nach ihrer Freilassung wird sie dazu verurteilt, den roten Buchstaben A als Zeichen ihrer Schande auf der Brust zu tragen. A steht für «adulteress», Ehebrecherin. Hester ist verheiratet, ihr Ehemann allerdings verschollen. Von ihr wird gesagt: «Die junge Frau war hochgewachsen und von vollendeter, auffallend schöner Gestalt.»[278] Ihr Fehltritt verletzt das eheliche Treuegelöbnis, in welchem der Puritanismus nicht bloß eine private Angelegenheit der Partner erblickt, sondern ein fundamentales Gebot von öffentlichem Belang.

Der Roman erschien 1850 und machte seinen bis dahin kaum bekannten Verfasser mit einem Schlag berühmt. Der Fall, von dem er handelt, spielt etwa zweihundert Jahre früher, im Boston des 17. Jahrhunderts, nicht lange nach jenem Zeitpunkt, da die Siedlung von englischen Puritanern gegründet wurde. Die Geschichte beginnt mit einem Tribunal. Die junge Frau – mit ihrem drei Monate alten Baby auf dem Arm – wird vom Gefängnis auf den Marktplatz geführt, auf das Podest des Schafotts, wo sie drei Stunden lang stehen muss, der öffentlichen Verachtung preisgegeben. Das Schafott «stand fast unter der Dachtraufe der ältesten Kirche von Boston und schien einen unmittelbaren Bestandteil derselben zu bilden».[279] Die Honoratioren der Stadt haben sich auf dem Balkon des Rathauses versammelt und blicken auf sie hinab. Der allgemein geachtete und beliebte Pastor Arthur Dimmesdale redet ihr ins Gewissen, dass sie endlich den Namen des Kindesvaters preisgebe: «Glaube mir, Hester, sollte er auch von einem hohen Platz herabsteigen und hier neben dir stehen müssen auf dem Piedestal der Schande, es wäre besser so, als wenn er sein Leben lang die Schuld seines Herzens verbergen müßte.»[280]

Die Aufforderung des Pastors, sie solle den Namen des Erzeugers nennen, auch wenn er hohen Ranges sei, ist auf eine Weise riskant und selbstbezüglich, die dem Leser nach und nach offenkundig wird, den Bewohnern der Stadt aber erst ganz am Ende: Dimmesdale ist der Vater. Und Hester bleibt standhaft, weil sie ihn liebt, jedenfalls im Augenblick des Fehltritts geliebt hat. Sieben Jahre später, auf dem Höhepunkt der Geschichte, werden sie einander draußen im Wald begegnen, weit entfernt vom Kontrollregime der puritanischen Gemeinschaft, und Hester wird zu ihm sagen: «Was wir taten, hatte seine eigene Weihe. Wir empfanden es so. Wir haben es einander gesagt. Hast du es vergessen?» Dimmesdale antwortet: «Nein, ich habe es nicht vergessen.»[281] Und sie fassen den Plan, gemeinsam ins Ausland zu fliehen.

Hester ist die starke Figur des Romans. Dass sie eine Sünde begangen hat, daran hegt sie nicht den geringsten Zweifel, und sie nimmt das Schandmal des roten Buchstabens auf sich, aber es heißt gleich zu Beginn, als sie auf dem Pranger steht: «Diejenigen, die sie früher gekannt hatten und jetzt erwarteten, sie von der Wolke des schweren Schicksals überschattet und verdüstert zu finden, waren erstaunt und sogar bestürzt, zu sehen, wie ihre Schönheit mit ihrem Glanz das Unglück und die Schande, die sie umgaben, in eine Gloriole verwandelte.»[282] Sie zieht hinaus in eine Hütte am Rand der Stadt, kümmert sich um ihr kleines Mädchen und ernährt sich von Stickereien, die sie besonders kunstvoll auszuführen weiß. Sie findet sich damit ab, ausgestoßen zu sein, und übt tätige Buße, indem sie den Kranken und Sterbenden beisteht. So geschieht es, dass der scharlachrote Buchstabe allmählich eine zweite Bedeutung annimmt: «Da schimmerte der gestickte Buchstabe tröstlich in seinem unirdischen Glanz. Galt er anderswo als Zeichen der Sünde, im Krankenzimmer wurde er zum hellen Licht.»[283]

Hester ist stark, weil sie sich der Schuldkultur ihrer Umgebung zwar äußerlich fügt, jedoch innerlich nicht unterwirft. Ihr eigenes Gewissen unterscheidet sich immer mehr von jenem Gewissen, das ihr Herkunft und Erziehung eingepflanzt haben. Sie befreit sich nach und nach davon, und als schönes Gegenbild erscheint ihr Mädchen, die kleine Pearl. Sie ist das selbstbewusste, bezaubernde Naturkind, das von keiner repressiven Moral verbogen wurde. Sie redet mit den Tieren des Waldes, und wie im Märchen scheinen sie Antwort zu geben.

Die schwache Figur der Geschichte ist Dimmesdale. Durch und durch verkörpert er das puritanische Gewissen und badet gewissermaßen in seiner Schuld. Sie öffentlich einzugestehen, bringt er nicht über sich. Täte er es, es wäre das Ende seiner Karriere, und es wäre ein Fiasko für die öffentliche Moral, gilt er doch als Ausbund entsagungsvoller Frömmigkeit und als Vorbild für die ganze Stadt. Keiner der zahlreichen jungen Frauen, die ihn wegen seiner glanzvollen Predigten und seines heiligmäßigen Aussehens anhimmeln, hat er bisher Avancen gemacht, obwohl es für ihn allmählich an der Zeit wäre, einen Hausstand zu gründen. Dimmesdale wird von zwei Seiten in die Zange genommen: vom inneren Schuldgefühl und von der Scham, die er empfindet, wenn er in seinen Predigten die Gemeinde zu Buße und Gottesfurcht anhält.

Das moralische Versagen des Priesters ist deshalb bedeutungsvoll, weil er weder ein Zyniker noch gar ein Neuerer ist: «In keiner Gesellschaft wäre er das gewesen, was man einen Mann mit liberalen Anschauungen nennt. Für seinen Seelenfrieden mußte es stets von wesentlicher Bedeutung sein, den Druck eines Glaubens auf sich zu spüren, der ihn stützte, indem er ihn in seine eigene Form einschloß.»[284] Zu diesem «Druck des Glaubens» kommt der Druck seiner Verfehlung hinzu, und Hawthorne schildert mit einer schon fast sarkastischen Schärfe, wie der Priester aus Seelenqual zur Frömmigkeit gelangt: «Als Mensch, der sich einmal vergangen hatte, dessen Gewissen aber durch die fortwährende Reizung einer nicht verheilten Wunde wach und schmerzhaft empfindlich geblieben war, wandelte er sicherer innerhalb der Grenzen der Tugend, als wenn er überhaupt nicht gesündigt hätte.»[285]

Allein, die Begegnung mit Hester stellt dieses tugendhafte

Wandeln auf eine harte Probe. Er sagt zu ihr: «Wäre ich ein Atheist – ein Mensch ohne Gewissen –, ein Schurke mit gemeinen tierischen Trieben, dann hätte ich schon längst Frieden gefunden. Ja, ich hätte ihn sogar nie verloren.»[286] Hier, an entscheidender Stelle, taucht der Begriff des Gewissens auf. Dimmesdale scheint es zu bedauern, dass er eins hat, aber indem er so redet, wird der Keim innerer Zwietracht schon sichtbar. Denn das Gewissen, das wir mit Freud auch Über-Ich nennen können, wirkt ja unsichtbar. Wenn ich beginne, seine Maßgabe zu beobachten und in Frage zu stellen, verliert es seine Macht.

Nach dem idyllischen Treffen im Wald hat Dimmesdale für einen Augenblick das erhebende Gefühl der Freiheit. Als er in die Stadt zurückkehrt, regt sich in ihm eine satanische Lust, diese Freiheit auszuleben: «Bei jedem Schritt war er versucht, etwas Seltsames, Wildes, Böses oder sonst etwas zu tun, mit dem Gefühl, es geschehe gleichzeitig ohne Absicht und doch vorsätzlich, ohne seinen Willen und doch tiefer aus seinem Innern entsprungen als das sich gegen diese Regung erhebende Widerstreben.»[287] Dimmesdale empfindet unterhalb seines hoch entwickelten Gewissens mühsam gezähmte Gefühle und Aggressionen, die sich nunmehr Bahn brechen. Er begegnet einem älteren Diakon, der ihn «mit väterlicher Zuneigung» begrüßt. «Nur mit äußerster Selbstbeherrschung vermochte der hochwürdige Herr Dimmesdale während der nur wenige Augenblicke dauernden Unterhaltung mit diesem ausgezeichneten graubärtigen Diakon gewisse sich ihm aufdrängende gotteslästerliche Bemerkungen über das Abendmahl zu unterdrücken. Er zitterte am ganzen Körper und wurde aschfahl vor Angst, seine Zunge könne ihm mit diesen furchtbaren Worten durchgehen.»[288] Dimmesdale kann sich noch beherrschen, und am Ende wird er auf den Pfad der Tugend zurückkehren, indem er sich öffentlich zu seiner Tat bekennt und anschließend sein Leben aushaucht.

Manche Passagen in diesem Roman wirken, als hätte Hawthorne Sigmund Freud gelesen. Das Leiden, dem Dimmesdale am Ende erliegt, ist, modern gesprochen, psychosomatisch. Sein schlechtes Gewissen unterminiert seine Lebenskraft und äußert sich im langsamen Siechtum. Das «schlechte Gewissen», sagt Freud in seiner Abhandlung über das *Unbehagen in der Kultur*, sei zunächst nur eine soziale Angst, nämlich Angst vor dem Liebesverlust. Freud gelangt zu diesem Gedanken, indem er danach fragt, welcher Mittel sich die Kultur bediene, um jene Aggressionen, die dem Menschen eigentümlich seien, unschädlich zu machen, und er sagt: «Die Aggression wird introjiziert, verinnerlicht, eigentlich aber dorthin zurückgeschickt, woher sie gekommen ist, also gegen das eigene Ich gewendet. Dort wird sie von einem Anteil des Ichs übernommen, das sich als Über-Ich dem übrigen entgegenstellt und nun als ‹Gewissen› gegen das Ich dieselbe strenge Aggressionsbereitschaft ausübt, die das Ich gerne an anderen, fremden Individuen befriedigt hätte. Die Spannung zwischen dem gestrengen Über-Ich und dem ihm unterworfenen Ich heißen wir Schuldbewußtsein; sie äußert sich als Strafbedürfnis. Die Kultur bewältigt also die gefährliche Aggressionslust des Individuums, indem sie es schwächt, entwaffnet und durch eine Instanz in seinem Inneren, wie durch eine Besatzung in der eroberten Stadt, überwachen läßt.»[289]

Warum aber, so fragt er weiter, unterwirft sich der Mensch überhaupt äußeren Geboten? Beim Kind ist es klar: Weil es die Liebe, die Zuwendung des Vaters nicht verlieren will. Bei Erwachsenen tritt an dessen Stelle die menschliche Gemeinschaft. «Darum gestatten sie sich regelmäßig, das Böse, das ihnen Annehmlichkeiten verspricht, auszuführen, wenn sie nur sicher sind, daß die Autorität nichts davon erfährt oder ihnen nichts anhaben kann, und ihre Angst gilt allein der Entdeckung.»[290] Nun komme, so Freud, eine zweite Entwicklungsstufe hinzu: Die äußere Autorität werde durch die Aufrichtung eines Über-Ichs verinnerlicht. «Damit werden die Gewissensphänomene auf eine neue Stufe gehoben, im Grunde sollte man erst jetzt von Gewissen und Schuldgefühl sprechen. Jetzt entfällt auch die Angst vor dem Entdecktwerden und vollends der Unterschied zwischen Böses tun und Böses wollen, denn vor dem Über-Ich kann sich nichts verbergen, auch Gedanken nicht.»

Die wenig später folgende Weiterführung seiner Argumentation liest sich wie eine Beschreibung der Lage des bedauernswerten Dimmesdale: «Auf dieser zweiten Entwicklungsstufe zeigt das Gewissen eine Eigentümlichkeit, die der ersten fremd war und die nicht mehr leicht zu erklären ist. Es benimmt sich nämlich umso strenger und mißtrauischer, je tugendhafter der Mensch ist, so daß am Ende gerade die es in der Heiligkeit am weitesten gebracht, sich der ärgsten Sündhaftigkeit beschuldigen. Die Tugend büßt dabei ein Stück des ihr zugesagten Lohnes ein, das gefügige und enthaltsame Ich genießt nicht das Vertrauen seines Mentors, bemüht sich, wie es scheint, vergeblich, es zu erwerben.»[291]

Wir haben hier den zentralen Gedanken, der die Unterscheidung von Schamkultur und Schuldkultur begründet. Wer ein unerwünschtes, unerlaubtes Verhalten aus Furcht vor Liebesentzug oder Strafe unterlässt, bewegt sich in den Mustern der Schamkultur. Unterlässt er es jedoch, weil sein Gewissen ihn dazu bestimmt, weil er quasi gar nicht anders kann, folgt er einer Schuldkultur. Dazu gleich mehr. Zunächst aber müssen wir, ohne den *Scharlachroten Buchstaben* nacherzählen zu wollen, auf einen merkwürdigen Strang der Handlung aufmerksam machen. Gleich zu Beginn nämlich taucht Hesters verschollener Gatte auf, ein deutlich älterer Mann, der als verwachsen und unansehnlich geschildert wird, sich gleichwohl als Naturforscher und Arzt einen Namen gemacht hat. Dieser Mann verlangt von Hester den Namen des Kindsvaters. Als sie sich weigert, ihn zu nennen, nötigt er sie dazu, sein Auftauchen geheim zu halten. Niemand kennt ihn in der Stadt, er will den verhassten Nebenbuhler heimlich herausfinden und Rache üben.

Chillingworth, so sein Name, ahnt bald, wer der Täter ist. Er stiehlt sich unter dem Deckmantel ärztlicher Fürsorge in Dimmesdales Vertrauen und errät, dass dessen körperliche Beschwerden seelische sind. Der Roman schildert Chillingworth als wahrhaften Bösewicht, dessen Rachegeist den armen Pastor zermürbt, mit derart sichtbarem Erfolg, dass Hester alles daransetzt, den letztlich geliebten Vater ihrer Tochter zu befreien, ohne Erfolg. Merkwürdig daran ist die Dämonisierung des legitimen Gatten. Sein Wunsch nach Vergeltung macht ihn zwar nicht unbedingt liebenswert, erscheint aber alles in allem verständlich; und außerdem betreibt er letzten Endes eine gerechte Sache, nämlich die Entlarvung des Übeltäters, an der die Stadt in höchstem Maße interessiert sein muss.

Indem nun Chillingworth einerseits als Agent der öffentlichen Moral und andererseits als niedrige, widrige Erscheinung vorgestellt wird, fällt ein Schatten auf das puritanische System, das ganz offenbar widernatürliche und menschenfeindliche Züge hat. Das ist einer der subtilen Kniffe, mit denen der Roman arbeitet, und seine Thematik ist durchaus aktuell, wenn wir daran denken, dass noch heute der Ehebruch in einigen amerikanischen Staaten strafbar ist. Zu den Kniffen gehört auch, dass es nicht immer klar ist, wer eigentlich in diesem Roman spricht. Hawthorne arbeitet nämlich mit einer Fiktion in der Fiktion. Er beginnt mit einer autobiographischen Erzählung aus jenen Jahren, da er für kurze Zeit Zollinspektor in Salem war und dort im Zollhaus auf dem Dachboden alte Papiere fand, die vom Schicksal der Hester Prynne berichteten.

Die moralische Position, aus der die dramatischen Vorgänge beurteilt werden, schwankt kunstvoll zwischen der des 17. und der des 19. Jahrhunderts. Das Thema Sexualität war zu Hawthornes Zeit nicht minder tabuisiert als zur Zeit der puritanischen Einwanderer. Doch etwas hatte sich verändert: Das Tabu war als Problem kenntlich und bewusst geworden. Anders als die frühen Puritaner, die sexuelle Empfindungen und Bedürfnisse sprachlich weder ausdrücken konnten noch vermutlich wollten, erreichte die Sexualität im 19. Jahrhundert durchaus die Ebene des Sagbaren, blieb allerdings dem allerprivatesten Bereich vorbehalten. Hawthorne, der mit seiner Braut Sophia Peabody eine glückliche, offenbar auch erotisch erfüllte Beziehung unterhielt, schrieb ihr 1842: «So etwas wie unsere Geschichte ist nie geschrieben worden – und wird auch nie geschrieben werden» – «denn wir werden nicht darauf versessen sein, die Öffentlichkeit zum Mitwisser zu haben; doch wenn sie erzählt werden könnte, dann, so dünkt mich, wäre sie von der Art, wie die Engel sie mit Entzücken hören würden.»[292]

2. Scham- und Schuldkultur näher betrachtet – Der «Angstapparat aus Kalkül» in *Effi Briest*

Die Unterscheidung zwischen Schamkultur und Schuldkultur spielt eine zentrale Rolle in der berühmten Abhandlung *Chrysantheme und Schwert*, die 1946 von der amerikanischen Anthropologin Ruth Benedict publiziert wurde. Nach den von der amerikanischen Luftwaffe auf Hiroshima und Nagasaki abgeworfenen Atombomben und ihren furchtbaren Verheerungen hatte Japan im August 1945 kapituliert und stand nun unter alliierter Besatzung. Die Propagandabehörde der amerikanischen Regierung (Office of War Information) hatte Ruth Benedict den Auftrag erteilt, eine Studie zu erarbeiten, die es den Besatzern erleichtern sollte, die ihnen fremde Kultur zu verstehen. Was Ruth Benedict also geleistet hatte, war von «Kriegsforschung» nicht allzu weit entfernt: Dem militärischen Sieg sollte ein kultureller folgen, und der konnte nur gelingen, wenn die Mentalität des Gegners begriffen würde.

Dieses Begreifen in die Wege zu leiten, war Benedicts allererstes Ziel, denn ihr Buch war keineswegs eine ideologisch motivierte Kampfschrift, sondern eine um Fairness und Toleranz bemühte gründliche Darstellung der kulturellen Unterschiede, eine Darstellung übrigens, die auch die eigene, die amerikanische Kultur kritisch in den Blick nahm. Das Problem bestand allerdings darin, dass Benedict nie in Japan gewesen war und infolge des Krieges auch nicht dorthin reisen konnte. Sie beschränkte sich auf Interviews mit japanischen Einwanderern, und sie studierte die Literatur, den Film und die Geschichte Japans mit allen ihr zur Verfügung stehenden Mitteln. Das Ergebnis war ein Buch, das sowohl in den USA als auch in Japan größte Verbreitung fand und weitgehend auf Zustimmung stieß. Einer Umfrage aus dem Jahr 1987 zufolge, also knapp vierzig Jahre nach der in Japan erschienenen ersten Übersetzung, war ein Drittel der erwachsenen Japaner mit den wesentlichen Thesen Benedicts oder gar mit ihrem Buch selber vertraut.[293]

Die japanische Kultur, so eine der zentralen Thesen Benedicts, basiere auf Schamgefühlen – im Gegensatz zur amerikanischen, die von Schuldgefühlen gesteuert sei: «Vom Schamgefühl bestimmte Kulturen vertrauen auf externe Sanktionen, um richtiges Verhalten zu erzielen, und nicht, wie dies vom

Schuldgefühl bestimmte Kulturen tun, auf eine von innen kommende Überzeugung der Sündhaftigkeit. Schamgefühl ist eine Reaktion auf die Kritik der anderen. Ein Mensch fühlt sich beschämt, wenn er öffentlich verlacht und kritisiert wird oder sich nur vorstellt, lächerlich gemacht worden zu sein. In beiden Fällen handelt es sich um eine wirksame Sanktion. Aber sie bedarf eines Publikums oder zumindest der Vorstellung, daß es ein Publikum geben könnte. Das Schuldgefühl bedarf dessen nicht. In einem Land, in dem Ehre bedeutet, seinem Selbstbild gerecht zu werden, kann ein Mensch von Schuldgefühlen gepeinigt sein, obwohl niemand von seiner Missetat weiß.»[294]

So weit die klassisch gewordene Unterscheidung von Scham- und Schuldkultur. Sie verdankt sich jedoch mehr einer begrifflichen Zuspitzung als der Realität. Denn Benedict beschreibt ja ausführlich das komplexe und tief verinnerlichte System der Loyalitäten und Verbindlichkeiten in Japan. Dazu gehört zum Beispiel ein starkes Gefühl der Verpflichtung seinen Vorfahren gegenüber. Es ist kaum vorstellbar, dass dieses ungeschriebene Gesetz nur deshalb eingehalten würde, weil man im Falle seiner Nichtbeachtung beschämende Reaktionen der Nachbarn zu erwarten hätte. Das Pflichtgefühl, das ein Japaner gegen die Toten und die familiäre Tradition empfindet, lässt sich durchaus mit dem vergleichen, was wir Gewissen nennen, und er wird, wenn er diese Tradition verletzt, nicht allein Scham empfinden, sondern auch Schuld.

Ruth Benedicts leitendes Interesse ist eine polarisierende Betrachtung der Gegensätze. Ihre wohlmeinend didaktische Absicht schlägt sich darin nieder, dass sie eventuelle Ähnlichkeiten übergeht und ihr Augenmerk vor allem auf die Unterschiede richtet. Und hier sind es die Unterschiede zu den USA der vierziger Jahre, deren puritanische Tradition, wie sie hervorhebt, noch immer lebendig ist. Hätte sie ihren vergleichenden Blick auf Japan von einem europäischen Land aus unternommen, so wäre ihr die Dichotomie zwischen Scham- und Schuldkultur vielleicht kaum in den Sinn gekommen. In stark von der Tradition bestimmten Gesellschaften wie Portugal oder Spanien hätte sie leicht Elemente einer Schamkultur finden können, die den Kontrast zu Japan weniger auffällig gemacht hätten.

Gleichwohl haben sich die Begriffe Schamkultur und Schuldkultur in der anthropologischen Forschung etabliert[295], sie werden heute nur mit größerer Vorsicht verwendet. Auch sind die methodischen Voraussetzungen von Ruth Benedict weidlich kritisiert worden[296], was kein Wunder ist, wenn man sich bewusst hält, dass ihre Studie rund siebzig Jahre alt ist. Auch in der Wissenschaft gibt es Fortschritte.

Für unsere Zwecke müssen wir die Debatte nicht näher ausbreiten, sondern können das Ergebnis in aller Kürze so zusammenfassen: Es gibt so gut wie keine Gesellschaft, in der die Scham derart ausschließlich handlungsleitend wäre, dass nicht auch Fragen des Gewissens und der Schuld eine Rolle spielten; so wie es umgekehrt auch keine Gesellschaft gibt, in der Schuldgefühle nicht auch von Scham begleitet würden. Die Begriffe Schamkultur und Schuldkultur sind also nicht dazu geeignet, eine Entwicklung zu beschreiben, die von einer primitiven Kulturstufe zu einer komplexeren führen würde, sie sind aber wohl dazu geeignet, das weitläufige Feld von Scham und Schuld zu analysieren und zu strukturieren.

Das moralisch unzweifelhaft Richtige mag uns Nachteile bringen, in schwere Konflikte stürzen, aber wir würden uns seiner zumeist nicht schämen, wenn wir ihm folgten. Der umgekehrte Fall jedoch, dass wir das moralische Gebot aus bestimmten Gründen missachten, sei es aus Bequemlichkeit, sei es, weil wir finden, es treffe auf uns in der konkreten Situation nicht zu, führt nicht unbedingt zur Scham. Wir können zum Beispiel einsehen, dass der Verzehr von Fleisch aus ökologischen oder ethischen Gründen verwerflich sei, und dennoch ohne das Gefühl der Scham eine Bratwurst verschlingen. Gabriele Taylor macht darauf aufmerksam, dass Schuld mit der Verletzung eines Gesetzes zu tun hat. Ich kann schuldig sein, muss mich aber nicht schuldig fühlen. Ich kann die Schuld – im Gegensatz zur unwillkürlichen Scham – ablehnen. [297]

Leicht können wir uns Situationen vorstellen, bei denen wir unwillentlich Ursache eines Unglücks geworden sind, ohne deshalb Scham zu empfinden. Der englische Philosoph Bernard Williams referiert einen solchen von Plutarch geschilderten und in der Antike weithin diskutierten theoretischen Fall. Einem Speerwerfer läuft beim Training ein Junge in die Wurfbahn, wird getroffen und stirbt.[298] Der Speerwerfer würde vermutlich von jedem deutschen Gericht freigesprochen: Er ist ohne Schuld. Gleichwohl könnte es sein, dass er ein vages, aber brennendes Schuldgefühl empfindet, denn immerhin war er der Verursacher dieses Todes. Unwahrscheinlich ist jedoch, dass er Scham empfindet. Williams: «Die Schuld schaut vor allem auf das, was ich einem anderen getan habe, ob nun willentlich oder nicht.»[299]

Anders verhält es sich mit der Scham: «Die Scham verweist mich auf das, was ich bin. Sie kann durch viele Dinge hervorgerufen werden – durch Handlungen, Gedanken, Wünsche oder die Reaktionen der anderen. Selbst wo es ganz sicher um eine Handlung geht, kann es für den Akteur immer noch sehr mühevoll sein, die Quelle der Scham ausfindig zu machen, also ausfindig zu machen, ob diese Quelle in der Intention, in der Handlung oder in dem Resultat der Handlung zu finden ist.» Und Williams fügt hinzu: «Gerade weil die Scham auf diese Weise schwer zu durchdringen ist, können wir uns mit Gewinn darum bemühen, sie durchsichtiger zu machen, indem wir etwa zu verstehen suchen, wie sich eine Handlung oder ein Gedanke zu uns verhält, zu dem, was wir sind und was wir realistischerweise von uns erwarten können. Wenn wir unsere Scham verstehen, werden wir vielleicht auch unsere Schuld besser verstehen. Die Struktur der Scham enthält die Möglichkeit, die Schuld zu kontrollieren und von ihr zu lernen, weil wir durch sie ein Verständnis unserer ethischen Identität erhalten, durch das die Schuld einen Sinn erhält. Scham kann Schuld verstehen, aber Schuld kann sich nicht selbst verstehen.»[300] Und zwar deshalb nicht, weil Schuld sich auf ein mir Äußeres bezieht, während Scham mein Allerinnerstes betrifft.

Die Darstellung von Bernard Williams macht deutlich, dass Scham und Schuld – anders, als Ruth Benedict und ihre Nachfolger es verstanden haben – nicht zwei klar voneinander geschiedene Gefühlsregungen sind, sondern dass sie ineinandergreifen und sich je nach Situation und Person vermischen. Gleichwohl ist es nützlich, die Begriffe analytisch voneinander zu trennen. Das schärft den Blick für die Komplexität des Zusammenhangs, wie er uns etwa bei Hawthorne begegnet ist.

Sighard Neckel ordnet die Aspekte von Schamkultur und Schuldkultur wie folgt: Die Schuldkultur ist geprägt von einer universalistischen Moral, vom Über-Ich und vom Gewissen; Übertretungen gehen mit Gewissensbissen einher und werden äußerlich durch Strafen geahndet, innerlich durch Selbstverurteilung und Reue.[301] In Hawthornes Roman ist Dimmesdale dafür ein musterhaftes Beispiel. Dennoch hat auch er mit den Kontrollmechanismen einer Schamkultur zu kämpfen, denn andernfalls fiele es ihm leichter, dem inneren Gewissen zu folgen und die Verfehlung zuzugeben.

Die Schamkultur hingegen, so Neckel, ist bestimmt durch eine von Fall zu Fall herrschende Konvention, vom Blick der anderen und von der externen Kontrolle der Gemeinschaft; Abweichungen gelten als Schande und werden durch Missachtung oder Ausgrenzung bestraft.[302] Hester Prynne erfährt das am eigenen Leib. Anfangs empfindet sie noch Schuld. Im Verlauf der sieben Jahre jedoch arbeitet sie diese Schuld ab, jedenfalls vor ihrem Gewissen. Sie schützt sich dadurch, dass sie sich von der Schuldkultur befreit, eine neue Freiheit gewinnt und sozusagen nur noch Scham empfindet. Diese Scham, verursacht durch das nach wie vor verächtliche Verhalten der meisten ihrer Mitbürger, wird zu etwas Äußerlichem, das sie der Umstände halber ertragen muss, das sie in ihrem Innersten aber nicht mehr berührt. Deshalb geht sie aus diesem Prozess verändert, aber nicht beschädigt hervor. Sie überlebt, sie verlässt den Schauplatz der Ereignisse, während Chillingworth, nachdem sein Feind Dimmesdale gestorben ist, keinen Lebensantrieb mehr verspürt und wenig später ebenfalls dahinscheidet.

Die Gegenüberstellung von Schuld- und Schamkultur erlaubt es, den Augenblick der Scham näher zu bestimmen und den Wandel der Gefühle genauer zu beschreiben. Wir können, um das Gemeinte zu verdeutlichen, auch den von David Riesman eingeführten und bereits geschilderten Gegensatz von außengeleitet und innengeleitet heranziehen. Außengeleitet wäre der Mensch der Schamkultur, die wir folglich auch Anpassungskultur[303] nennen könnten, und innengeleitet der Mensch der Schuldkultur, die auch Gewissenskultur heißen könnte.

Man kann mit dieser Begrifflichkeit nicht allein das unterschiedliche Gewicht jener Regeln beschreiben, denen die Menschen verschiedener Länder und verschiedener Zeiten ihr Verhalten unterworfen haben, sondern auch Veränderungen innerhalb der eigenen Kultur. Dabei ist ein Gedanke von Maria-Sibylla Lotter hilfreich: Es gehe bei der Unterscheidung von Scham- und Schuldkultur vor allem um die jeweils vorherrschende Interpretation moralischer Handlungen, «in einer Schamkultur werden Normenverletzungen *primär* in Schamkategorien *interpretiert*, also als Verletzungen des eigenen Ichideals oder Rollenideals, was natürlich nicht ausschließt, dass auch Schuldangelegenheiten als solche thematisiert werden können. In einer Schuldkultur verhält es sich umgekehrt: Fehlhandlungen werden *als* Verletzungen anderer Personen und Verletzungen der sozialen oder göttlichen Normen verstanden. Auch dies schließt [...] nicht aus, dass bei manchen Normbrüchen heftige Schamgefühle auftreten».[304]

Gleichgültig, welche Kultur eine Gesellschaft ausprägt, sie hält in jedem Fall ein Arsenal innerer und äußerer Maßregelungen bereit, um die spontanen, natürlichen Triebe einzuhegen und sozial verträglich zu machen. Scham- und Schuldgefühle sind lediglich ein Aspekt davon, wenn auch der wichtigste. Diese Gefühle zu erzeugen gehört zum Erziehungsprogramm jeglicher Kultur, und dafür ist eine Szene aus *Effi Briest* aufschlussreich. Theodor Fontane spricht dort von einem «Angstapparat aus Kalkül» und meint die Erregung einer Angst zum Zweck der Unterwerfung.

Die Szene spielt in Kessin, einer pommerschen Kreisstadt an der Ostsee, wo der Baron von Innstetten als Landrat seinen Dienst verrichtet. Aus beruflichen Gründen ist er oft unterwegs, und seine junge Ehefrau, die erst 17 Jahre alte Effi, fürchtet das Alleinsein in der dunklen, unheimlichen Amtsvilla. Zu ihrer Furcht trägt eine obskure Geschichte bei, die von einem unter mysteriösen Umständen verstorbenen Chinesen handelt, der, wie man sich erzählt, zuweilen in den oberen Räumen des großen Hauses seinen Spuk treibe. Innstetten nun, anstatt Effi zu beruhigen und das Ganze für Unsinn zu erklären, lässt durchblicken, dass an der Sache durchaus etwas dran sein könne.

Die äußerst beunruhigte Effi erzählt davon dem Major Crampas, mit dem sie, um sich zu zerstreuen, des Öfteren Ausflüge zu Pferd unternimmt. Crampas, der Innstetten schon lange kennt, erklärt dessen undeutliches Verhalten mit Wichtigtuerei. In einem Spukhaus zu wohnen gebe ihm die Aura des Ungewöhnlichen. Außerdem neige Innstetten dazu, «erzieherisch» zu wirken. Effi fragt: «‹Und will er mich auch erziehen? Erziehen durch Spuk?› ‹Erziehen ist vielleicht nicht das richtige Wort. Aber doch erziehen auf einem Umweg.› ‹Ich verstehe Sie nicht.› ‹Eine junge Frau ist eine junge Frau und ein Landrat ist ein Landrat. Er kutschiert oft im Kreise umher, und dann ist das Haus allein und unbewohnt. Aber solch ein Spuk ist wie ein Cherub mit dem Schwert …›»[305]

Das Bild des drohenden Engels macht den Mechanismus klar, dessen sich Innstetten bedient. Er gleicht einem Vater, der dem Kind mit dem schwarzen Mann droht, damit es besser gehorche. Freud beschreibt das so: Das Schuldbewußtsein «ist dann der unmittelbare Ausdruck der Angst vor der äußeren Autorität […], der direkte Abkömmling des Konflikts zwischen dem Bedürfnis nach deren Liebe und dem Drang nach Triebbefriedigung».[306] Dieser Drang ist bei der noch kindlichen Effi einigermaßen unschuldig, er äußert sich zunächst ganz einfach in einer temperamentvollen Lebenslust, die auf Konventionen nicht übermäßig achtet. Innstetten weiß das, und weil er ein ebenso vorsichtiger wie karrieresüchtiger Mann ist, der nichts mehr scheut als unzuträgliches Gerede, sperrt er seine kleine Effi in einen Käfig undurchsichtiger Bedrohlichkeiten. Er erreicht das Gegenteil, denn Effi ist dann doch erwachsen und intelligent genug, um sich dagegen zu empören.

Nach dem zitierten Gespräch heißt es: «Crampas verabschiedete sich und ritt in die Stadt hinein, bis er vor seiner am Marktplatz gelegenen Wohnung hielt. Effi ihrerseits kleidete sich um und versuchte zu schlafen; es wollte aber nicht glücken, denn ihre Verstimmung war noch größer als ihre Müdigkeit. Daß Innstetten sich seinen Spuk parat hielt, um ein nicht ganz gewöhnliches Haus zu bewohnen, das mochte hingehen, das stimmte zu seinem Hange, sich von der großen Menge zu unterscheiden; aber das andere, daß er den Spuk als Erziehungsmittel brauchte, das war doch arg und beinahe beleidigend. Und ‹Erziehungsmittel›, darüber war sie sich klar, sagte nur die kleinere Hälfte; was Crampas gemeint hatte, war viel, viel mehr, war eine Art Angstapparat aus Kalkül. Es fehlte jede Herzensgüte darin und grenzte schon fast an Grausamkeit. Das Blut stieg ihr zu Kopf, und sie ballte ihre kleine Hand.»[307]

Die «kleine Hand» ist ein letzter Hinweis auf Effis Rest an Kindlichkeit. In Wahrheit ist sie längst eine Frau, sie ist inzwischen Mutter geworden, und ihr «Drang nach Triebbefriedigung» (Freud) äußert sich in erwachsenen Dimensionen: Sie wird den Verführungskünsten des Crampas erliegen. Der allerdings muss sich nicht übermäßig anstrengen, denn der mit seinen 38 Jahren schon alt und altbacken wirkende Innstetten ist ein derart humorlos-trockener Geselle, dass der lustige und draufgängerische Crampas als willkommene Abwechslung erscheinen muss. Viele Jahre später entdeckt Innstetten durch Zufall dessen Liebesbriefe, tötet ihn im Duell und verlässt Effi, die, auf immer getrennt von der geliebten Tochter, ihrem Siechtum und frühen Tod entgegengeht.

Der «Angstapparat aus Kalkül» gehört zu den letzten Bastionen einer bereits brüchig gewordenen Schuldkultur. Fontanes Roman spielt im letzten Jahrzehnt des 19. Jahrhunderts, zeitlich in der Nähe von Brochs *Pasenow* und Thomas Manns

Buddenbrooks. Der Komplex aus Scham- und Schuldkultur hat sich seitdem weiter verändert, und das ist keine Überraschung, wenn man sich den Wandel der Lebensverhältnisse vor Augen führt. In ihrer 2012 veröffentlichten Studie über *Scham, Schuld, Verantwortung* äußert Maria-Sibylla Lotter den Verdacht, es habe «in Europa und Nordamerika seit dem Zweiten Weltkrieg eine gewisse Umgewichtung des Verhältnisses von Scham- und Schuldgefühlen stattgefunden». Sie greift damit einen Gedanken auf, der uns schon bei David Riesman begegnet ist[308], dass nämlich der außengeleitete Mensch nicht mehr tief eingeprägten Regeln folge, sondern sich von Fall zu Fall äußeren Konventionen anpasse. Riesmans Beobachtung stammt aus dem Jahr 1950, inzwischen ist diese Entwicklung bedeutend vorangeschritten. Maria-Sibylla Lotter bemerkt mit äußerster Vorsicht in einer Fußnote: «Die Änderung der Erziehungsideale seit dem Zweiten Weltkrieg könnte dazu geführt haben, dass an die Stelle von Schuldgefühlen heute verstärkt Schamgefühle getreten sind: Es sieht so aus, als ob moralische Bewertungen wie Gut und Böse zunehmend durch eher indirekte Bewertungen abgelöst wurden, die sich auf die Eignung von Handlungen zur *Verwirklichung von persönlichen Entwicklungsidealen* und zur *Verfolgung von Eigeninteressen* beziehen.»[309]

Man kann es auch direkter sagen: Die Gewissenskultur, die auf einem strikten, zumeist religiös bestimmten und verinnerlichten Kodex beruhte, ist schwach geworden, sie ist einer Anpassungskultur gewichen, die der Not schnell wechselnder Anforderungen im beschleunigten Kapitalismus genügt. Freuds oben zitierte Bemerkung, die Menschen gestatteten sich die Regelverletzung, wenn sie sicher seien, dass keine Autorität etwas davon erfahre und ihnen etwas anhaben könne, scheint heute in höherem Maß wieder zuzutreffen.

Es ist unbestreitbar, dass gewisse Teile der Gesellschaft, und das betrifft offenbar gerade die jüngere Generation einer um ihren Aufstieg oder auch nur um die Erhaltung ihres Status quo ringenden Mittelschicht, auf eine frühere Entwicklungsstufe zurückgefallen sind, auf eine Stufe, in der das protestantisch zugespitzte Über-Ich noch nicht ausgebildet war und die Menschen einem traditionell vorgegebenen Kodex folgten. Der neue Kodex, der wiederum so etwas wie eine Tradition auszubilden im Begriff ist, lässt sich mit Wörtern wie Selbstverwirklichung, Karrierefähigkeit und Durchsetzungskraft umschreiben. In diesem Kontext, den man leicht dem Verhalten westlicher Eliten ablesen kann, spielt die Schuldkultur, mit der die Älteren unter uns noch aufgewachsen sind, keine erhebliche Rolle mehr.

3. Der Streit um die Zivilisationstheorie von Norbert Elias

Haben sich die Schamgefühle im Lauf der Geschichte differenziert und verfeinert? Gibt es eine Entwicklung hin zu einer stärkeren Selbstkontrolle? Norbert Elias hat dies in seiner berühmten Schrift *Über den Prozeß der Zivilisation* behauptet und näher begründet. Das 1939 erschienene Werk wurde erst in den siebziger Jahren wirklich wahrgenommen. Begeisterten Reaktionen folgten bald kritische, und Ende der achtziger Jahre begann die Publikation einer fünfbändigen Widerlegung, verfasst von dem Ethnologen Hans Peter Duerr. Sie trug den Titel *Der Mythos vom Zivilisationsprozeß*, was eine freundliche Umschreibung der Tatsache war, dass Duerr die Zivilisationstheorie von Elias für ausgemachten Schwindel hielt.

«Dieser Mythos besagt», so schreibt Duerr im ersten Band, «daß die derzeitige Domestikation unserer tierischen Natur das Ergebnis eines langwierigen Prozesses sei, der im westlichen Europa gegen Ende des Mittelalters und bei den ‹Primitiven› – vor kurzem noch ‹Wilde› genannt – erst in allerjüngster Zeit begonnen habe. Ich versuche einsichtig zu machen, daß dieser Mythos ein Zerrbild vergangener und fremder Kulturen zeichnet, ein Bild, das zwanglos zur Rechtfertigung des Kolonialismus verwendet werden konnte».[310] Man sieht: Gleich zu Beginn schlägt Duerr einen ziemlich aggressiven Ton an, den er im Folgenden noch verschärft. Weshalb sich der relativ junge Duerr gegen den doppelt so alten Elias derart ereifert, bleibt rätselhaft.[311]

Norbert Elias war Assistent des berühmten Soziologen Karl Mannheim gewesen und wollte sich bei ihm habilitieren. Dazu kam es nicht, weil Mannheims Institut von den Nazis geschlossen wurde und Elias, jüdischer Herkunft, nach England emigrieren musste. Er verfasste seine große Abhandlung unter erschwerten Bedingungen. Abgesehen davon muss jede auf empirischen Daten beruhende Theorie damit rechnen, von neueren Erkenntnissen in Frage gestellt zu werden. Elias hatte seine Theorie in den dreißiger Jahren erarbeitet, und er stand damit ziemlich allein. Heute hat sich die Informationsmenge ebenso vervielfacht wie die Zahl der Wissenschaftler. Als Fazit der Kontroverse um Elias lässt sich festhalten, dass seine Theorie revidiert, jedoch nicht falsifiziert wurde.

Sie wird oftmals so verstanden, als hätte Elias behauptet, frühere Gesellschaften seien schamfrei oder gar schamlos gewesen,[312] und als sähe er im Prozess der Zivilisation einen Fortschritt gegenüber «primitiven» Völkern.[313] Das trifft nicht zu. Im Vorwort schreibt Elias: «Man kann nie mit Bestimmtheit sagen, daß die Menschen einer Gesellschaft zivilisiert *sind*. Aber man kann aufgrund von systematischen Untersuchungen [...] recht wohl mit hoher Bestimmtheit von einigen Menschengruppen sagen, daß sie zivilisierter *geworden sind*, ohne notwendigerweise damit den Gedanken zu verbinden, daß es besser oder schlechter ist, daß es einen positiven oder negativen Wert hat, zivilisierter geworden zu sein.»[314] Und an späterer Stelle bemerkt er, der Verhaltensstandard der höfisch-aristokratischen Zeit sei ein anderer Standard als der unsere gewesen, «ob besser oder schlechter steht hier nicht zur Diskussion».[315]

Was nun hat Elias vorgelegt? Gegenstand seiner Untersuchungen ist das Europa der höfischen Gesellschaft bis hin zur Moderne. Elias zeigt, wie die wachsende Zahl der Menschen eine Arbeitsteilung sowohl ermöglicht als auch erzwingt; wie dies wiederum eine engere Verflechtung immer größerer Lebensbereiche und geographischer Räume mit sich bringt; wie sich die gesellschaftlichen Schichten voneinander absondern und wie Kultur und Habitus der jeweils höheren Schicht von der nachdrängenden adaptiert werden. Schließlich erklärt er, wie im Verlauf dieser Entwicklung die Freiheit der Menschen einerseits zunimmt, weil ihr Leben berechenbarer und also sicherer wird, und wie sie andererseits abnimmt, weil die sozialen Zwänge und der Konformitätsdruck zunehmen.

Elias erläutert das an vielen Beispielen: am Wandel der Essgewohnheiten, etwa am Gebrauch von Messer und Gabel; am wachsenden Sauberkeitsbedürfnis, wie es sich im Verzicht auf Schnäuzen und Spucken äußert; am Wandel in den Beziehungen der Geschlechter, etwa dem Verhalten im Schlafraum; schließlich an der allmählich entstehenden Konvention, zwischen privat und öffentlich zu trennen und bestimmte Dinge, die wir heute intim nennen, hinter einen Vorhang zu verlegen. Und er fasst die Ausdifferenzierung so zusammen: «Wie die wechselseitige Abhängigkeit, so wird auch die wechselseitige Beobachtung der Menschen stärker; die Sensibilität und dementsprechend die Verbote werden differenzierter und differenzierter, umfassender, vielfältiger wird gemäß der anderen Art des Zusammenlebens auch das, worüber man sich schämen muß, das, was man an Anderen als peinlich empfindet.»[316] Dies ist unbestreitbar der Fall, und es findet in der beschriebenen Peinlichkeitskultur seine Fortsetzung.

Duerr nun konnte nachweisen, dass Elias sich in der Interpretation mittelalterlicher Bilder und Texte einige Male geirrt hatte. Zudem konnte er die von Elias in der Tat gelegentlich nahegelegte Ansicht als irrig erweisen, Naturvölker seien in ihrem Verhalten weniger von Schamgefühlen gesteuert als die Bewohner der modernen westlichen Welt. Im Gegenteil: Duerrs überaus reiche Materialsammlung, die sich auf nahezu alle erreichbaren Kulturen und Zeiträume erstreckt, legt die umgekehrte Vermutung nahe, dass nämlich unsere Kultur wesentlich schamloser sei als die früherer Zeiten und fremder Völker.

Doch Elias hatte sich keineswegs auf das Thema Nacktheit und Scham beschränkt. Zum Thema Sauberkeit etwa bemerkt er, zunächst sei es den Menschen selbstverständlich, dass man sich lediglich im Hinblick auf andere regelmäßig säubere, also aus gesellschaftlichen Gründen und bewogen durch mehr oder weniger spürbare Fremdzwänge. «Heute wird dem Einzelnen das Waschen und Säubern von klein auf als eine Art von automatischer Gewohnheit angezüchtet, d. h. es entschwindet ihm allmählich mehr oder weniger aus dem Bewußtsein, daß er sich wäscht und zu einer beständigen Säuberung diszipliniert im Hinblick auf andere [...]; er wäscht sich auf Grund von Selbstzwängen, auch, wenn kein anderer Mensch da ist, der ihn wegen einer Unterlassung tadeln oder bestrafen könnte.» Und Elias schließt mit seiner Grundthese: «Die gesellschaftlichen Beziehungen der Menschen lagern sich in einer Weise um, daß die Zwänge, die die Menschen aufeinander ausüben, sich in dem Einzelnen immer ausgeprägter in Selbstzwänge verwandeln; die Über-Ich-Bildung wird immer fester.»[317]

Der zentrale Gedanke der alten Zivilisationstheorie, nämlich der einer wachsenden Selbstkontrolle, trifft noch immer zu. Der Reinlichkeitszwang, der rational gar nicht erklärbar ist, hat in unseren Breiten eher noch zugenommen, und das mag, wie bereits dargelegt, einer der Gründe für den Erfolg der *Feuchtgebiete* von Charlotte Roche sein. Was übrigens das gewachsene Sauberkeitsbedürfnis betrifft, so geht die 1988 erschienene Geschichte der Körperhygiene des französischen Soziologen Georges Vigarello in dieselbe Richtung wie Elias.[318]

Auch auf anderen Feldern hat Elias recht. Wir wissen aus zuverlässigen Quellen, dass das mehr oder weniger öffentliche Defäkieren und Urinieren noch im 19. Jahrhundert, jedenfalls in den unteren Ständen und in den Städten, durchaus üblich war – hauptsächlich wohl wegen des Mangels an sanitären Anlagen. Vor einigen Jahren, als ich die Altstadt von Peking besuchte, wies man mich auf die Errungenschaft von Bedürfnisanstalten hin, die in regelmäßigen Abständen eingerichtet waren, nicht allein für die Bewohner des Viertels, wo es keine Toiletten im Haus gab, sondern auch für die Besucher jenes Speiselokals, in dem wir unser Mittagessen verzehrten. Als ich die nächste Lokalität aufsuchte, kam mir ein übler Ammoniakgeruch entgegen, und ich war davon irritiert, dass die Kabinen gut einsehbar waren. Vermutlich sind diese Quartiere inzwischen planiert.

Es sieht aber so aus, als wäre Elias, was das Thema Nacktheit und Scham betrifft, in der Tat von einer gegenläufigen Entwicklung überholt worden. Er selber übrigens hat diesen Prozess der Entformalisierung durchaus gesehen und in späteren Schriften darauf reagiert. Schon in seinem Buch *Über den Prozeß der Zivilisation* räumt er mit Blick auf die durch den

Ersten Weltkrieg veränderten Verhaltensweisen ein, man habe «den Eindruck, daß in der Zeit, die dem Kriege folgte, verglichen mit der Vorkriegszeit, das eingetreten ist, was man eine ‹Lockerung der Sitten› nennt. Eine Reihe von Bindungen, die dem Verhalten vor dem Kriege auferlegt waren, sind schwächer geworden oder ganz verschwunden. Manche Dinge, die ehemals verboten waren, sind nun erlaubt. Und die Bewegung scheint so, von nahem betrachtet, eher in der umgekehrten Richtung weiterzugehen, als es hier gezeigt wurde; sie scheint zu einem Nachlassen der Zwänge zu führen, die dem Einzelnen durch das gesellschaftliche Leben auferlegt werden.»[319]

Als Beispiel nennt Elias den freizügigen Umgang der Geschlechter miteinander, etwa am Strand oder beim Sport, fügt jedoch hinzu, «diese Wandlung und mit ihr die gesamte Ausbreitung des Sports für Männer, wie für Frauen, alles das hat einen sehr hohen Standard der Triebgebundenheit zur Voraussetzung. Nur in einer Gesellschaft, in der ein hohes Maß von Zurückhaltung zur Selbstverständlichkeit geworden ist, und in der Frauen, wie Männer absolut sicher sind, daß starke Selbstzwänge und eine strikte Umgangsetikette jeden Einzelnen im Zaume halten, können sich Bade- und Sportgebräuche von solcher Art, und – gemessen an vorangehenden Phasen – solcher Freiheit entfalten.»[320]

Dass sich diese Freiheit nicht von selbst versteht, kann jede Touristin erfahren, die sich in südlich-fremdländischen Orten derart kleidet und benimmt, als wäre sie zu Hause. Der «hohe Standard der Triebgebundenheit», von dem Elias spricht, ist dort nicht immer, vielleicht noch nicht vorhanden. Oder, aus konträrer Perspektive gesprochen: Die Schamlosigkeit, die im «dekadenten» Westen herrscht, hat solche Gefilde noch nicht erreicht.

Doch selbst aus relativ geringem zeitlichen Abstand betrachtet, ist der körperbetonte Habitus erstaunlich, der heute nicht allein an Stränden herrscht. Lehrer, die zum Unterricht in knappen Muscle-Shirts erscheinen, Schülerinnen, deren Dekolleté einstmals selbst auf der Silvesterparty aufgefallen wäre, heimkehrende Büroangestellte, die im delikaten Minikleid den Bus besteigen, wären noch vor vier, fünf Dekaden undenkbar gewesen. Heute sind sie keine Seltenheit mehr, jedenfalls in sommerlichen deutschen Großstädten nicht. Wobei einem Besucher New Yorks auffallen kann, dass die in den Bürotürmen arbeitenden Menschen selbst bei größter Sommerhitze dezent bekleidet sind: die Damen mit Kostüm und Strumpfhose, die Herren mit Hemd und Jackett. Mag sein, dass dies mit der Eiseskälte des Air-Conditioning zu tun hat, vielleicht aber auch mit einem Rest puritanischer Scham.

Um auf die geschilderte Kontroverse zurückzukommen: Wird die Elias'sche These vom gewachsenen Selbstzwang durch solche Beobachtungen widerlegt? Doch nur dann, wenn wir aus dem neuen Exhibitionismus unzweifelhaft schließen könnten, er stehe für eine selbstbewusste, vielleicht gar «natürliche» Ungezwungenheit. Doch das ist nicht der Fall. Die Neigung, sich zu entblößen, ist nicht Ausdruck einer Freiheit, sondern sie folgt veränderten Verhaltensmustern und Sehgewohnheiten. Wer auf dem imaginären Laufsteg mithalten will, muss sich dem herrschenden Ideal unterordnen. Und das gegenwärtige sieht vor, dass man seinen durchtrainierten Körper zu zeigen willens ist, ob am Strand oder auf der Straße.

Die amerikanische Schriftstellerin Sandra Cisneros, die mit ihren Gedichten und Romanen in den USA als eine der wichtigen Autorinnen mexikanischer Herkunft gilt, hat in ihrem Lyrikband *Loose Woman* (1995) ein Gedicht mit dem Titel «Original Sin» (Erbsünde) veröffentlicht. Sie erzählt darin, wie sie einmal auf dem Flug nach Mexiko (sie wurde in

Chicago geboren und lebt dort) bemerkt, dass sie sich unter den Achseln nicht rasiert hat: «I forgot / in Mexico they don't like hair / under your arms.» Sie kauft sich noch im Flughafen einen Wegwerfrasierer und rasiert sich in der Bordtoilette, um die Verwandten in korrektem Zustand begrüßen zu können. «I open my arms wide armpits clean / as a newborn's soul and embrace them like the good / girl my father would have / them believe I am.»[321] Sie stellt sich vor, wie sie ihre Verwandten mit offenen Armen und «sauberen Achselhöhlen» begrüßt und sie umarmt «wie das nette Mädchen, das zu sein mein Vater sie gerne glauben machen würde». Zur Situation gehört, dass «the good girl» eine Bluse oder ein Kleid ohne Ärmel trägt, denn andernfalls hätte es das Rasurproblem nicht gegeben. Die partielle Entblößung folgt einer Konvention, die neue Risiken der Peinlichkeit mit sich bringt.

Von den zahlreichen Büchern über einstmals als intim geltende Geschlechtsmerkmale sei das Buch *Muschiland* herausgegriffen, weil dort ebenfalls ein Rasurproblem erörtert wird. Es geht um die sogenannte Bikinizone. Je offensiver Frauen sich zeigen und je kleiner die Bikinis werden, bis hin zu ihrem völligen Verschwinden am Nacktbadestrand, umso mehr wachsen neue Zwänge. Der Körper muss, wie es in Heiratsanzeigen oft heißt, «vorzeigbar» sein, die Sichtbarkeit der Schamteile verlangt deren ästhetische Bewirtschaftung. In dem erwähnten Buch wird in einem durchaus keuschen Deutsch resümiert: «So lässt sich feststellen, dass die zunehmende Akzeptanz der öffentlichen Präsenz bestimmter weiblicher Körperbereiche eine Enthaarung dieser Bereiche nach sich zieht. Dies gilt für Achseln und Beine genauso wie für den Genitalbereich.»[322] Der dann, wie weiter ausgeführt wird, im Extremfall einer kosmetischen Operation unterzogen werden muss, um dem Schönheitsstandard Genüge zu tun.

Der Ausflug in die Intimzone zeigt, dass Formen der Entblößung nicht automatisch auf ein Absinken der Schamschwelle schließen lassen. Sandra Cisneros müsste sich schämen, wollte sie in Mexiko mit Achselbehaarung erscheinen, so wie sich Frauen am Strand von Ibiza ihrer unrasierten Bikinizone schämen müssten. Mit dem Titel ihres Gedichts «Erbsünde» und mit ihrem Hinweis auf die Unschuld eines Neugeborenen spielt Sandra Cisneros darauf an, dass man in der Rasur die symbolische Rückkehr in eine vorpubertäre Kindlichkeit erblicken kann, in den Stand der Unschuld, dem aber die Heldin längst entwachsen ist.

Die Quellen potenzieller Peinlichkeit haben mit der gewachsenen Freizügigkeit zugenommen. Das erinnert an Duerrs Schilderung des Schamstandards mancher Naturvölker. Deren nahezu vollständige Nacktheit ist oftmals mit einem strengen Reglement der Blickkontakte verbunden, so wie aus FKK-Clubs berichtet wird, das Tragen von Badekleidung sei dort ebenso verboten wie der gezielte Blick auf die Geschlechtsteile. Es könnte also zwar sein, dass der je nach Situation gebotene Entblößungszwang unserer zivilisierten Gesellschaft uns augenblicksweise in archaische Zeiten zurückversetzt, dass eine paradiesische Freiheit damit aber nicht gewonnen ist.

Norbert Elias hatte die These vertreten, die wachsende Interdependenz der Menschen und ihres Handelns führe zu wachsender Kontrolle und zu einer Zunahme der Selbstzwänge. Dagegen wurde eingewendet, eher sei es umgekehrt: Gerade in kleinen Gemeinschaften, wo jeder jeden kenne, sei der Druck am größten, während es in großen, komplexen Gesellschaften die Chance gebe, anonym zu bleiben.[323] Das trifft, allgemein gesprochen, sicherlich zu. Andererseits zeigt der Blick etwa auf die Bikinizone, dass selbst das anonyme Publikum eines Badestrands einen imaginären Druck ausüben kann, der dem einer autoritären Kontrolle kaum nachsteht. Wir können festhalten: Das letzte Wort über die Theorie von Elias ist keineswegs gesprochen. Das Feld der Zwänge und Peinlichkeitsrisiken hat sich bis ins vollkommen Unübersichtliche ausgedehnt.

KAPITEL XII

KÄLTE, WÄRME

Ernst Jünger, ein Mann wie ein Fels, kalt und unberührbar – so sah ihn der Maler Rudolf Schlichter 1937.

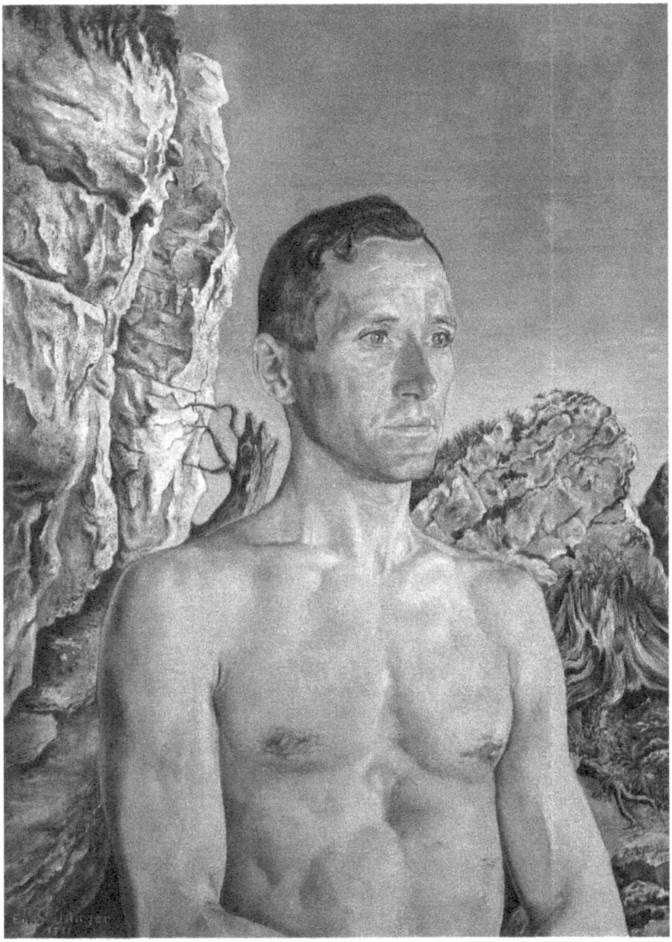

1. Die Gefahren des Mitgefühls – Ernst Jüngers Engel – Stefan Zweigs *Ungeduld des Herzens*

Scham entsteht, wenn ich mir selbst gegenübertrete und mich unter dem moralischen Blick meines besseren Ichs plötzlich als mangelhaft oder gar minderwertig empfinde. Voraussetzung dafür ist eine Distanz zwischen meinem Ich und meinem Selbst, die im Extremfall pathologisch werden kann. Die Romane von Dostojewski und Janet Frame haben uns das illustriert. Diese Distanz kann aber auch Ausdruck einer Stärke sein, als wäre die Person doppelt verankert. Obgleich sie gerade dadurch zu starken Schamgefühlen fähig ist, gewinnt sie zugleich eine Art Wehrhaftigkeit gegen die Außenwelt.

Ernst Jüngers autobiographische Erzählung *Afrikanische Spiele* beleuchtet den Vorgang. Sie beginnt mit den träumerischen Phantasien eines Sechzehnjährigen, der sich danach sehnt, jene geheimnisvolle, abenteuerliche Welt, die er in seiner Lektüre oft durchstreift hat, tatsächlich kennenzulernen, und er verfällt auf die Idee, zur Fremdenlegion zu gehen. «Ich hatte die Vorstellung, daß das Wunderbare, das Reich der sagenhaften Zufälle und Verwicklungen sich mit jedem Schritt deutlicher offenbaren würde, wenn man den Mut hatte, sich aus dem Gewöhnlichen zu entfernen.»[324] Allein, er bemerkt zu seinem Verdruss, dass er diesen Mut nicht aufbringt: «Mein stärkster Gegner war [...] ich selbst, das heißt, ein bequemer Geselle, der es liebte, die Zeit hinter den Büchern zu verträumen und seine Helden in gefährlichen Landschaften sich bewegen zu sehen, anstatt bei Nacht und Nebel aufzubrechen, um es ihnen gleichzutun. Da war aber noch ein anderer, wilderer Geist, der mir zuflüsterte, daß die Gefahr kein Schauspiel sei, an dem man sich vom sicheren Sessel aus ergötzt, sondern daß eine ganz andere Erfüllung darin liegen müsse, in ihre Wirklichkeit sich vorzuwagen, und dieser andere versuchte, mich auf die Bühne hinauszuziehen.»[325]

Jünger radikalisiert die Spannung zwischen den zwei entgegengesetzten Triebkräften, indem er sie in zwei imaginäre Personen aufteilt, und er vergleicht dies mit der Lage eines Menschen, der auf einem hohen Sprungturm steht und sich fürchtet, hinunterzuspringen. Man fühle, sagt er, «sehr deutlich den Unterschied zwischen einem, der hinunter möchte, und einem anderen, der sich dagegen sträubt». Hier gebe es nur einen einzigen Ausweg: «Er besteht darin, daß man sich überlistet, indem man den Körper am äußersten Rand des [Sprung-]Brettes solange ins Schwanken bringt, bis man sich plötzlich zum Absprung gezwungen sieht.»[326] Und so macht er es dann. Nach den Herbstferien kehrt er nicht ins Internat zurück, sondern begibt sich Richtung Frankreich, wo er nach einigen Schwierigkeiten, deren größte in seiner Minderjährigkeit besteht, tatsächlich in die Fremdenlegion aufgenommen wird.

Bei den nun folgenden Erlebnissen spielt eine gewisse Dorothea eine Rolle. Es handelt sich dabei nicht um eine leibhaftige Person, sondern um eine geträumte Gestalt, die ihm bei wichtigen Entscheidungen hilft, als wäre sie sein Schutzengel: «Ich hatte ein starkes Zutrauen zu ihr.» Die magische Phantasiefigur wird immer realer – «die Gedanken zogen langsam den Traumstoff in die Wirklichkeit hinein».[327]

Dorothea ist offensichtlich die Verkörperung einer bezwingenden Intuition, die innere Stimme, die ihm den Weg weist, vor allem bei folgendem Problem: In der Kaserne lernt er einen jungen Mann namens Leonhard kennen, zu dem er sich auch deshalb hingezogen fühlt, weil er jemanden sucht, mit dem er sich austauschen kann. Leonhard, der sich in einem Zustand großer Verwirrung und seelischer Not zu befinden scheint, sucht seinerseits die Nähe des Erzählers. «Obwohl er Worte bevorzugte, die mir peinlich waren, wie ‹Harmonie›, ‹gleichgestimmte Seelen› und ähnliche, tat er mir doch leid, und ich beschloß, ihm beizustehen.»[328] Doch nun meldet sich Dorothea: «Es schien mir wunderlich, daß sie sogleich gegen Leonhard Stellung nahm, denn ich erwartete das Gegenteil. Sie riet mir jedoch, den Verkehr mit ihm zu meiden».[329] Er folgt ihrem Ratschlag. Als er wenig später Leonhard begegnet, der gerade seinen Kummer im Wein ertränkt, heißt es: «Ich hatte den Eindruck, daß er mich gern in ein langes nächtliches Gespräch über sein Unglück verwickelt hätte; er begann gewissermaßen schon die Kerzen dazu aufzustecken, aber ich hatte wenig Lust, an dieser trüben Feier Teilnehmer zu sein.»[330] Und er überredet ihn, die Gesellschaft der Kameraden aufzusuchen.

Es ist kein Zufall, dass Jünger seine Ratgeberin Dorothea nennt, was so viel wie Gottesgeschenk bedeutet. Die Göttin, die hier im Hintergrund steht, ist keine Göttin der Empathie, im Gegenteil. Sie rät ihrem Schützling, sich vom verzehrenden und verletzbar machenden Mitleid fernzuhalten. Nur die Distanz, die man zu sich selber hat, erlaubt es, eine hygienische Distanz zum Nächsten aufzubauen, die vor Ansteckung schützt. Und Redewendungen wie «Harmonie» oder «gleichgestimmte Seelen» sind deswegen peinlich, weil sie, als hätte jemand Mundgeruch, eine höchst unangenehme Nähe erzeugen, die das Abwehrsystem bedroht. Die Aufgabe bestand nämlich darin, sich gegen Zudringlichkeiten und Schwächungen zu immunisieren.

Von einer «sonderbaren Vergiftung durch Mitgefühl»[331] spricht Stefan Zweig in seinem Roman *Ungeduld des Herzens*, erschienen 1939. Die Geschichte spielt im Jahr 1913. Der junge Leutnant Anton Hofmiller ist in einer Garnison nahe der ungarischen Grenze stationiert. Eines Tages erhält er die Einladung zu einem Bankett im Schloss des Herrn von Kekesfalva, eines ungarischen Millionärs. Infolge eines Missgeschicks zu spät gekommen (alle sitzen schon bei Tisch), findet sich für Hofmiller keine Gelegenheit, der Familie vorgestellt zu werden. Als er während des folgenden Balles pflichtbewusst die Tochter des Hauses zum Tanz auffordert, geschieht der Eklat. Was er nicht weiß und nicht sehen kann, da sie in einem Sessel sitzt: Edith ist schwer behindert, sie kann sich nur auf Krücken fortbewegen. Sie blickt ihn fassungslos an und bricht in ein furchtbares Schluchzen aus. Ohne den Versuch zu unternehmen, um Verzeihung zu bitten, läuft er panisch davon.

Überwältigt von Scham- und Schuldgefühlen, lässt er ihr einen gewaltigen Korb Rosen bringen. Als Antwort erhält er die freundliche Einladung, sie gelegentlich zu besuchen. Im Bestreben, den Fauxpas wiedergutzumachen, erscheint er unverzüglich, und es ergeben sich ziemlich rasch regelmäßige Begegnungen. Edith legt großen Wert darauf, weil sie einsam ist, weil sie das Haus nicht verlassen kann und weil ihr der hübsche Leutnant mehr und mehr gefällt. Dieser, gelangweilt durch die Kasernenroutine, findet das prachtvolle Ambiente des Schlosses ebenso anziehend wie Ediths zarte Erscheinung, und er spürt, wie eine Veränderung von ihm Besitz ergreift, «dieser eine zornige Blick, da ich in den Augen der Gekränkten eine bisher ungeahnte Tiefe menschlichen Leidens erkannte, hatte etwas in mir aufgesprengt, und nun strömte von innen eine jähe Wärme durch mich hin, jenes geheimnisvolle Fieber erregend, das mir selbst unerklärlich blieb wie immer dem Kranken seine Krankheit».[332]

Der Leutnant Hofmiller wird dieser Krankheit erliegen. Der «subtilen Lust» des Mitleidens «wie einer dunklen Leidenschaft verfallen»[333], nährt er in der unglücklichen Edith die Hoffnung, geheilt zu werden, und stimmt, mitgerissen von ihrer immer deutlicher sichtbaren Verliebtheit, einer Verlobung zu. Damit jedoch hat er sich übernommen. Denn nichts fürchtet er am Ende mehr als den Spott der Kameraden, wenn sie davon Kenntnis bekämen – ganz abgesehen davon, dass er in Liebesdingen gänzlich unerfahren ist und keine Vorstellung davon hat, was es für ihn bedeuten würde, mit einer verkrüppelten Frau zu leben. Jedenfalls fühlt er sich außerstande, den leichtfertig geweckten Erwartungen zu entsprechen, und er verleugnet nach außen die Verbindung. Als Edith dies erfährt, bringt sie sich um – just am Tag der Ermordung des österreichischen Thronfolgers. Der Leutnant, zutiefst erschüttert, erblickt in dem nun ausbrechenden Krieg seine Rettung: «ich flüchtete in den Krieg wie ein Verbrecher ins Dunkel».[334]

Es ist bemerkenswert, mit welcher Deutlichkeit der leider etwas redselige Roman das Mitleid als Krankheit beschreibt – wohlgemerkt nicht jede Form von Mitleid, sondern lediglich das unaufgeklärte, sentimentale und selbstgefällige Mitgefühl des Leutnants Hofmiller. Ihm steht keine Dorothea zur Seite, die ihm von solch undurchsichtig-schwülen Abhängigkeiten abraten könnte. So lädt er aus Schuldgefühl neue Schuld auf sich und gerät von einer Scham in die nächste.

Da ist Ernst Jünger von anderem Kaliber. Während Stefan Zweigs Held in sich einen Wärmestrom verspürt, dessen Verderblichkeit er zu spät erkennt, ist Jüngers Held darauf bedacht, diese Wärme durch einen kalten Blick abzukühlen oder gar nicht erst aufkommen zu lassen. Der Charaktertypus, dem wir bei Jünger begegnen, legt höchsten Wert auf Haltung, und zu seinen Merkmalen gehören Stolz, Unbeugsamkeit, Selbstachtung. Nichts aber gefährdet den Stolz mehr als die Scham. Gerade weil dieser Typus über ein hohes Maß an Reflexivität und Selbstwahrnehmung verfügt und folglich über ein hohes Maß an Schamfähigkeit, hat er ein elementares Interesse an Schamvermeidung. Diese gelingt ihm durch Immunisierung, Kälte, Désinvolture[335], durch die Kunst, sich nicht verstricken zu lassen.

Es gelingt keineswegs immer. In den *Afrikanischen Spielen* wird der Erzähler mit einem Trupp von Legionären in Algerien stationiert. Angeleitet von einem älteren Kameraden, gerät er eines Abends in eine der «dunklen Behausungen», wo zwei Mädchen in gelben Kleidern auf ihre Freier warten. Die Mädchen waren, wie es heißt, «gewiß für den Kenner nicht ohne Reiz». Nun ist der Erzähler gewiss kein Kenner und deshalb einigermaßen verlegen, als der Kamerad mit einem der Mädchen nach nebenan verschwindet und ihn mit dem anderen allein lässt. «In dieser heiklen Lage schien es mir am besten, zu tun, als ob ich mit dem ganzen Handel nichts zu schaffen hätte.» Er setzt sich und wartet ab. «Nachdem ich dort eine Weile tiefsinnig vor mich hingestarrt hatte, wagte ich einen Seitenblick und wurde von einem neuen, verdoppelten Schrecken gepackt, denn die gelbe Dame war, als ob sie sich ganz allein im Raum befände, gerade dabei, ihr Fähnchen über den Kopf zu streifen, unter dem sich weder Hemd noch Wäsche befand. Bei diesem unerwarteten Anblick stürzte ich, als ob mich eine Biene gestochen hätte, zur Tür hinaus, freilich weniger aus Tugend als in einem unwiderstehlichen Anfall von

Verlegenheit.»[336] Dieser «Anfall von Verlegenheit» ist nichts anderes als tiefe Scham.

Nun ist der Erzähler gerade erst sechzehn Jahre alt, und die Szene spielt wenige Jahre vor dem Ersten Weltkrieg, in einer Zeit also, die, verglichen mit der heutigen, für einen pubertären Jungen nur geringes erotisches Anschauungsmaterial bereithielt. Gleichwohl könnte man sich leicht einen Gleichaltrigen vorstellen, der die nackte Frau nicht nur mit einem Gefühl des Schreckens, sondern auch mit erregter Neugier wahrnimmt. Die vollkommen panische Reaktion des Erzählers ist bemerkenswert. Sie zeigt das Scheitern jener Désinvolture, die ihm seine Dorothea nahegelegt hat. In diesem Augenblick ist die Bastion der Schamvermeidung zusammengebrochen, das blanke Entsetzen überfällt den Erzähler. Vermeidung von Scham bedeutet zuallererst die Vermeidung von Nähe, und diese nackte Frau ist ihm zu nahe gekommen. Das erotisch Verführerische, das von ihr ausgehen könnte, erscheint als schiere Bedrohung des Selbst. Dringend muss es den Wärmestrom des Begehrens abwehren, denn Wärme führt zur Abschmelzung, zur Auflösung seines festen Kerns. Dagegen hilft nur die Einübung in Kälte.

In seinem maßgeblichen Buch *Verhaltenslehren der Kälte* von 1994 hat Helmut Lethen diese Selbstschutzmaßnahme ausführlich beschrieben. Gleich zu Beginn bemerkt er: «In Augenblicken sozialer Desorganisation, in denen die Gehäuse der Tradition zerfallen und Moral an Überzeugungskraft einbüßt, werden Verhaltenslehren gebraucht, die Eigenes und Fremdes, Innen und Außen unterscheiden helfen. Sie ermöglichen, Vertrauenszonen von Gebieten des Mißtrauens abzugrenzen und Identität zu bestimmen.»[337] In den *Afrikanischen Spielen*, erschienen 1936, können wir sehen, wie diese Verhaltenslehre sich ausbildet. Die Erzählung handelt von Jüngers Jugendjahren vor dem Krieg. Doch auch vorher schon, in Fontanes *Effi Briest*, sind «die Gehäuse der Tradition» nicht mehr stabil. Im fünften Kapitel wird die Hochzeit von Effi und Innstetten geschildert, und es heißt:

«Auch der Hochzeitstag selbst war gut verlaufen. Niemeyer hatte vorzüglich gesprochen, und einer der alten Berliner Herren, der halb und halb zur Hofgesellschaft gehörte, hatte sich auf dem Rückwege von der Kirche zum Hochzeitshause dahin geäußert, es sei doch merkwürdig, wie reich gesät in einem Staate, wie der unsrige, die Talente seien. ‹Ich sehe darin einen Triumph unserer Schulen und vielleicht mehr noch unserer Philosophie. Wenn ich bedenke, dieser Niemeyer, ein alter Dorfpastor, der anfangs aussah wie ein Hospitalit … ja, Freund, sagen Sie selbst, hat er nicht gesprochen wie ein Hofprediger? Dieser Takt und diese Kunst der Antithese, ganz wie Kögel und an Gefühl ihm noch über. […]›» Und dieser nicht näher bezeichnete Herr fährt mit einer bezeichnenden Wendung fort: «‹Kögel ist zu kalt. Freilich, ein Mann in seiner Stellung muß kalt sein. Woran scheitert man denn im Leben überhaupt? Immer nur an der Wärme.› Der noch unverheiratete, aber wohl eben deshalb zum vierten Male in einem ‹Verhältnis› stehende Würdenträger, an den sich diese Worte gerichtet hatten, stimmte selbstverständlich zu. ‹Nur zu wahr, lieber Freund›, sagte er. ‹Zu viel Wärme! … ganz vorzüglich…›»[338]

Die Beiläufigkeit, mit der Fontane solch fundamentale Thesen einstreut, ist immer wieder bewundernswert. Und wir sollten den Hinweis, der genannte Würdenträger habe schon zum vierten Mal eine nicht ganz ehrenhafte und nicht völlig korrekte Affäre am Laufen, durchaus ernst nehmen: Die überkommene Moral ist von Grund auf verlogen, und Effi wird ihr Opfer werden. Betrachten wir noch einmal diesen erstaunlichen Satz: «Freilich, ein Mann in seiner Stellung muß kalt sein. Woran scheitert man denn im Leben überhaupt? Immer nur an der Wärme.» Erstaunlich ist er, weil er eine ganze Epoche vorwegnimmt, den Kult soldatischer Tugenden im Krieg und die darauf folgenden Jahre der Sachlichkeit, eben die von Lethen beschriebenen Verhaltenslehren der Kälte. Man findet sie nicht allein bei den von ihm genauer porträtierten Autoren wie Gottfried Benn, Bert Brecht und natürlich Ernst Jünger, sondern auch bei Joseph Roth, dessen frühe Romane, etwa *Flucht ohne Ende* oder *Rechts und Links*, forcierte Exerzitien kalter Sachlichkeit darstellen.

Der Erste Weltkrieg, in den Anton Hofmiller ebenso flüchtet wie Hans Castorp, wird auch für Ernst Jünger zu einer Schule des kalten Blicks. In seinem grandiosen und fürchterlichen Buch *In Stahlgewittern* notiert er mit der Präzision eines Berichterstatters das schiere Grauen. Sein Bestreben liegt zunächst darin, dieses Grauen nicht an sich herankommen zu lassen, und es gibt Passagen eines geradezu unheimlichen Humors. Nachdem der Kompanieführer Jünger den Bericht von einer feindlichen Attacke vernommen hat, bei der drei Kameraden von einer Granate «zerrissen» worden seien, heißt es: «Nach dieser Erzählung zündete ich mir für alle Fälle eine Zigarre an.»[339]

Ein andermal schildert er einen schweren feindlichen Beschuss. Es ist Nacht, 2.15 Uhr: «Ein Feuerwerk von Leuchtkugeln strahlte Mittagshelle auf das mit dichten Rauschschwaden behängte Vorgelände. Diese Augenblicke, in denen die volle Besatzung in höchster Spannung hinter der Brüstung stand, hatten etwas Zauberhaftes; sie erinnerten an jene atemlose Sekunde vor einer entscheidenden Vorführung, während deren die Musik abbricht und die große Beleuchtung eingeschaltet wird. Während einiger Stunden dieser Nacht stand ich in den Eingang meines Unterstandes gelehnt, der gegen die Regel der

Feindseite zugewendet war, und sah hin und wieder auf die Uhr, um mir über den Beschuß Notizen zu machen.»[340] Wer beobachtet, der gewinnt Distanz.

Jüngers kalter Blick ist dennoch nicht kalt genug, um ihn über das Wegsterben seiner Kameraden und über die eigenen schweren Verwundungen mit der erwünschten Désinvolture hinwegzutragen. Da er nun das Grauen nicht leugnen kann, gelangt er mit der Todeserfahrung in ein höheres Stadium. Es besteht darin, das Grauen anzunehmen und durch es hindurchzugehen. Am Ende des Kapitels «Die große Schlacht», bei der ihn eine Granate nahezu tödlich trifft, schreibt er: «Die ungeheure Ballung der Kräfte in der Schicksalsstunde, in der um eine ferne Zukunft gerungen wurde, und die Entfesselung, die ihr so überraschend, so bestürzend folgte, hatten mich zum ersten Male in die Tiefe überpersönlicher Bereiche geführt. Das unterschied sich von allem bisher Erlebten; es war eine Einweihung, die nicht nur die glühenden Kammern des Schreckens öffnete, sondern auch durch sie hindurchführte.»[341]

Man sollte hier auf die Wortwahl achten: Jünger spricht von «Einweihung». Eingeweiht wird nicht jeder, sondern nur der Würdige. Und der Einweihung würdig zu werden ist nicht Lohn einer Anstrengung, sondern Folge einer glücklichen Geburt. Jünger hat von astronomischen und auch astrologischen Gesetzmäßigkeiten immer viel gehalten. Man muss ihnen allerdings entsprechen und einer aus dem nächtlichen Himmel Weisung gebenden Dorothea Folge leisten. Aus dieser Vorstellung bildet sich jener Aristokratismus, der Jüngers Werk von Grund auf prägt und der ihm naturgemäß viel Feindschaft eingetragen hat. In den *Marmorklippen* berichtet der Erzähler: «Damals wurde es mir deutlich, daß die Panik, deren Schatten immer über unseren großen Städten lagern, ihr Pendant im kühnen Übermut der Wenigen besitzt, die gleich Adlern über dumpfem Leiden kreisen.»[342] Der Übermut der Wenigen: er entsteht nicht nur aus Kühnheit, sondern auch aus bedingungsloser Schamvermeidung. Gröber gesagt: Es ist besser zu sterben, als sich schämen zu müssen.

2. Helmuth Plessners Verteidigung der Gesellschaft gegen die Gemeinschaft

Jüngers Kältekonzept ist unbedingt elitär. Es hat jedoch zu Beginn des 20. Jahrhunderts – und verstärkt nach dem Ersten Weltkrieg – konträre Bewegungen gegeben, die den Rationalismus der Kälte durch die Wärme einer gleichgestimmten Emphase für etwas Gemeinsames ersetzen wollten, und dieses Gemeinsame konnte dann verschieden heißen: König und Vaterland bei den Konservativen, sozialistische Internationale bei den Linken oder Volk und Rasse bei den Rechten.

In seiner berühmt gewordenen Streitschrift *Grenzen der Gemeinschaft* (1924) hat der Soziologe Helmuth Plessner diesen Antagonismus mit den Begriffen «Gemeinschaft» versus «Gesellschaft» in aller Schärfe ausgearbeitet. Er reagierte damit auf die 1887 erstmals veröffentlichte Schrift *Gemeinschaft und Gesellschaft* von Ferdinand Tönnies, deren zweite Auflage von 1912 populär geworden war und der Jugendbewegung die Stichworte geliefert hatte. Gemeinschaft beruht laut Tönnies auf dem «Gefühl der Zusammengehörigkeit», sie entsteht durch verwandtschaftliche, nachbarschaftliche und freundschaftliche Beziehungen. Tönnies sieht in ihr die ursprüngliche Form und zugleich das Idealbild menschlichen Zusammenseins. Die moderne Gesellschaft hingegen ist bloß ein willkürliches Nebeneinander. Gegen diesen Gedanken wendet sich Plessner. Wir finden in seinem Traktat viele jener Gedanken vorgedacht, die dann 50 Jahre später bei Richard Sennett und seiner Gegenüberstellung von Intimität und Öffentlichkeit wieder auftauchen, ohne dass Plessners Buch von ihm erwähnt würde. Die Wissenschaft nimmt zuweilen Umwege, was wohl auch damit zusammenhängt, dass amerikanische Forscher dazu neigen, anderssprachige Studien zu übersehen.

Zum Thema Öffentlichkeit bemerkt Plessner, sie beginne da, wo «Liebe und blutsmäßige Verbundenheit» aufhörten, Begriffe, die Tönnies zufolge das Bindemittel von Gemeinschaft sind und die 1924 – man denke an Vaterlandsliebe oder Volkstum – in der Tat größte Bedeutung hatten. Heute spielen sie keine Rolle mehr, andere sind an ihre Stelle getreten. Doch das, was Tönnies Gemeinschaft nennt, spielt seit einiger Zeit wieder eine wachsende Rolle, wir kommen darauf zurück. Öffentlichkeit, so Plessner, «ist der Inbegriff von Möglichkeitsbeziehungen zwischen einer unbestimmten Zahl und Art von Personen als ewig unausschreitbarer, offener Horizont, der eine Gemeinschaft umgibt. Sie ist gerade in dieser Negativität eine sozialformende Macht ersten Ranges. Vor ihr sucht man sich zu schützen, durch engen Abschluß, Exklusivität oder durch Einbeziehung ihrer Bezirke in die Sphäre gemeinschaftlicher Vertrautheit, durch Wirkung auf sie. Das Interesse an möglichster Minderung sozialen Risikos ist infolgedessen eine beständige Kraftquelle sozialer Gestaltung».[343]

Wie schützt man sich vor dieser formenden Macht der Öffentlichkeit? Indem man sich selber eine Form gibt. Wir könnten «Form» zur «Uniform» zuspitzen und hätten damit den gepanzerten Typus, den Lethen beschreibt und der uns bei Jünger begegnet. Das wäre der Extremfall. Plessner jedoch beschreibt den Normalfall mit ähnlichen Vokabeln: «Das Individuum muß sich zuerst eine Form geben, in der es unangreifbar wird, eine Rüstung gleichsam, mit der es den Kampfplatz der Öffentlichkeit betritt. Auf solche Art sichtbar geworden, verlangt es entsprechende Beziehung zu anderen, Antwort von anderen. Der Mensch in der Rüstung will fechten. Eine Form, die unangreifbar macht, hat stets zwei Seiten, sie schützt nach innen, und sie wirkt nach außen. Das kann sie aber nur, wenn sie definitiv verhüllt. Ohne irreale Kompensation einer Form in die Öffentlichkeit zu gehen, ist ein zu großes Wagnis. Mit dieser irrealen Kompensation maskiert sich jedoch der Mensch, er verzichtet auf sein Beachtet- und Geachtetwerden als Individualität, um wenigstens in einem stellvertretenden Sinne, in einer besonderen Funktion, repräsentativ zu wirken und geachtet zu sein.»[344]

Man kann sich, was Plessner meint, verdeutlichen, wenn man sich eine festliche Veranstaltung vorstellt, einen Empfang, eine Preisverleihung, eine größere Geburtstagsfeier, wo einander teilweise unbekannte Menschen zusammentreffen. Der Gast, der eine solche Szene betritt, ist tendenziell schutzlos und peinlichkeitsbedroht, wenn er nicht eine bestimmte Rolle, die sich von seinem Beruf, seiner Funktion und seinem sozialen Prestige her ableitet, wahrnehmen kann. Die «Rüstung», von der Plessner spricht, besteht nicht allein aus der angemessenen Kleidung, sondern auch aus der Art des Auftretens, des Sich-Benehmens, aus dem Zusammenspiel von Gestik und Mimik. Das Ensemble dieser Verhaltensweisen bildet einen Kodex, den man zwar erlernen kann, der aber in der Regel durch Vorbild und Erziehung intuitiv eingeübt wird.

Ein derart ritualisierter Schauplatz, den Plessner «Kampfplatz» nennt, bildet Gesellschaft ab. Hier herrscht, jedenfalls zu Beginn, wenn die Konstellationen noch unklar sind, das Gebot der Distanz, also einer gewissen Kälte. Dieses Verhaltensgebot dient der Vermeidung von Peinlichkeit. Unangebracht wäre es, aus dem Modus des Gesellschaftlichen unmotiviert und plötzlich in den Modus des Gemeinschaftlichen zu wechseln, also des Familiären, Freundschaftlich-Intimen – so wie es Monica Lierhaus in dem erwähnten Fall getan hat. Plessner schreibt: «Alles Psychische, das sich nackt hervorwagt, es mag so echt gefühlt, gewollt, gedacht sein, wie es will, es mag die Inbrunst, die ganze Not unmittelbaren Getriebenseins hinter ihm stehen, trägt, indem es sich hervorwagt und erscheint, das *Risiko der Lächerlichkeit.* Der pure Affekt, das Sich-loslassen der Seele in den Ausdruck hinein, die Unmittelbarkeit der Äußerung, die wahrhafte Rückhaltlosigkeit in der Manifestation der Urteile ebenso wie der Handlungen oder des Mienenspiels *wirkt* – vielleicht nicht notwendig, aber immer möglicherweise – lächerlich.»[345]

Botho Strauß, der seinen scharfen Blick schon immer auf das Drama des Mit- und Gegeneinanders gerichtet hat, schildert in seinen *Fabeln von der Begegnung* einen Mann, der die von Plessner angesprochene Lächerlichkeit unwillentlich darstellt. Dieser Mann (er trägt den Namen Toss) kommt offenbar aus einer anderen Zeit, und er weckt in dem erzählenden Beobachter die Vorstellung, «aus einem Jenseits voll schicklichen Benehmens herabgestürzt zu sein unter die ungeschliffenen Gesellschaftsmenschen von heute. Denn es schien unter ihnen ein galanter Tor zu wandeln, ein linkischer Gast, der die reicheren, jedoch beim Sturz zerbrochenen Manieren besaß.»[346] Mit dem Wort «Sturz» markiert Strauß jenen Wandel der Gefühls- und Verhaltenskultur, den wir im Verlauf der Betrachtung beschrieben haben. In der Tat müsste sich jemand, der wenige Dezennien auf einer fernen Insel verbracht hätte und in unsere Gegenwart zurückgekehrt wäre, noch fremder fühlen als Peter Walsh in *Mrs Dalloway*.

Weil Toss die neue Entspanntheit missversteht, gelangt er dazu, ihr vorauszueilen: «Jedenfalls geriet er, sobald sich ein

Gegenüber fand, das ihm vielleicht nur eine belanglose Frage stellte, sogleich unter den Drang, seine ganze Seele zu entblößen. Es ging so weit, daß er sich in ungeheure (und das heißt: seinem wehrlosen Gegenüber nicht geheure) aufrichtige Bekenntnisse steigerte, sein Innerstes billig verschleuderte.»[347] Die Szene zeigt, wie Kälte- und Wärmezonen unvermischt nebeneinander stehen. Denn Toss kommt aus der Welt alter Förmlichkeit, die jetzt nicht mehr gilt.

Solche Transformationen und Brüche des Verhaltens hat Plessner mit der Polarität von Gesellschaft und Gemeinschaft beschrieben. Den Begriff Kälte verwendet er nicht, doch was er darlegt, lässt sich dem Muster von Kälte und Wärme zuordnen. Kälte wäre Selbstbeherrschung, Contenance, und Wärme wäre das unverstellte Sich-Darbieten, die Enthüllung der eigenen Befindlichkeit, kurz: sie wäre das, was wir heute authentisch nennen. Und man kann beobachten: Das Wärmegebot, authentisch zu sein, hat das Kältegebot der Distanziertheit abgelöst. Wir erkennen den Wechsel der Verhaltensmuster, wenn Plessner schreibt: «Wir bedürfen der Hemmungen um unserer selbst willen, der Verhaltung, der Stauung, um Gefälle zu haben, und diesen bedeutenden Dienst erweisen Zeremoniell und Prestige durch die Rücksicht, die sie von uns verlangen. Der Schrei nach korsettloser Tracht verdient, nur bei sehr guten Figuren ein Echo zu finden. Warum sollte es im Psychischen anders sein?»[348]

Um im Bild zu bleiben: Das Korsett ist längst verschwunden. Und so, wie die zeitgenössische Mode es nahelegt, die eigene Figur, sei sie «sehr gut» oder eben nicht, völlig körperlich und völlig direkt zu zeigen, so legen auch die modernen Umgangsweisen es nahe, sich unverstellt, spontan, authentisch zu geben. Sie tendieren zur Intimität, zur Wärme. Was Plessner noch emphatisch Öffentlichkeit nennt, ist längst in Teilöffentlichkeiten zerfallen. Die Generationen und ihr jeweiliger Lebensstil bleiben für sich: die ganz Alten in den Heimen, die Rüstigen bei Seniorennachmittagen in der Pfarrei oder gemeinsamen Ausflügen im Reisebus; die Jungen auf dem Kiez, bei den jeweils angesagten Partys und in den Clubs. In den Netzdiensten versammeln sich die nach Ausbildung, Alter und Geschmack verschiedenen Kohorten. Die Preisgabe privater Daten, oft auch intimer Details, ist hier durchaus üblich, wenngleich nicht an jedermann, sondern an vermutlich Gleichgesinnte. Auch die sozialen Schichten und ethnischen Gruppen bleiben unter sich: hier die türkischen oder kroatischen oder sonst woher stammenden Immigrationsgemeinden, dort der Stammtisch der Traditionsbürger in einer ländlichen Kleinstadt; hier das Publikum der arrivierten sogenannten Kreativszene, dort die ökologisch bewegte Protestarmee der Alternativkultur.

Alle diese Teilöffentlichkeiten, die untereinander kaum einen Kontakt haben, in der Regel auch wenig voneinander wissen und wissen wollen, können wir dem Plessner'schen Typus von Gemeinschaft zuordnen. Der kalte Typus, der auf Haltung und Form Wert legt, ist hier, wo die Wärme des Einverständnisses herrscht, nicht zu Hause. Das hat für den Mechanismus der Scham weitreichende Folgen. Im freundschaftlichen Kreis ist Schamvermeidung nicht das oberste Gebot: Man weiß sich aufgehoben im grundsätzlichen Gleichklang, und weil Entblößungen nicht geahndet, hier und da sogar verlangt werden, bedeutet die grundstürzende Scham nicht mehr übermäßig viel. Das alte protestantische Gewissen, das ein Verhalten unabhängig vom erwartbaren Beifall präzise vorschreibt, ist im Schwinden begriffen.

Die Gefahr, die jetzt dem Individuum droht, ist die der Peinlichkeit. Sie entsteht, wenn der Gleichklang durch einen Misston gestört wird, und der Misston kann sich in einer falschen Geste, falschen Bemerkung, falschen Kleidung äußern. Der klassische Fehltritt, der zu einer existenziellen, das ganze Leben verändernden oder gar vernichtenden Scham führen kann, wie wir es am Beispiel des Romans von Nathaniel Hawthorne gesehen haben, ist hier wenig wahrscheinlich. Wahrscheinlicher ist, dass sich die nächste Peinlichkeit aus der vorherigen ergibt, weil man dem Cantus firmus der Gruppe nicht mehr zu folgen imstande ist. Den Grund dafür kann der Abweichler nur in sich selber suchen, in seiner persönlichen Schwäche, nicht aber in einer politischen oder theoretischen Differenz. Die Angst, die daraus resultieren kann, beschreibt Nina Pauer in ihrem erwähnten Buch. In den Gemeinschaften der Wärmezone ist man prinzipiell nur von Freunden umgeben, und tatsächlich gibt es in der Facebook-Welt ausschließlich Freunde. In der alten, der vergangenen Welt eines Ernst Jünger oder gar Carl Schmitt hätte man sein Selbstgefühl über die Menge und Art seiner Feinde definiert. Heute besteht die nicht leichte Aufgabe darin, sich vor seinen Freunden in Acht zu nehmen.

3. Kalte und warme Theorien – Die «Schamlosigkeit» der Mächtigen – Leif Randts Peinlichkeitsutopie

In ihrem Buch *Welteis* schildert Christina Wessely die bizarre Geschichte des österreichischen Ingenieurs, Erfinders und Fabrikanten Hanns Hörbiger, der mit seiner «Welteislehre» oder «Glacial-Kosmogonie» um die Jahrhundertwende Furore gemacht hat. Dieser Theorie zufolge bestand der Mond aus schierem Eis, und die Entstehung des Weltalls ließ sich aus dem Kampf zwischen Eis und Feuer erklären. In der Wissenschaft stießen Hörbigers Phantasmen auf nahezu einhellige

Ablehnung, aber sie passten vortrefflich in die Zeitstimmung. Christina Wessely schreibt: «Die Konjunktur des Eises hatte sich um 1900 auf den unterschiedlichsten Feldern bemerkbar gemacht: Zum einen waren Eis und Kälte seit Ende des 19. Jahrhunderts sehr konkret in die Alltagswelten immer breiterer Bevölkerungsschichten eingedrungen. Die Kultivierung handhab- und kontrollierbar gemachter Tieftemperaturen in Form einer neuen ‹Gebrauchskälte› drangen mit ihren Eiskästen und Kühlschränken in die einzelnen Haushalte.»[349] Zum anderen habe die Epoche eine Kältefaszination entwickelt, die im Eis die zentrale Substanz erblickt habe, von der die Kulturgeschichte der Menschheit und der künftige Lauf des Weltgeschehens gleichermaßen bestimmt sei. Wessely erinnert an die Faszination, die damals von der Erkundung des Nord- und des Südpols ausging.

In der Tat begann Ende des 19. Jahrhunderts ein geradezu stürmischer Aufbruch in die Arktis, unternommen von zahlreichen Expeditionen und auf zweifelhafte Weise gekrönt von der angeblichen Eroberung des Nordpols durch Robert Edwin Peary (1909), die aber bis heute bezweifelt wird. Klarer war es im Fall des Südpols. Der legendäre Wettlauf zwischen Roald Amundsen und Robert Falcon Scott (1911) ging zugunsten Amundsens aus, während Scott, nachdem er dessen Fahne am Südpol hatte erblicken müssen, auf dem Rückweg elend erfror.

Solche dramatischen Unternehmungen wurden von der Weltöffentlichkeit begierig verfolgt, sie wurden von Regierungen und Mäzenen finanziert. Das Interesse daran erklärt sich, wie Wessely zeigt, nicht allein aus sportlichen Motiven. Damals herrschte allgemein die Vorstellung, die Sonnenenergie werde sich bald erschöpfen und die Menschheit gehe einer Zeit wachsender Kälte entgegen. Wessely: «Der geschichtsphilosophische Dekadenzgedanke, der den Zivilisationsprozess als Abkühlungsprozess imaginierte, lieferte die Grundlage für die Vorstellung einer ‹kalten› Gesellschaft. Deren schleichende Vereisung schien nicht zuletzt durch das Vordringen des Rationalismus und der mit ihm einhergehenden ‹Verstandeskälte› begünstigt zu werden, der die Wärme der Intuition und die leidenschaftliche, mitunter ‹heiße› Gefühlswelt auf Dauer nichts entgegenzusetzen hätten. Wer sich für die kommende Eiszeit wappnen wollte, tat gut daran, Denken und Gefühle abzukühlen und sich schon vorsorglich einem Milieu der Kälte anzupassen.»[350]

Man sieht, dass die Verhaltenslehren der Kälte (Lethen) nur die intellektuelle Spitze eines Eisbergs waren, der tief im Meer des Zeitgeistes schwamm, und man kann sich fragen, ob die gegenläufige Theorie, die nunmehr, genau ein Jahrhundert später, unsere Gemüter beherrscht, nicht ebenfalls einer gleichgestimmten katastrophensüchtigen Zeitströmung entspringt. Die «Welteislehre» war der sektiererische Höhepunkt des damals verbreiteten, von wissenschaftlichen Erkenntnissen gestützten Szenarios eines allmählichen Abgleitens in den Kältetod. Mit dieser Parallele soll die derzeit vorherrschende Prognose eines «Wärmetodes» dem damaligen Irrtum nicht gleichgesetzt werden. Es ist allerdings auffällig, dass es analog zur Theorie der globalen Erwärmung auch eine Erwärmung des gesellschaftlichen Klimas gibt. Offenbar hängen das soziale Klima und das globale Klima (oder dessen Einschätzung) auf seltsame Weise voneinander ab.

Die Formen der Vergemeinschaftung jedenfalls, die Plessner vor 90 Jahren so leidenschaftlich kritisiert hat, haben sich deutlich verändert, der Wunsch nach Wärme, Nähe und Überschaubarkeit jedoch hat sich noch verstärkt, und er hat sich andere, neue Formen gesucht. Man kann das zum Beispiel an den Ritualen der Trauer erkennen, die von größeren menschlichen Unglücksfällen mittlerweile ausgelöst werden. Der schreckliche Verkehrsunfall mitten in der Großstadt, die Feuersbrunst in einem Behindertenheim, der Tod eines schon seit längerem misshandelten Kindes: Derlei hätte früher nur im Ausnahmefall massenhafte Reaktionen hervorgerufen. Heute geschieht es recht häufig, dass ein ganzes Stadtviertel Blumengebinde und Kerzen am Unglücksort deponiert und oft über Monate hinweg der Opfer gedenkt; dass Trauergottesdienste für die Opfer mit prominenter Beteiligung stattfinden; dass empörte Bürger Demonstrationen veranstalten und von den zuständigen Behörden Abhilfe oder Rücktritte verlangen.

Solche kollektiven Gefühlsverdichtungen sind eine Reaktion auf die kälter gewordene Großwetterlage. Während die Gipfel der politischen und ökonomischen Entscheidungen im Nebel des Unbegreiflichen verschwinden, bilden sich am Boden der Gesellschaft Empfindungsgemeinschaften, denen die Wärme einer gemeinsamen Betroffenheit oder eines gemeinsamen Ziels Zusammenhalt verschafft. Ursache kann ein Unglück sein oder ein plötzlich bewusst gewordener Missstand. Die Vergemeinschaftung kann sich aber auch aus der Frage einer sichtbaren oder angefochtenen Identität ableiten: aus dem religiösen Bekenntnis, aus der ethnischen Herkunft, aus der sexuellen Präferenz, aus der geschlechtlichen Zugehörigkeit. Aus solch partiellen Identitäten bildet sich der unter Umständen vorteilhafte Status der Minderheit, aus ihnen entstehen Gemeinschaften, die eine spezielle Benachteiligung verkörpern, ein spezielles Interesse vertreten. Die amerikanische Soziologie spricht hier von *issue*.

All diese um höchst disparate *issues* versammelten Interessengruppen haben einen unterschiedlichen Kodex des Prozedierens, des Verhaltens, besondere Kriterien der Zugehörigkeit. Sie bilden Wärmezonen, in denen man sich gegen die Kälte derer, die anders sind, aneinanderschmiegt. Das vertrauliche Du im Fitness-Club oder im Skikurs, in der Männergrupppe oder im Frauentreff beseitigt für den Augenblick alle Differenzen und suggeriert eine freundschaftliche Gleichheit, die Bekenntnisse fast jeglicher Intimität erlaubt. Hier auf förmlicher Anrede zu bestehen wäre schlichtweg peinlich. Träfen sich jedoch die auf solche Weise Vereinten zufällig an einem anderen neutralen Ort, im Zug, in der Sparkasse, so müsste geklärt werden, wie man einander begegnen will.

In den sich ausbreitenden Wärmezonen sind alte Felder der Scham geräumt und neue Felder der Peinlichkeit eröffnet. Scham reagiert unabhängig von kollektiven Verbindlichkeiten, sie gründet im individuellen Gewissen. Das Gewissen geht letztlich auf metaphysische, auf religiöse Überzeugungen zurück, und es bildet sich über lange Zeiträume der Erziehung und der Überlieferung. In den neuen Gemeinschaften spielt es nur eine Nebenrolle. Hier ist entscheidend, ob man dem Comment genügt, modern gesprochen: der politischen Korrektheit. Sie regelt die sprachlichen Umgangsformen dergestalt, dass jemand, der zufällig in ein fremdes Soziotop geriete, leicht an seiner Redeweise erkennbar wäre. Schnell würde klar, dass er ein Außenseiter, ein Fremder ist, weil er mit Wendungen daherkommt, die ihn als extern im Sinne der Gemeinschaft ausweisen.

Das Bedürfnis nach Vergemeinschaftung sieht man auch im Feld des Politischen, was in Zeiten globaler Bedrohungen nicht erstaunlich ist. Eine unablässige Berichterstattung lässt ferne Kriege bis ins Wohnzimmer vorrücken, und Zusammenbrüche von südeuropäischen oder nordamerikanischen Banken werden zur Gefahr für das eigene Sparkonto. Solche Vorgänge wirklich zu durchschauen ist nur wenigen möglich (wenn es überhaupt möglich ist), und so wendet sich der überforderte

Zuschauer dem halbwegs vertrauten Kreis der Freunde und Bekannten zu. Sein Gefühl, auch die Politik sei überfordert, lässt sein ohnedies nicht großes Bedürfnis nach politischer Teilnahme weiter schwinden.

Diejenigen, die diesen Prozess aus schierem Eigeninteresse beobachten und ihre Schlüsse daraus ziehen, sind die Verantwortlichen in den Medien, gleichgültig, ob audiovisuell oder auf Papier und online. Schon seit längerem macht man dort die Erfahrung, dass der rein sachliche Bericht über politische oder ökonomische Fakten nur mehr Fachleute interessiert, während ein wachsender Kreis von Lesern oder Zuschauern dazu neigt, den Zugang zu komplexen Themen über die Person zu suchen. Die Person, sei es irgendein Chef oder irgendeine Präsidentin, erzeugt den Anschein von Nähe, sie kann Vertrauen wecken, und deshalb haben im journalistischen Gewerbe all jene Formen deutlich zugenommen, die in der Wärmezone des Menschlichen siedeln: das Porträt, der Spaziergang, das Interview, der Hausbesuch oder die begleitende Beobachtung einer prominenten Person über einen längeren Zeitraum hinweg. Nun weiß man nicht, ob das Wärmebedürfnis der Konsumenten zuerst da war oder ob es nicht durch die «weiche» Berichterstattung überhaupt erst erzeugt wurde. Es entsteht jedenfalls das Gefühl, man habe, wenn die zuständige Person verstanden sei, auch die Sache verstanden, die sie vertritt – was sich zumeist als Irrtum erweist.

Der 41 Jahre alte Journalist Dominik Wichmann, seit Anfang 2013 Chefredakteur des *sterns*, sagte in einem Gespräch zu seinem Amtsantritt, die Aufgabe bestehe darin, «zuversichtlich, kritisch und empathisch zu sein». Dass Medien kritisch zu sein hätten ist eine alte Forderung, dass sie optimistisch und voller Empathie sein müssten, eine neue. Wichmann fügte hinzu: «Das Verhältnis des ‹sterns› zu seinen Lesern muss sein wie das zu einem Freund.» Die Illustrierte müsse leidenschaftlicher werden, sie müsse das Leben lieben. Und Wichmanns Credo gipfelte in der Bemerkung: «Ich will wieder mehr Wert auf das Erzählen in Bildern legen, auf Interviews, Augenzeugenberichte. Weil es die wärmeren, empathischeren, unmittelbareren Ausdrucksformen sind. Print darf den Leser nicht kaltlassen.»[351]

Wärme und Kälte sind emotional besetzte Kategorien. Ähnlich, wie in *Effi Briest* von dem Prediger Kögel bedauernd gesagt wird, er sei zu kalt, ist auch eine «kalte» Ausdrucksform im heutigen Journalismus unerwünscht, unabhängig davon, ob Kälte und Distanz im gegebenen Augenblick nicht höchst angemessen sein könnten. Und es ist bemerkenswert, dass sich die Vokabel «empathisch» (nicht zu verwechseln mit «emphatisch») wachsender Beliebtheit erfreut. Empathie bedeutet Einfühlungsvermögen, Mitgefühl. Von Mitgefühl soll jedoch nicht die Rede sein – darin schwingt eine moralische Aufforderung mit, die verschleiert werden soll. Empathie ist das bevorzugte Wort, weil es letztlich nichts anderes als die pure Sentimentalität meint und diese Tatsache mit einem undeutlichen Fremdwort sanft umschifft.

Der Wunsch nach Wärme hat die politisch-mediale Szene allerorten erfasst. In einem Streitgespräch zwischen dem Journalisten Jakob Augstein und dem Präsidenten des Zentralrats der Juden in Deutschland Dieter Graumann kam dies 2013 zum Ausdruck. Dem Gespräch war Folgendes vorausgegangen: Das Simon Wiesenthal Center in Los Angeles hatte eine internationale Liste der schlimmsten Antisemiten veröffentlicht und darunter auch Jakob Augstein gezählt. Der Grund: seine politische Kolumne auf *Spiegel-online*, in der er die Politik Israels mehrfach scharf kritisiert hatte. Daraufhin belebte sich die alte Diskussion, ob und wann die Kritik an Israel als antisemitisch zu betrachten sei, aufs Neue. Dieter Graumann erklärte, er halte zwar Augstein nicht für einen Antisemiten, seine Kolumnen jedoch seien geeignet, den Antisemitismus zu befördern.

Wir müssen hier Augsteins Kolumnen nicht beurteilen, sondern wollen das Augenmerk auf den folgenden Satz Dieter Graumanns richten: «Sie schreiben mit einer Herzenskälte über dieses Land, mit einer Empathie aus dem Eisschrank, die mich frösteln lässt.» Darauf Augstein: «Verzeihung, ich empfinde das nicht so. Ich schreibe über Israel, wie ich über die SPD schreibe, nein, das ist nicht ganz richtig, ich schreibe über die SPD bestimmt schärfer, böswilliger.» Und später: «Ich argumentiere rational, ich versuche, die Diskussion auf die Sache zu lenken.» Graumann wiederholt seinen Vorwurf der Kälte und sagt: «Von Berlin aus ist es leicht, über Israels Politik zu urteilen. Vor Ort sieht es ganz anders aus, da geht es um Existenzielles, um Leben und Tod. Dem muss man auch emotional Rechnung tragen, wenn man ein Herz hat. Sofern man eins hat.» Und Augstein entgegnet: «Mir geht der Vorwurf der Herzenskälte sehr nahe, und ich glaube nicht, dass Kälte meinem Wesen entspricht.»[352]

Selbst wenn wir das besondere Verhältnis zwischen Deutschland und Israel bedenken, so bleibt es doch merkwürdig, dass in einer weltpolitisch überaus ernsten Frage Wärme und Empathie eingefordert werden – als ob nicht auch Freunde bei bestimmten Themen gut daran täten, eine gewisse Sachlichkeit, die nur bei niedrigen Temperaturen gedeiht, walten zu lassen. Dieter Graumann hätte seinem Gegner Augstein ebenso gut die Wärme oder gar Hitze einer eifernden, rechthaberischen Kritik vorwerfen können, und er hätte damit dasselbe gesagt.

Die Polarität Kälte versus Wärme jedoch ist im gegenwärtigen Diskurs eindeutig moralisch besetzt, und zwar genau umgekehrt wie in den von Lethen beschriebenen Verhaltenslehren der Kälte. Er ordnet sie einem heroischen Muster von Männlichkeit zu, das längst untergegangen ist. Man muss das nicht beklagen, aber man kann in Anlehnung an Lethen davon sprechen, dass heute Verhaltenslehren der Wärme Vorrang haben, die sich einem Muster von Weiblichkeit verdanken. Das sogar bis in die politische Szene vorgedrungene Gebot der Empathie macht die Veränderung deutlich. Unstrittig ist Empathie für bestimmte Berufe, handele es sich um einen Pastor, um eine Krankenschwester oder um einen Sozialarbeiter, notwendige Voraussetzung. Einem Politiker jedoch hätte man früher von Empathie dringend abgeraten. Sie hätte dem Gebot einer nüchternen Sachlichkeit widersprochen.

Lediglich das Finanzgewerbe scheint noch frei von Empathie – und ein verlässlicher Ort der Kälte. Das mag einer der Gründe für die Verachtung sein, die Banker gegenwärtig auf sich ziehen. Andrea Köhler beklagt in ihrem Essay über *Scham und Schamlosigkeit*, dass «Worte wie Anstand und Ehre» im modernen Kapitalismus zu «Anachronismen» geworden seien. «Was man gemeinhin den ‹Zeitgeist› nennt, ist ohne den Vormarsch des Geldgeistes nicht zu begreifen», schreibt sie und nennt ein Beispiel: «Stühle im Wert von 87 000 Dollar, Gardinen für den Preis von 28 000 Dollar, ein 13 000-Dollar-Kristall-Lüster, ein ‹custom coffee table› für 16 000 und eine antike Kommode für 35 000 Dollar – das sind nur einige Posten auf der Rechnung einer rund 1 Million umfassenden Büro-Renovierung, die die *Citi-Group* für ihren *CEO* John Thain ausgab – just nachdem die von der Pleite bedrohte Bank vom Steuerzahler mit 45 Milliarden Dollar rausgepaukt worden war.»[353]

Zweifellos könnte man diesem Fall viele ähnliche hinzufügen. Wenn sie ruchbar werden, führen sie regelmäßig zur öffentlichen Empörung. Sie ist verständlich, und doch kann man fragen, warum sie zugenommen hat. Nicht nur deshalb, weil die beschriebenen Exzesse zugenommen haben, sondern auch deshalb, weil die Empörungslust zugenommen hat. In früheren Zeiten hat man das protzige Gebaren der Reichen und Mächtigen als unabänderlich ertragen oder mangels Publizität gar nicht registriert. Die von Andrea Köhler (und nicht allein von ihr) kritisierte Kaltschnäuzigkeit der Banker stammt noch aus dieser Tradition. Die kalte Sachlichkeit der Finanz- und Wirtschaftsmenschen kollidiert nun mit den emotionalen Bedürfnissen unserer «Wärme»-Zeit, die Reue und Genugtuung verlangt. Das öffentlich eingestandene Fehlverhalten bei glaubhafter Zerknirschung kann in den Augen der Öffentlichkeit einen Fehltritt mindern und sogar wiedergutmachen. In der selbstherrlichen Welt der Ökonomie ist das noch immer nicht wirklich verstanden worden.

Die Politiker hingegen, unmittelbar abhängig von der Gunst des Publikums, lernen es allmählich. Die Bekundungen der Scham, die der amerikanische Präsident Bill Clinton wegen seiner Affäre nach anfänglichem Leugnen öffentlich vorführte, haben sicherlich dazu beigetragen, die drohende Amtsenthebung (1998) abzuwenden. Ein Beispiel für den heute als angemessen oder gar vorbildlich erachteten Umgang mit einem prominenten Fehlverhalten war die Reaktion der Bischöfin Margot Käßmann, als sie 2010 wegen Trunkenheit am Steuer von der Polizei gestellt wurde. Sie bekannte sich ohne Umschweife zu dem Gesetzesverstoß, bereute ihn und trat zurück. Dieser Schritt hat ihre ohnedies große Beliebtheit sicherlich noch vergrößert.

Auch der CSU-Politiker und Verteidigungsminister Karl-Theodor zu Guttenberg war allgemein beliebt. Als 2011 herauskam, dass seine Dissertation zum überwiegenden Teil ein

Plagiat war, verlegte er sich erst aufs stramme Leugnen, dann auf allmähliche Eingeständnisse, bis er schließlich unter dem Druck der Beweislast zurücktrat. Hätte er wie Käßmann sogleich alles zugegeben und Reue bekundet, dann hätte ihn seine Beliebtheit vor dem Rücktritt retten können, zumal die Plagiatsfrage dem größten Teil des Publikums ziemlich gleichgültig war. Ähnliche Beispiele ließen sich anfügen, nicht zuletzt der Fall des Bundespräsidenten Christian Wulff, der 2012 sein Rücktrittsgesuch einreichte, nachdem ihm Vorteilsnahme im Amt vorgeworfen worden war.

Neu an solchen Vorgängen aus jüngerer Zeit ist nicht die allseits beklagte «Schamlosigkeit» von Prominenten und Politikern. Es ist anzunehmen, wenn auch nicht beweisbar, dass die Menge der Verfehlungen, gleich welcher Art, in früherer Zeit, etwa in der alten Bundesrepublik, größer war als heute – man denke nur an die Trunkenheitsfahrten bekannter CSU-Politiker. Neu ist, dass sich die Maßstäbe verschärft haben und dass Bekundungen der Scham und Reue öffentlich eingefordert werden. Guttenberg hätte in der Logik einer Verhaltenslehre der Kälte und der damit verbundenen Schamkultur seine Widersacher zum Duell fordern oder aber aus verlorener Ehre Selbstmord begehen müssen. Man kann es begrüßen, dass in der Peinlichkeitskultur solch radikale Konsequenzen nicht mehr notwendig sind.

Scham ist ein sehr privates Gefühl. Es lässt sich nicht überprüfen, ob sich jemand schämt oder geschämt hat. Wenn also Zeichen der Scham öffentlich vorgeführt werden sollen, um ein empörtes Publikum zu begütigen, dann kann es sich im Grunde nur um Symbole handeln, um eine Schamgeste. Die genügt in der Regel ja auch vollkommen. Wirkliche Scham bedeutet etwas anderes. Sie ist nicht verschwunden, aber sie hat ihre handlungsleitende Rolle eingebüßt. Sighard Neckel weist darauf hin, «daß das moderne Individuum nichts so sehr leugnet, befürchtet und verbirgt wie die eigene Scham».[354] In der Aufforderung, Politiker sollten ihre Scham eingestehen, versteckt sich der Wunsch nach Demütigung: Der Strauchelnde soll sich sichtbar schämen und damit seine Niederlage besiegeln. Erst dann kann ihm Vergebung zuteil werden. Das sind die Rituale der Peinlichkeitskultur. Sie sind nicht existenziell, nicht mehr tragisch. Ohne Zweifel ist das ein Gewinn. Dieser Gewinn hat allerdings eine Kehrseite. Sie besteht im Verlust der Scham als eines wirkungsvollen inneren Regulativs. Die Peinlichkeit hat, wie wir gesehen haben, keine überaus starke, keine ins Existenzielle zielende Energie, doch sie besitzt, ähnlich einer Pilzkultur, die Kraft rasanter Vermehrung. Dazu benötigt sie ein wohltemperiertes Milieu. In den Wärmezonen der Gegenwart gedeiht sie vortrefflich.

Ein Roman, der dies auf beispielhafte Weise zeigt, ist *Schimmernder Dunst über CobyCounty*, veröffentlicht 2011 von dem 27 Jahre alten deutschen Schriftsteller Leif Randt. Sein Buch widerlegt den Verdacht, der Wandel der Gefühlskultur sei literarischen Leistungen abträglich. Im Gegenteil: Leif Randts Roman diskutiert unsere Thematik auf höchst subtile und intelligente Weise.

Wo CobyCounty liegt, wird nicht gesagt. Es könnte überall dort sein, wo die Sonne scheint und wo die Wohlhabenden gewöhnlich ihr Quartier aufschlagen. CobyCounty ist das Paradies, der Zukunftsort, in dem alle materiellen Bedürfnisse befriedigt und alle ernsthaften Konflikte beseitigt sind. Die Stadt liegt am Meer, das Klima ist perfekt, und wenn der Frühling kommt, dann kommen auch die gut betuchten Touristen, um den Strand und die hinreißenden Sonnenuntergänge zu genießen. Hier lebt Wim Endersson, der Held der Geschichte. Wie fast alle seine Freunde und Bekannten ist er aus CobyCounty noch nie herausgekommen. Es gibt auch keinen Grund, wegzugehen, nirgends ist es schöner als hier. Man kennt einander seit Kindertagen, hat zu allen ein kumpelhaftes Verhältnis. Zwar sind die meisten Ehen auseinandergegangen, aber man macht kein Drama daraus, die neuen und die alten Partner begegnen einander aufs freundlichste.

Und doch hat Wim ein Problem: Seine Freundin Carla hat ihn verlassen. Die Trennung macht in der kleinen Stadt schnell die Runde, und der Freund seiner Mutter spricht ihn im Supermarkt darauf an: «Wim, du wirst in diesem Jahr sechsundzwanzig.» – «Nein, ich werde schon siebenundzwanzig.» – «Wie auch immer ... Du hattest diese Beziehung jetzt zwei Jahre? Und es war doch sicher eine tolle Zeit. Was willst du mehr? Du lebst in CobyCounty und der Frühling bricht an ... es kann dir doch eigentlich gar nicht besser gehen!» Wim entgegnet: «Ja, du hast natürlich recht. Eigentlich mache ich gerade auch eher so eine Art Urlaub, als dass ich ernsthaft trauern würde.»[355]

Zwar haben auch die Menschen in CobyCounty Gefühle, doch sie achten darauf, dass diese Gefühle nicht existenziell bedrohlich werden. Sie haben gelernt, ihre Gefühlskurven auf kleine Schwankungen herabzudämpfen, und es wäre ein Zeichen mangelnder «Stabilität», würde man sich emotionalen Exzessen hingeben. In einer «stabilen» Gemütslage zu leben, ist Wims größtes Bedürfnis. Deshalb hat ihn die SMS von Carla kalt erwischt. Sie schreibt:

«Ich habe versucht es anzudeuten. Jetzt weiß ich es sicher. Mit einem Jungen namens Dustin fängt für mich eine neue Zeitspanne an. Das wird besser für uns beide sein. Ich bleibe deine Vertraute. In allgemeiner Liebe. C.» Dann heißt es (Wim wartet im Auto, während die Mutter und ihr Freund eine Pizza besorgen): «Ich lese die Shortmessage nur ein einziges Mal. Die kühle Luft der Klimaautomatik umweht meine blanken Waden und ich denke, dass ich Carla nicht vorwerfen werde, dass sie sich via SMS getrennt hat. Man sollte immer die Wege gehen, die man am virtuosesten geht. Ihre Form ist die SMS, sie bleibt sich treu, das ist prinzipiell gut, mit einer Kritik daran würde ich es mir nur leicht machen. Es liegt ja auch kein Konflikt vor, es gibt ja auch keinen Grund zur Wut. Vielmehr ist diese SMS, die mich nun etwas fahl auf die Straße hinausblicken lässt, die Folge einer wahrscheinlich klugen Sachentscheidung, kitschlos und individuell. Carla muss von naiver Liebe übermannt worden sein, sie gesteht es sich ein und zieht Konsequenzen. Im Grunde kann ich mich nicht beklagen. Wir hatten eine wirklich gute Zeit, und nicht alle Menschen erleben eine Trennung auf diesem Niveau.»[356]

So tröstet er sich, aber es hilft nichts. «‹Warum weinst du?›, fragt ein Junge, der gefühlte elf Jahre alt ist und aussieht, als ginge er gerade zu seinem Basketballtraining. Ich unterdrücke mein Schluchzen nicht, ich antworte: ‹Wahrscheinlich, um vor mir selbst ein leicht dramatisches Bild abzugeben. Um angemessen zu reagieren.› Der Junge schaut mich für Momente aus seinem türkis gestreiften Trikot heraus an. Er ist sicher ein großartiger Junge, der eine Sportler- oder Intellektuellenkarriere vor sich hat, und ich glaube, dass er mich intuitiv versteht.» Nach diesem von niemandem (außer dem Jungen) wahrgenommenen Schwächeanfall antwortet Wim seiner nunmehr ehemaligen Freundin: «Ich nehme deine Entscheidung zur Kenntnis und bereite mich jetzt ebenfalls auf einen neuen Abschnitt vor. Alles Gute.»[357]

Wim steht unter ständiger Selbstbeobachtung. Jeden Satz, jede Geste und natürlich sein Aussehen, seine Kleidung überprüft er mit dem imaginären Blick der anderen. Alles vergleicht er mit den Bildern der Werbung, die ihm in Fleisch und Blut übergegangen sind, und mit dem Vorbild der von ihm bewunderten Bekannten. Einmal ist er zu Besuch bei einem etwas älteren Schriftsteller, sie sitzen im Garten und trinken Gin, als dessen Sohn Max vom Training nach Hause kommt. «Ich habe den Eindruck, dass mich Max eher nicht cool findet. Während sein Vater aussieht wie einer, der vielleicht mal ein guter Surfer war, sehe ich aus wie einer, der sich nie für Surfen interessiert hat, der aber trotzdem gern neben Surfertypen auf Gartenmöbeln sitzt.»[358]

Wims Furcht, den gehobenen Standards von CobyCounty nicht zu genügen, sei es aus Schwäche (die er «Instabilität» nennt), sei es aus Unaufmerksamkeit, ist nichts anderes als die Furcht, unangenehm aufzufallen und peinlich zu wirken. So redet er stets auf ironische Weise. Seine Sätze, und auch die seiner Freunde, wirken fast immer, als wären sie kursiv gesprochen. Carla spürt das und sagt einmal: «Lass uns doch heute mal so einen Tag machen, an dem wir alles so meinen, wie wir es sagen.» Aber Wim kann wieder nur ironisch darauf antworten: «So einen Tag haben wir aber noch nie gemacht.»[359]

Die Gesellschaft, in der Wim Endersson sich bewegt, bildet ein Spiegelkabinett, das ihm ununterbrochen Bilder von sich selbst zeigt, sodass er nie zu einem sicheren Urteil darüber kommt, wer er eigentlich ist. Dabei möchte er genau das ums Leben gerne wissen, möchte er unbedingt ehrlich sein. Den Augenblick der wahren Empfindung erlebt er nur, wenn er sich nach alkoholischen Nächten übergeben muss. «Insgeheim empfinde ich das Übergeben als rebellische Geste, als eine Art Befreiung von den Zwängen, mit denen ich lebe und die ich ja alle selbst zu verantworten habe. Wenn ich vor der Toilette knie und würge, weil ich in der Nacht zuvor viel zu viel getrunken habe, dann erdet mich das auf plakative Weise, dann bin ich irgendwie ganz bei mir und maximal ehrlich zu mir selbst.»[360] Man sieht an solchen Sätzen, wie gekonnt sich Leif Randt bis knapp an den Rand der Satire bewegt, ihn aber nie überschreitet. Er erzählt ganz aus dem Inneren dieser schönen neuen Welt, in der potenziell alles peinlich ist und nichts mehr ein Anlass zu tiefer Scham; in der nichts mehr tragisch ist, nur alles ein bisschen traurig.

Die Gewissheit, dass die Dinge in CobyCounty auch weiterhin ihren erfreulichen Gang gehen werden, erhält im Verlauf der Geschichte einige Stöße. Zuerst entgleist die Hochbahn, doch dank des heldenhaften Einsatzes der Hubschrauberpiloten, denen die ganze Stadt zujubelt, geht der Unfall glimpflich aus. Dann brennt ein Teil des Villenviertels nieder, und es hält sich das böse Gerücht, es habe sich um Brandstiftung gehandelt. Schließlich naht ein Tornado, der dazu führt, dass die Stadt evakuiert wird. Wim und seine Freunde jedoch bleiben tapfer und verlassen ihre Heimat nicht. Der Sturm zieht vorüber, man ist noch einmal davongekommen.

CobyCounty ist anderswo und schon ein bisschen schrecklich. Parallelen mit der Welt, in der wir leben, sind beabsichtigt. Weil wir ahnen, dass es Schlimmeres als CobyCounty gibt, können wir gut damit klarkommen. Eine Portion Ironie ist dabei zweifellos hilfreich. Wim übrigens hat am Ende eine neue Freundin, die ebenfalls Carla heißt. Sie sieht der ersten Carla durchaus ähnlich und benutzt dasselbe Parfüm. Wim nennt sie deshalb «CarlaZwei». Es bleibt alles, wie es immer war.

In Leif Randts Peinlichkeitsutopie gibt es keine Fallhöhe mehr. Die Felsmassive und Abgründe der alten heldenhaften Zeit, da man aus Scham sterben wollte oder wirklich starb, sind eingeebnet in die sanften Dünen einer Wellness-Oase. Aber wir ahnen, wenn wir das Buch zuschlagen, dass diese postheroische Vision ihr Gegenteil hervorbringen könnte.

DANK

Ich danke Paul Michael Lützeler und der Max Kade Foundation für das Forschungsstipendium 2010 an der Washington University St. Louis, in deren grandioser Bibliothek ich wesentliche Arbeiten für dieses Buch voranbringen konnte. Vor allem danke ich Irmgard Leinen-Greiner für ihre eminenten wissenschaftlichen Beiträge und für die ermutigenden, erhellenden Gespräche.

ANMERKUNGEN

1 Vgl. Demuth
2 Woolf, S. 130
3 Franzen, 19. Januar 2013
4 Sighard Neckel: Soziologie der Scham. In: Schäfer/Thompson, S. 103
5 Darwin, S. 283 f.
6 Adorno, S. 42
7 Jungheinrich, 24. April 1969
8 Duerr, Bd. III, S. 47 ff.
9 Stelzer, 6. Dezember 2003
10 Alle Zitate ebd.
11 Stefan Aust: Der Baader-Meinhof-Komplex. Hamburg 1997 (erweiterte Ausgabe), S. 60
12 Kaltenbrunner, S. 20 f.
13 Sennett, Verfall, S. 19
14 Ebd., S. 420
15 Strauß, Aufenthalt, S. 175
16 Sennett, Verfall, S. 335
17 Dieter Schwarz: Gibt es ein angeborenes Schamgefühl?, in: Schlemmer, S. 89
18 Wurmser, S. 395
19 Lehmann, S. 824
20 Ebd.
21 vgl. Sennett, Verfall, S. 394 ff.
22 Roche, S. 8
23 Ebd., S. 9
24 Sennett, Verfall, S. 19–21
25 Houellebecq, S. 292 f.
26 Ebd., S. 278
27 Ebd., S. 200
28 Mann, Bd. I, S. 545
29 Pernlochner-Kügler, S. 37
30 Jensen, S. 21
31 Rudolf Lüthe: Der diskrete Charme der Scham – Rhapsodische Anmerkungen zu Humes Lehre von «pride» und «humility» im «Treatise on Human Nature». In: Bauks/Meyer, S. 79
32 Ebd., S. 83
33 Landweer, S. 167
34 Riesman, S. 9 f.
35 Ebd.
36 Ebd., S. 62
37 Ebd., S. 61
38 Ebd., S. 26 f.
39 Ebd., S. 30 f.
40 Ebd., S. 34
41 Ebd., S. 40 f.
42 Pauer, S. 29
43 Ebd., S. 79 f.

44 Ebd., S. 121
45 Ebd., S. 134
46 Wurmser, S. 64
47 Bollnow, S. 129
48 1985 bei der Vereidigung als Minister für Umwelt und Energie in Hessen
49 Riesman, S. 159
50 Ebd., S. 162
51 Fröhlich, S. 62
52 Ebd., S. 15
53 vgl. Schuegraf/Tillmann
54 Enzensberger, S. 18
55 Kolnai, S. 32
56 Kafka, Proceß, S. 310. Ich folge hier der Schreibung in der Edition von Malcolm Pasley.
57 Ebd., S. 305
58 Ebd., S. 312
59 Landweer, S. 45
60 Scheler, S. 74 f.
61 Kafka, Proceß, S. 143
62 Ebd., S. 154
63 Ebd., S. 208
64 Kafka, Drucke, S. 211 f.
65 Kafka, Proceß, S. 286 f.
66 Ebd., S. 289
67 Ebd., S. 290
68 Ebd., S. 302
69 Kierkegaard, Philosophische Brocken, S. 7
70 Ebd., S. 13
71 Safranski, S. 26
72 Kierkegaard, Der Begriff Angst, S. 43
73 Spaemann, Gerücht, S. 203
74 Vgl. Girard
75 Kierkegaard, Philosophische Brocken, S. 15
76 Kierkegaard, Nachschrift 2. Teil, S. 243
77 Zitiert in: Gvozdeva/Velten, S. 5
78 Spaemann, Gerücht, S. 208 f.
79 Scheler, S. 57
80 Kleist, S. 478 f.
81 Scheler, S. 56
82 Ebd., S. 57
83 Ebd., S. 58
84 Ebd., S. 69
85 Ebd., S. 69
86 Pirandello, S. 7
87 Ebd., S. 13
88 Ebd., S. 21 f.
89 Ebd., S. 19
90 Ebd., S. 27 f.
91 Spaemann, Personen, S. 23
92 Frame, S. 14
93 Ebd.
94 Ebd., S. 33
95 Ebd., S. 17
96 Ebd., S. 27
97 Ebd., S. 51 f.
98 Simmel, Bd. XI, S. 753 f.
99 Ebd., S. 754
100 Frame, S. 55
101 Ebd., S. 111
102 Ebd., S. 112
103 Ebd., S. 119
104 Ebd., S. 251
105 Lacan, S. 63
106 Ebd., S. 66
107 Cheever, S. 45 f.
108 Ebd., S. 165
109 Ebd., S. 519
110 Ebd., S. 182
111 Ebd., S. 228 f.
112 Ebd., S. 301

113 Bohrer, S. 17 ff.
114 Rousseau, S. 5
115 Böhme, Gernot, S. 176
116 Wosnessenskij, S. 44
117 Herodot, S. 10
118 Simmel, Bd. XI, S. 723
119 Ebd., S. 724 f.
120 Abramovic 2012
121 Powys, S. 299
122 Herodot, S. 11
123 Ebd.
124 Hebbel, Vers 398 f.
125 Ebd., Vers 413 f.
126 Ebd., Vers 517 f.
127 Ebd., Vers 780
128 Ebd., Vers 552 f.
129 Ebd., Vers 1368
130 Ebd., Vers 1145 f.
131 Öhlschläger, S. 109
132 Ebd., S. 101
133 Braun, S. 209
134 Ebd., S. 28
135 Ebd., S. 209
136 Hebbel, Vers 624 f.
137 Strauß, Schlußchor, S. 35
138 Ebd., S. 36 f.
139 Ebd., S. 41
140 Böhme, Hartmut: Nacktheit und Scham in der Anatomie der Frühen Neuzeit. In: Gvozdeva/Velten, S. 456 (FN)
141 Strauß, Schlußchor, S. 39
142 Ebd., S. 67 f.
143 Sartre, S. 486
144 Ebd., S. 638
145 Ebd., S. 478 f.
146 Ebd., S. 464
147 Ebd., S. 431
148 Ebd., S. 516
149 Ebd., S. 474
150 Ebd., S. 516
151 Ebd., S. 518
152 Ebd., S. 467
153 Ebd., S. 466
154 Goffman, S. 34
155 Ebd., S. 41
156 Ebd., S. 76
157 Keller, S. 41
158 Ebd.
159 Goffman, S. 62
160 Ebd., S. 67
161 Ebd., S. 79
162 Ebd., S. 86
163 Ebd., S. 70
164 Dostojewski, Doppelgänger, S. 198. Ich folge hier der Schreibweise und Übersetzung von E. K. Rahsin (Elisabeth Kaerrick).
165 Ebd., S. 203
166 Ebd., S. 204
167 Ebd., S. 258
168 Ebd., S. 207
169 Ebd., S. 229
170 Ebd., S. 240
171 Ebd., S. 241
172 Ebd., S. 242, 248
173 Moritz, S. 122
174 Ebd., S. 120
175 Ebd., S. 121
176 Landweer, S. 37
177 Simmel, Bd. I, S. 433
178 Moritz, S. 120
179 Ebd., S. 121
180 Mann, Bd. VIII, S. 168
181 Ebd., S. 169

182 Ebd., S. 170
183 Ebd., S. 168 f.
184 Ebd., S. 172
185 Ebd., S. 177
186 Ebd., S. 183 f.
187 Ebd., S. 185 f.
188 Ebd., S. 104
189 Ebd., S. 105
190 Neckel, S. 178
191 Ebd., S. 179
192 Ebd., S. 180
193 Anders, S. 28
194 Ebd., S. 67
195 Ebd., S. 28 f.
196 Scheler, S. 86
197 Vgl. auch Wurmser, S. 64
198 Freud, Bd. II, S. 249 f.
199 Ebd., S. 250
200 Schnitzler, S. 79 f.
201 Ebd., S. 92
202 Ebd., S. 80
203 Ebd., S. 54
204 Ebd., S. 50
205 Ebd., S. 79 f.
206 Ebd., S. 105
207 Ebd.
208 Ebd., S. 96 f.
209 Schmitt, S. 13
210 Bataille, Das obszöne Werk, S. 8
211 Conrad, S. 13
212 Kierkegaard, Der Begriff Angst, S. 106
213 Zitiert bei Garff, S. 319 f.
214 Kierkegaard, Der Begriff Angst, S. 60 f.
215 Borchardt, S. 115
216 Ebd., S. 13
217 Ebd., S. 22
218 Ebd., S. 73
219 Ebd., S. 86
220 Ebd.
221 Ebd., S. 86 f.
222 Ebd., S. 98
223 Ebd., S. 109
224 Ebd., S. 98
225 Ebd., S. 115
226 Ebd., S. 125
227 Dostojewski, Der Spieler, S. 437
228 Bataille, Erotik, S. 40 f.
229 Bernanos, S. 51 f.
230 Ebd., S. 63
231 Ebd., S. 228
232 Dostojewski, Aufzeichnungen aus einem Totenhaus, S. 668
233 Ebd., S. 682
234 Ebd., S. 705
235 Ebd., S. 729
236 Ebd., S. 730
237 Ebd., S. 732 f.
238 Sennett, Respekt, S. 253 f.
239 Ebd., S. 255
240 Elias, Bd. II, S. 403
241 Tellkamp, S. 439 f.
242 Foucault, S. 175
243 Ebd.
244 Ebd., S. 177
245 Sennett, Respekt, S. 129
246 Bourdieu, 391 f.
247 Ebd., S. 393
248 Neckel, S. 251
249 Broch, S. 39
250 Ebd., S. 40
251 Vgl. Theweleit
252 Broch, S. 201
253 Ebd., S. 203

254 Mann, Bd. I, S. 260
255 Ebd., S. 264 f.
256 Ebd., S. 265
257 Mann, Bd. III, S. 597 f.
258 Ebd., S. 598
259 Ebd., S. 697
260 Ebd., S. 47
261 Ebd., S. 384 f.
262 Ebd., S. 345
263 Ebd., S. 111
264 Ebd., S. 193
265 Ebd., S. 195
266 Ebd., S. 190 f.
267 Ebd., S. 735 f.
268 Hofmannsthal, S. 337
269 Vgl. ebd., S. 342
270 Ebd., S. 363 f.
271 Ebd., S. 376
272 Ebd., S. 403
273 Ebd., S. 437
274 Ebd., S. 395
275 Ebd., S. 363
276 Ebd., S. 429
277 Zit. bei Weinzierl, S. 69
278 Hawthorne, S. 90
279 Ebd., S. 94
280 Ebd., S. 111
281 Ebd., S. 309
282 Ebd., S. 91
283 Ebd., S. 256
284 Ebd., S. 197
285 Ebd., S. 317 f.
286 Ebd., S. 303
287 Ebd., S. 344
288 Ebd.
289 Freud, Bd. IX, S. 250
290 Ebd., S. 251 f.
291 Ebd., S. 252
292 Zit. bei Gay, S. 442
293 Albrecht, Clemens: Anthropologie der Verschiedenheit, Anthropologie der Gemeinsamkeit. Zur Wirkungsgeschichte der Unterscheidung von Scham- und Schuldkulturen. In: Bauks/Meyer, S. 177
294 Benedict, S. 196 f.
295 Siehe dazu Neckel S. 47 ff.
296 Vgl. u. a. Neckel, Lethen, Lotter, Schäfer/Thompson
297 Taylor, S. 84
298 Williams, S. 72
299 Ebd., S. 108
300 Ebd., S. 109
301 Neckel, S. 48
302 Ebd.
303 Schäfer/Thompson, S. 19
304 Lotter, S. 106
305 Fontane, S. 324
306 Freud, Bd. IX, S. 262
307 Fontane, S. 324 f.
308 Riesman, S. 61
309 Lotter, S. 100
310 Duerr, Bd. I, S. 7
311 Vgl. Greiner
312 Vgl. Lotter, S. 89
313 Vgl. Duerr, Bd. II, S. 13 ff.
314 Elias, Bd. I, S. XX
315 Ebd., S. 78
316 Elias, Bd. II, S. 404
317 Elias, Bd. I, S. 329
318 Vgl. Vigarello
319 Elias, Bd. I, S. 256 f.
320 Ebd., S. 257
321 Cisneros, S. 7 f.
322 Helmer, S. 77 f., Ada Bor-

kenhagen/Elmar Brähler zitierend
323 So Lotter, S. 91
324 Jünger, Erzählungen, S. 11
325 Ebd.
326 Ebd.
327 Ebd., S. 25
328 Ebd., S. 56
329 Ebd., S. 57
330 Ebd., S. 64
331 Zweig, Ungeduld des Herzens, S. 56
332 Ebd.
333 Ebd., S. 78
334 Ebd., S. 422
335 In den *Marmorklippen* wird über einen Mann kritisch vermerkt, ihm fehle die «Grandezza», die «angeborene Désinvolture» – Jünger, Erzählungen, S. 205
336 Ebd., S. 110
337 Lethen, S. 7
338 Fontane, S. 224 f.
339 Jünger, Stahlgewitter, S. 153
340 Ebd., S. 87
341 Ebd., S. 288
342 Jünger, Erzählungen, S. 166
343 Plessner, S. 55
344 Ebd., S. 82
345 Ebd., S. 70
346 Strauß, Fabeln, S. 40
347 Ebd.
348 Plessner, S. 91
349 Wessely, S. 28
350 Ebd., S. 35 f.
351 *Die Zeit*, 17. Januar 2013
352 *Der Spiegel*, 14. Januar 2013
353 Köhler, S. 25 f.
354 Neckel, S. 178
355 Randt, S. 71 f.
356 Ebd., S. 65 f.
357 Ebd., S. 66 f.
358 Ebd., S. 77
359 Ebd., S. 54
360 Ebd., S. 47

LITERATUR

Abramovic, Marina: The Artist is Present. DVD. 2012

Adorno, Theodor W.: Minima Moralia. Reflexionen aus dem beschädigten Leben. Frankfurt/M. 1951

Anders, Günther: Die Antiquiertheit des Menschen. Bd. I: Über die Seele im Zeitalter der zweiten industriellen Revolution. München 1980 (5. Aufl.)

Augstein, Jakob: Streitgespräch mit Dieter Graumann, *Der Spiegel*, 14. Januar 2013

Bataille, Georges: Das obszöne Werk. Reinbek 1977

Ders.: Die Erotik. München 1994

Baucks, Michaela/Meyer, Martin F. (Hg.): Zur Kulturgeschichte der Scham. Archiv für Begriffsgeschichte, Sonderheft 9. Hamburg 2011

Benedict, Ruth: Chrysantheme und Schwert. Formen der japanischen Kultur. Frankfurt/M. 2006

Bernanos, Georges: Die Sonne Satans. Frankfurt/M. 1985

Böhme, Gernot: Ich-Selbst. Über die Formation des Subjekts. München 2012

Bohrer, Karl Heinz: Der romantische Brief. Die Entstehung ästhetischer Subjektivität. Frankfurt/M. 1989

Bollnow, Otto Friedrich: Die Ehrfurcht. Frankfurt/M. 1947

Borchardt, Rudolf: Gesammelte Erzählungen. Bd. I Das hoffnungslose Geschlecht. Stuttgart 1956

Braun, Christina von: Versuch über den Schwindel. Zürich 2001

Broch, Hermann: Pasenow oder die Romantik. Frankfurt/M. 1962 (s. a. Kommentierte Werkausgabe. Hg. v. Paul Michael Lützeler. Bd. I Die Schlafwandler. Frankfurt/M. 1978)

Cheever, John: Tagebücher. Reinbek 1994

Cisneros, Sandra: Loose Woman. Poems. New York 1995

Conrad, Joseph: Herz der Finsternis. Frankfurt/M. 1992
Darwin, Charles: Der Ausdruck der Gemüthsbewegungen bei dem Menschen und den Thieren. Stuttgart 1877
Demuth, Volker: Fleisch. Warum wir es verhüllen und weshalb wir es nun entblößen. *Lettre International* 101, 2013, S. 70
Dostojewski, F. M.: Sämtliche Werke in zehn Bänden. München 1977 Bd. I Der Doppelgänger. (Frühe Romane und Erzählungen); Bd. III Aufzeichnungen aus einem Totenhaus (und drei Erzählungen, darunter: Eine dumme Geschichte); Bd. IV Der Spieler. (Späte Romane und Novellen, darunter: Aufzeichnungen aus dem Untergrund)
Douglas, Mary: Ritual, Tabu und Körpersymbolik. Sozialanthropologische Studien in Industriegesellschaft und Stammeskultur. Frankfurt/M. 2004 (4. Aufl.)
Duerr, Hans Peter: Der Mythos vom Zivilisationsprozeß. Bd. I Nacktheit und Scham. Frankfurt/M. 1988; Bd. II Intimität. Frankfurt/M. 1990; Bd. III Obszönität und Gewalt. Frankfurt/M. 1993
Elias, Norbert: Über den Prozeß der Zivilisation. Soziogenetische und psychogenetische Untersuchungen. Bd. I und II, zweite Auflage. Bern 1969
Enzensberger, Christian: Größerer Versuch über den Schmutz. München 1969
Fontane, Theodor: Effie Briest. Werke in fünf Bänden. Bd. III. Hg. Rainer Bachmann/Peter Bramböck. München 1974
Foucault, Michel: Überwachen und Strafen. Die Geburt des Gefängnisses. Frankfurt/M. 1976
Franzen, Jonathan: Jeder gute Schriftsteller empfindet Scham. Gespräch mit Jan Küveler. *Literarische Welt*, 19. Januar 2013
Frame, Janet: Dem neuen Sommer entgegen. Roman. München 2010
Freud, Sigmund: Studienausgabe. Bd. II. Die Traumdeutung. Frankfurt/M. 1972; Bd. IX Fragen der Gesellschaft, Ursprünge der Religion. Frankfurt/M. 1974
Fröhlich, Susanne: Moppel-Ich. Der Kampf mit den Pfunden. Frankfurt/M. 2005
Garff, Joakim: Sören Kierkegaard. Biographie. München 2004
Gay, Peter: Erziehung der Sinne. Sexualität im bürgerlichen Zeitalter. München 1986
Gide, André: König Kandaules. Schauspiel in drei Akten. Wien/München/Basel 1956
Girard, René: Das Heilige und die Gewalt. Frankfurt/M. 1992

Goffman, Erving: Das Individuum im öffentlichen Austausch. Mikrostudien zur öffentlichen Ordnung. Frankfurt/M. 1974
Greiner, Ulrich: Nackt sind wir alle. Über den sinnlosen Kampf des Ethnologen Hans Peter Duerr gegen den Soziologen Nobert Elias. *Die Zeit*, 20. Mai 1988
Gvozdeva, Katja/Velten, Hans Rudolf (Hg.): Scham und Schamlosigkeit. Grenzverletzungen in Literatur und Kultur der Vormoderne. Berlin 2011. Darin: Hartmut Böhme, Urszenen der Scham
Hawthorne, Nathaniel: Der scharlachrote Buchstabe. Zürich 1996
Hebbel, Friedrich: Gyges und sein Ring. Eine Tragödie in fünf Akten. Stuttgart 2003
Helmer, Ulrike: Muschiland. Exkursionen in eine kulturelle Intimzone. Sulzbach (U. Helmer) 2012
Herodot: Historien. Hg. und übers. von Josef Feix. Düsseldorf/Zürich 2004
Hofmannsthal, Hugo von: Werke in zehn Bänden. Dramen IV. Hg. v. Bernd Schoeller zus. mit Rudolf Hirsch. Frankfurt/M. 1979
Houellebecq, Michel: Elementarteilchen. Reinbek 2006 (Tb.)
Jensen, Jens: Die unerkannte Macht. Peinlichkeit als Faktor der Politik. Baden-Baden 2007
Jünger, Ernst: Ausgewählte Erzählungen. Stuttgart 1975
Ders.: In Stahlgewittern. Stuttgart 1978
Jungheinrich, Hans-Klaus: *Frankfurter Rundschau*, 24. April 1969
Kaltenbrunner, Gerd-Klaus (Hg.): Ich stelle mich aus. Das Zeitalter der Schamlosigkeit. München 1984
Kierkegaard, Sören: Gesammelte Werke. Philosophische Brocken (10. Abt.), Düsseldorf/Köln 1952. Abschließende unwissenschaftliche Nachschrift zu den Philosophischen Brocken, 2. Teil (16. Abt.), Düsseldorf/Köln 1959. Der Begriff Angst (11. u. 12. Abt.), Düsseldorf 1952.
Kleist, Heinrich von: Werke und Briefe in vier Bänden. Bd. III Gedichte, Anekdoten, Schriften. Hg. Siegfried Steller, Frankfurt/M. 1986
Köhler, Andrea: Scham und Schamlosigkeit. Eine Spurensuche. Schriftenreihe der Vontobel-Stiftung Bd. 2080. Zürich 2013
Kolnai, Aurel: Ekel, Hochmut, Haß. Zur Phänomenologie feindlicher Gefühle. Frankfurt/M. 2007
Kühn, Rolf/Raub, Michael/Titze, Michael (Hg.): Scham, ein menschliches Gefühl. Kulturelle, psychologische und philosophische Perspektiven. Opladen 1997

Lacan, Jacques: Schriften Bd. I. Hg. Norbert Haas. Darin: Das Spiegelstadium als Bildner der Ichfunktion. Weinheim o. J.
Landweer, Hilge: Scham und Macht. Phänomenologische Untersuchungen zur Sozialität eines Gefühls. Tübingen 1999
Lehmann, Hans-Thies: Das Welttheater der Scham. Dreißig Annäherungen an den Entzug der Darstellung. In: *Merkur. Deutsche Zeitschrift für europäisches Denken*, Heft 510/11, 1991, Seite 824–839
Lethen, Helmut: Verhaltenslehren der Kälte. Lebensversuche zwischen den Kriegen. Frankfurt/M. 1994
Lotter, Maria-Sibylla: Scham, Schuld, Verantwortung. Über die kulturellen Grundlagen der Moral. Frankfurt/M. 2012
MacIntyre, Alisdair: Der Verlust der Tugend. Zur moralischen Krise unserer Gegenwart. Frankfurt/M., New York 1987
Mann, Thomas: Gesammelte Werke in dreizehn Bänden. Frankfurt/M. 1974. Bd. I Buddenbrooks. Verfall einer Familie. Bd. III Der Zauberberg. Bd. VIII Erzählungen
Moritz, Karl Philipp: Anton Reiser. Ein psychologischer Roman. Herausgegeben von Karl Philipp Moritz. Nach der Erstausgabe von 1785–1790. München 1971
Neckel, Sighard: Status und Scham. Zur symbolischen Reproduktion sozialer Ungleichheit. Frankfurt/M., New York 1991
Öhlschläger, Claudia: Unsägliche Lust des Schauens. Die Konstruktion der Geschlechter im voyeuristischen Text. Freiburg 1996
Pauer, Nina: Wir haben keine Angst. Gruppentherapie einer Generation. Frankfurt/M. 2011
Pernlochner-Kügler, Christine: Körperscham und Ekel – wesentlich menschliche Gefühle. Münster 2010
Pirandello, Luigi: Einer, Keiner, Hunderttausend. Roman. Frankfurt/M. 1969
Plessner, Helmuth: Grenzen der Gemeinschaft. Eine Kritik des sozialen Radikalismus. Frankfurt/M. 2002
Powys, John Cowper: Wolf Solent. Zweitausendeins 1999
Randt, Leif: Schimmernder Dunst über CobyCounty. Berlin 2011
Riesman, David: Die einsame Masse. Eine Untersuchung der Wandlungen des amerikanischen Charakters. Mit einer Einführung von Helmut Schelsky. Reinbek 1958
Roche, Charlotte: Feuchtgebiete. Köln 2008
Rousseau, Jean-Jacques: Bekenntnisse I, 1712–1732. Übertragen von Levin Schücking. München o. J.

Safranski, Rüdiger: Das Böse oder Das Drama der Freiheit. Frankfurt/M. 1999
Sartre, Jean-Paul: Gesammelte Werke in Einzelausgaben. Philosophische Schriften Bd. III. Das Sein und das Nichts. Versuch einer phänomenologischen Ontologie. Reinbek 1993
Schäfer, Alfred/Thompson, Christiane (Hg.): Scham. Paderborn 2009
Scheler, Max: Schriften aus dem Nachlass, Bd. I Zur Ethik und Erkenntnislehre, darin: Über Scham und Schamgefühl. Berlin 1933
Schlemmer, Johannes (Hg.): Der Verlust der Intimität. München 1976
Schmitt, Carl: Politische Theologie. Vier Kapitel zur Lehre von der Souveränität. Berlin 1996
Schnitzler, Arthur: Gesammelte Werke. Die erzählenden Schriften Bd. II. Frankfurt/M. 1961
Schuegraf, Martina/Tillmann, Angela (Hg.): Pornographisierung von Gesellschaft. Konstanz 2012
Seidler, Günther H.: Der Blick des Anderen. Eine Analyse der Scham. Stuttgart 1995
Sennett, Richard: Verfall und Ende des öffentlichen Lebens. Die Tyrannei der Intimität. Frankfurt/M. 1986
Ders.: Respekt im Zeitalter der Ungleichheit. Berlin 2002
Simmel, Georg: Gesamtausgabe, hg. v. Otthein Rammstedt. Bd. I. Frankfurt/M. 1999; Band XI. Frankfurt/M. 1992
Spaemann, Robert: Personen. Versuche über den Unterschied zwischen ‹etwas› und ‹jemand›. Stuttgart 1996
Ders.: Das unsterbliche Gerücht. Die Frage nach Gott und die Täuschung der Moderne. Stuttgart 2007
Springer, Peter: Voyeurismus in der Kunst. Berlin 2008
Stelzer, Tanja: *Der Tagesspiegel*, 6. Dezember 2003
Strauß, Botho: Schlußchor. Drei Akte. München 1996
Ders.: Vom Aufenthalt. München 2009
Ders.: Die Fabeln von der Begegnung. München 2013
Tellkamp, Uwe: Der Turm. Geschichte aus einem versunkenen Land. Roman. Frankfurt/M. 2008
Theweleit, Klaus: Männerphantasien, 2 Bde. Frankfurt/M. 1977
Verweyen, Georg: Literarische Blamagen. Darstellung und Funktion eines peinlichen Topos in der deutschsprachigen Literatur des 18. bis 20. Jahrhunderts. Berlin 2009
Vigarello, Georges: Wasser und Seife, Puder und Parfüm. Geschichte der Körperhygiene seit dem Mittelalter. Frankfurt/M. 1988

Weinzierl, Ulrich: Hofmannsthal. Skizzen zu einem Bild. Wien 2005
Wessely, Christina: Welteis. Eine wahre Geschichte. Berlin 2013
Wichmann, Dominik: Interview, *Die Zeit*, 17. Januar 2013
Williams, Bernard: Scham, Schuld und Notwendigkeit. Eine Wiederbelebung antiker Begriffe der Moral. Berlin 2000
Woolf, Virginia: Mrs Dalloway. Zürich 2004
Wosnessenskij, Andrej: Dreieckige Birne. Dreißig lyrische Abschweifungen. Frankfurt/M. 1963
Wurmser, Léon: Die Maske der Scham. Die Psychoanalyse von Schamaffekten und Schamkonflikten. Berlin/Heidelberg 1990
Zweig, Stefan: Ungeduld des Herzens. Stockholm 1939

BILDNACHWEIS

dpa-Picture-Alliance, Frankfurt a. M.: S. 11 (Kevan Brooks/AdMedia), S. 31, S. 213

Getty Images, München: S. 61

http://commons.wikimedia.org: S. 82/83 (National Gallery of Art, Washington, D. C.), S. 107 (Albertina, Wien), S. 133 (Nationalmuseum, Stockholm), S. 263 (Ohara Museum of Art, Kurashiki)

akg-images, Berlin: S. 163 (© VG Bild-Kunst, Bonn 2013; Museum moderner Kunst Stiftung Ludwig, Wien), S. 185 (De Agostini Picture Library), S. 297 (© Viola Roehr v. Alvensleben, München)

Archiv der Salzburger Festspiele, Salzburg: S. 237 (Foto Steinmetz)

REGISTER

MIX
Papier aus verantwortungsvollen Quellen
FSC® C083411

Das für dieses Buch verwendete Papier ist FSC®-zertifiziert.